E

Carole Saint-Laurent



ÉDITIONS
ULYSSE
Le plaisir... de mieux voyager

*Direction de collection*
Claude Morneau

*Direction de projet*
Pascale Couture

*Recherche et rédaction*
Carole Saint-Laurent

*Correction*
Pierre Daveluy

*Cartographie*
*Atlas en couleurs*
IGN
*Schémas*
André Duchesne

*Mise en pages*
Stéphane G. Marceau
Christian Roy

*Photographie*
*Page couverture*
Gaétan Fontaine

*Direction artistique*
Patrick Farei

*Collaboration*
Daniel Desjardins
Lorette Pierson

**Remerciements particuliers à :**
Alain Cuny, Simon Plouffe, Luce Saint-Laurent, Christine Carrière, Francine Landry, France Saint-Laurent, Jacqueline Goulet, Ginette Bélanger, Suzanne Barsalo, Anne Cyr, Carl Martin, Jacqueline Ouellette, Gislaine Provost et tous les agents des offices de tourisme qui m'ont si gentiment aidée.

Les Éditions Ulysse remercient la SODEC ainsi que le Ministère du Patrimoine canadien pour leur soutien financier.

*Distribution*

Distribution Ulysse
4176, rue St-Denis
Montréal, Québec
H2W 2M5
☎ (514) 843-9882, poste 2232
Fax : (514)843-9448
http://www.ulysse.ca

France :
Vilo
25, rue Ginoux
75737 Paris
CEDEX 15
☎ 01 45 77 08 05
Fax : 01 45 79 97 15

Belgique-Luxembourg:
Vander
321 Av. des Volontaires
B-1150 Bruxelles
☎ (02) 762 98 04
Fax :( 02) 762 06 62

Italie :
Edizioni Del Riccio
50143 Firenze
Via di Soffiano 164/A
☎ (055) 71 63 50
Fax : (055) 71 63 50

Espagne :
Altaïr
Balmes 69
E-08007 Barcelona
☎ (3) 323-3062
Fax : (3) 451-2559

Suisse :
Diffusion Payot SA
p.a. OLF S.A.
Case postale 1061
CH-1701 Fribourg
☎ (26) 467 51 11
Fax : (26) 467 54 66

Tout autre pays, contactez Distribution Ulysse (Montréal), fax : (514) 843-9448.

**Données de catalogage avant publication (Canada)**
Vedette principale au titre :
Saint-Laurent Carole, 1954 -
*Cyclotourisme en France*
(Espaces verts Ulysse)
Comprend un index.

ISBN 2-89464- 055-2

1. Cyclotourisme - France - Guides. 2. France - Guides. I. Titre II. Collection
GV1046.F8S24 1997 796.6'4'0944 C97-940031-7


Bibliothèque nationale du Québec
Dépôt légal - Deuxième trimestre 1997

*«C'est de là que je vous écris, ma porte grande ouverte, au bon soleil. Un joli bois de pins tout étincelant de lumière dégringole devant moi jusqu'au bas de la côte. À l'horizon, les Alpilles découpent leur crêtes fines... Pas de bruit... À peine, de loin en loin, un son de fifre, un courlis dans les lavandes, un grelot de mules sur la route...»*

Alphonse Daudet (1840-1897)
*Lettres de mon moulin*

## À PROPOS DE L'AUTEURE

Cyclotouriste aguerrie, Carole Saint-Laurent organise des expéditions à vélo depuis plus de 10 ans. Elle a ainsi, au fil des années, accompagné des groupes sur les routes de l'Italie, de la Suisse, de la Grèce, du Portugal et, bien sûr, de la France.

Tous ces voyageurs, qui ont réalisé un rêve en partant à vélo avec Carole, l'ont influencée dans la préparation du présent ouvrage. Grâce à eux, elle peut pratiquer le délicieux métier consistant à partager son amour de la France et de l'Europe dans le contexte de l'extraordinaire aventure humaine que devient tout voyage à bicyclette.

**Merci de contribuer à l'amélioration des guides de voyage Ulysse!**

*Tous les moyens possibles ont été pris pour que les renseignements contenus dans ce guide soient exacts au moment de mettre sous presse. Toutefois, des erreurs peuvent toujours se glisser, des omissions sont toujours possibles, des adresses peuvent disparaître, etc. La responsabilité de l'éditeur ou de l'auteure ne pourrait s'engager en cas de perte, de dommage ou d'accident, et ce, quelles qu'en soient les causes.*

*Nous apprécions au plus haut point vos commentaires, précisions et suggestions, qui permettent l'amélioration constante de nos publications. Il nous fera plaisir d'offrir un de nos guides aux auteurs des meilleures contributions. Écrivez-nous à l'adresse qui suit, et indiquez le titre qu'il vous plairait de recevoir (voir la liste à la fin du présent ouvrage).*

**Éditions Ulysse**
**4176, rue Saint-Denis**
**Montréal, Québec**
**H2W 2M5**
**http://www.ulysse.ca**
**guiduly@ulysse.ca**

# SOMMAIRE

## Comment utiliser ce guide

D'abord, vous constaterez que chaque région comporte un ou plusieurs circuits qui comporte à son tour une ou plusieurs étapes. Chaque parcours est très bien expliqué dans le texte, avec une foule de détails permettant de bien vous orienter. Vous pourrez y lire des indications claires, le plus simplifiées possible, telles que par exemple : «Prenez à droite la petite route qui grimpe.»

Ensuite, tous les parcours sont dessinés sur des schémas en noir et blanc que vous retrouverez dans chaque chapitre. Ces schémas ont été insérés pour vous aider à visualiser l'itinéraire que vous allez suivre. Ils ne montrent que les routes par lesquelles passe votre circuit. Vous y retrouverez le numéro des routes à suivre, le nom des villes et villages que vous traverserez, ainsi qu'une référence exacte au circuit que vous avez choisi, par exemple : 1. Grand Tour de Camargue; Étape de Nîmes au Grau-du-Roi.

Finalement, vous trouverez, à la fin du guide, un atlas fait à partir de cartes fournies par l'Institut géographique national français (IGN). Ces cartes en couleurs vous permettront de vous familiariser avec le territoire que vous allez parcourir, de noter la topographie du parcours, de repérer les villes importantes à proximité, les cours d'eau, etc. Chacune des cartes ne couvre que la région immédiate entourant un des itinéraires décrit dans ce guide. Sur chacune d'elles, comme pour les schémas, vous retrouverez une référence à votre circuit. Notez que les pages de cet atlas sont numérotées de 1 à 32, le chiffre étant précédé d'un *A*.

Pour savoir où trouver le schéma et la carte de votre itinéraire, référez-vous aux tableaux des pages 8 et 9. Toutes les références de page y sont clairement indiquées. De plus, dans le texte, avant chaque nouveau circuit, on vous indique les numéros des pages où se trouvent le ou les schéma(s) et la ou les carte(s) en couleurs qui y correspondent. Par exemple : Schéma p 26, Carte A3; signifie que le schéma se trouve à la page 26 du guide et la carte en couleurs à la troisième page de l'atlas.

Bonne route!

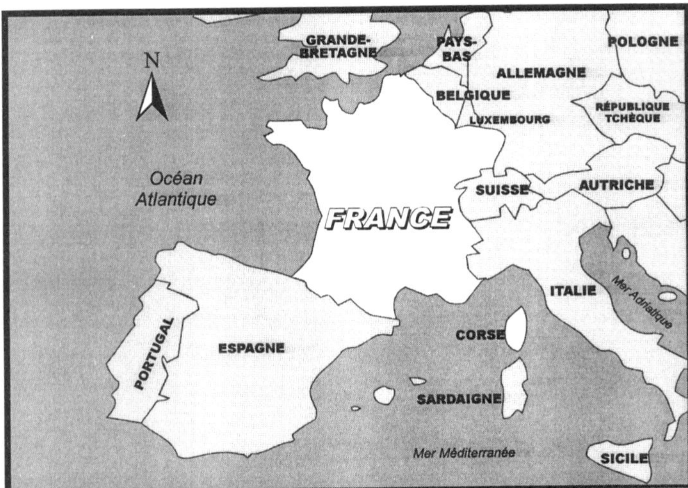


# Situation géographique dans le monde

| France |
|---|
| Capitale : Paris |
| Langue : français |
| Population : 56 000 000 hab. |
| Superficie : 550 000 km² |

| | | Villes étapes | Description page | Schéma page | Carte couleurs page |
|---|---|---|---|---|---|
| ■ | **LA PROVENCE** | | | | |
| 1 | Grand Tour de Camargue | Nîmes, Grau-du-Roi, Saintes-Maries-de-la-Mer, Arles | 36 | 37 | A2-A3 |
| 2 | Grand Tour du Gard | Nîmes, Alès, Uzès, Bagnols-sur-Cèze, Barjac | 45 | 49 | A3-A4 |
| 3 | Au coeur des Garrigues | Nîmes, Uzès | 55 | 56 | A3 |
| 4 | Du Gard au Vaucluse | Nîmes, Avignon | 56 | 71 | A5 |
| 5 | Du Gard aux Alpilles | Nîmes, Saint-Rémy-de-Provence, Arles | 59 | 71 | A5 |
| 6 | Circuit des Alpilles | Arles, Saint-Rémy-de-Provence | 61 | 61 | A5 |
| 7 | Grand Tour du Vaucluse | Avignon, Carpentras, Orange | 69 | 71 | A4-A5 |
| ■ | **LA BOURGOGNE** | | | | |
| 8 | Circuit Dijon-vallée de l'Ouche-Dijon | Dijon, Gevrey-Chambertin | 81 | 83 | A6 |
| 9 | Circuit de Dijon à Beaune | Dijon, Beaune, Vougeot | 84 | 83 | A6-A7 |
| 10 | Circuit Beaune-La Rochepot-Beaune | Beaune, La Rochepot | 86 | 89 | A7 |
| 11 | Circuit Beaune-Bouilland-Beaune | Beaune, Bouilland | 90 | 89 | A7 |
| ■ | **LA FRANCHE-COMTÉ** | | | | |
| 12 | La plaine de la Saône | Beaune, Dole, Auxonne | 96 | 97 | A7-A8 |
| 13 | Le Jura | Dole, Salins-les-Bains | 99 | 97 | A8 |
| 14 | Le Doubs | Dole, Besançon, Rougemont | 102 | 97-107 | A8-A9 |
| 15 | Les Vosges | Rougemont, Giromagny | 105 | 107 | A9-A10 |

| | | Villes étapes | Description page | Schéma page | Carte couleurs page |
|---|---|---|---|---|---|
| ■ | **L'ALSACE** | | | | |
| 16 | Circuit de l'Alsace | Giromagny, Thann, Turckheim, Barr, Strasbourg | 112 | 115-121 | A10 à A12 |
| ■ | **LA NORMANDIE** | | | | |
| 17 | Grand Tour du Calvados | Bayeux, Ouistreham, Saint-Pierre-sur-Dives, Thury-Harcourt | 128 | 129 | A13 |
| 18 | Circuit de la Manche | Bayeux, Isigny-sur-Mer, Coutances, Granville, Avranches, Pontorson | 139 | 143-145 | A14-A15 |
| ■ | **LA BRETAGNE** | | | | |
| 19 | Circuit de la Haute-Bretagne | Rennes, Pontorson, Saint-Malo, Dinan, Sables-d'Or-les-Pins, Ploeuc-sur-Lié, Pontivy | 157 | 159-167 | A16 à A18 |
| 20 | Circuit de Pontivy à Quimper | Pontivy, Quimperlé, Quimper | 172 | 167-177 | A19-A20 |
| 21 | Circuit de la Côte-sud | Quimper, Forêt-Fouesnant, Pont-Aven, Lorient, Auray, Muzillac, Guérande, Savenay, Nantes | 178 | 177-185-189 | A20 à A23 |
| ■ | **LA VALLÉE DE LA LOIRE** | | | | |
| 22 | Circuit de la vallée de la Loire | Nantes, Saint-Florent-le-Vieil, Angers, Saumur, Chinon, Azay-le-Rideau, Loches, Amboise, Blois | 199 | 201-207-215-220 | A24 à A28 |
| ■ | **LE PÉRIGORD ET LE QUERCY** | | | | |
| 23 | Grand Tour du Périgord et du Quercy | Bergerac, le Bugue, Montignac, Sarlat-la-Canéda, Souillac, Gramat, Figeac, Saint-Cirq-Lapopie, Cahors, Villefranche-du-Périgord | 226 | 227-241-245 | A29 à A32 |

# CYCLOTOURISME EN FRANCE

La France est reconnue chez les voyageurs à vélo comme «la» destination. On la choisit pour ses innombrables petits chemins tranquilles, ses jolis villages accueillants, la multiplicité de ses formules d'hébergement, ses grands sites historiques, la diversité de ses paysages, et bien sûr, sa cuisine et ses vins légendaires!

Ce que vous propose ce guide, c'est d'explorer les charmes d'une France intime, ses recoins oubliés, ses bourgs paisibles, au départ de grandes villes d'art au passé fabuleux. Grâce à votre bicyclette et aux petites routes, vous pourrez prendre le temps d'observer la nature qui vous entoure, de sentir le parfum des campagnes, de savourer les spécialités du terroir qui se trouvent partout au gré de chaque étape.

Quelles que soient vos raisons de partir à vélo, soit le contact avec la nature ou le goût de l'aventure, vous allez vous découvrir et même vous surpasser. Néophyte ou cycliste confirmé, vous serez comblé tout au long des centaines de kilomètres à parcourir. Une vingtaine d'itinéraires vous sont proposés dans plusieurs régions de France. Ces circuits à vocation touristique ont été sélectionnés parmi les plus favorables à la randonnée «cyclo» et sont issus de ma propre expérience. Je les ai tous pédalés seule ou en groupe.

## LES CIRCUITS

Parmi ces circuits d'intérêt varié, vous pourrez choisir ceux qui vous conviennent le mieux selon la saison, le temps dont vous disposez, le niveau de difficulté, vos goûts personnels, etc. Les tracés suivent de petites routes secondaires (routes départementales et communales), sauf à l'entrée et à la sortie de certaines grandes villes où les routes nationales deviennent alors inévitables. De façon générale, la chaussée est en bon état et bien entretenue; vous roulerez comme sur de la ouate!

Pour certains circuits, le parcours revient à son point de départ, ce qui vous permet de faire «le grand tour» d'une région choisie. Pour d'autres circuits, le parcours ne revient pas à son point de départ, ce qui vous permet de passer au circuit suivant. Chaque itinéraire traverse au moins une ville d'importance où vous trouverez un marchand de vélos (consultez l'encadré de chacune de ces villes). Les petits villages et les bourgs sont très près les uns des autres. Si la route vous paraît trop longue, vous pouvez décider de vous arrêter et trouver à vous loger et à vous nourrir pratiquement partout (moins facile en juillet et en août).

## LES RÉGIONS

La Provence s'étend dans le sud du pays sous un soleil qui incite à parler de tout et de rien avec le sourire. Le côté sauvage de la Camargue, les nombreux sites romains du Gard, la majesté des paysages des Alpilles ou la fantastique floraison printanière du Vaucluse, tout est à voir. Pour ne rien manquer, différents parcours vous sont proposés à partir de Nîmes, d'Avignon, de Saint-Rémy-de-Provence et de Carpentras.

Une expédition vers l'est, entre Dijon et Strasbourg, ravira le cycliste qui a tout son temps. La Côte d'Or, en Bourgogne, vous déroule sa prestigieuse route des Grands Crus en une infinité de petits chemins où vous serez rarement gêné par la circulation automobile. Vous pouvez ensuite rejoindre, depuis la Bourgogne, l'Alsace par la Franche-Comté, en suivant les méandres du Doubs, puis en parcourant les massifs du Jura et des Vosges. En Alsace, c'est par la Route des vins et ses villages fleuris que vous atteindrez Strasbourg, capitale européenne.

La Normandie, dans le nord du pays, vous convie dans sa verte campagne où ses manoirs à pans de bois se noient dans la verdure;

c'est le domaine de la vache laitière et du pommier. Le littoral, quant à lui, vous dévoile ses routes côtières, ses plages de sable fin et ses villages de pêcheurs aux maisons de granit.

Carrément à l'ouest s'étend la Bretagne, originale, authentique, mystique... Un grand voyage à vélo absolument inoubliable de Rennes jusqu'à Nantes en parcourant le millier de kilomètres des chemins d'Armor, le pays de la mer, et d'Argoat, le pays de l'intérieur.

Toujours à l'ouest, la vallée de la Loire invite à la rêverie de part et d'autre de ce grand fleuve royal. Le parcours sillonne les vignobles du pays nantais et de l'Anjou, et quitte parfois la Loire vers ses affluents. C'est sur les bords de l'Indre et du Cher, en Touraine, que vous admirerez les plus prestigieux châteaux de la Renaissance. Le circuit regagne la Loire et se termine à Blois, admirable cité comptant des siècles d'histoire passionnante.

Le circuit au cœur du Périgord et du Quercy se révèle des plus fascinants. Le parcours serpente le long des vallées de la Dordogne, de la Vézère et du Lot, qui abondent en grottes préhistoriques. L'itinéraire, sous forme d'une grande boucle, débute et se termine à Bergerac, ville adoptive du célèbre poète mousquetaire Cyrano.

Toutes ces belles régions de France vous attendent avec un réseau de petites routes qui vous conduiront de manoir en château, de cité médiévale en lieu historique, de petit port de pêche en station balnéaire. À vous maintenant d'organiser votre voyage parmi une ou plusieurs de ces régions, en fonction du temps dont vous disposez et du choix des sites qui vous font rêver.

## LE DESCRIPTIF

Au début de chaque circuit, un texte précède la description de l'itinéraire proprement dit. Ce texte comporte des renseignements de source historique et touristique, ce qui vous aidera à choisir la région de France qui vous convient le mieux. Ces renseignements sont donnés de façon à vous familiariser avec les villes étapes et vous permettront une meilleure préparation. À cet égard, vous trouverez dans chaque chapitre des encadrés comportant des renseignements supplémentaires sur les villes étapes ainsi que des numéros de téléphone utiles. Lisez la description de l'itinéraire avec attention avant de partir, et vous pédalerez l'esprit tranquille.

Pour chaque région, le descriptif vous informe sur les villages, les sites naturels (grottes, rivières, plages), le patrimoine, le panorama ainsi que le relief quand il devient un défi. L'amateur d'art et d'histoire pourra s'informer davantage en voyageant avec des guides culturels régionaux ou en s'arrêtant à l'office de tourisme ou au syndicat d'initiative des villes visitées, où vous pourrez vous procurer aussi une documentation telle que le plan de la ville et ses possibilités d'hébergement. Leurs bureaux sont ouverts de 9 h à 12 h et de 14 h à 19 h pour la plupart des villages. Dans certaines grandes villes, ils assurent une permanence tous les jours de la semaine, même le dimanche.

Pour ne pas rater trop de virages, je vous recommande de lire attentivement le texte décrivant le parcours au fur et à mesure que vous avancez. Il comporte des repères précis que vous ne retrouverez pas forcément sur les cartes ou sur les panneaux routiers. Si vous le désirez, vous pouvez également tracer l'itinéraire sur la carte IGN de la région avec l'aide du descriptif et du schéma; cela vous permettra de bien réviser chaque étape.

## HÉBERGEMENT

La France est dotée d'un réseau de lieux d'hébergement dense et très varié.

Hôtels de toute catégorie : classés de 1 à 4 étoiles selon leur confort.
Châteaux : aménagés en hôtels de luxe.
Chambres d'hôtes : c'est le *Bed & Breakfast* à la française.
Gîtes d'étapes : aménagés en dortoir à la campagne (en Bretagne).
Auberges de Jeunesse : carte de membre obligatoire.
Campings : classés de 1 à 4 étoiles.

Tous ces types de lieux d'hébergement sont répertoriés dans différents guides que vous trouverez dans les librairies spécialisées dans le voyage ou à l'office de tourisme de la ville.

# QUELQUES CONSEILS

## Le kilométrage

Le kilométrage total donné pour chaque étape ne tient pas compte de ce que vous pouvez parcourir dans les villes, des visites en dehors du circuit et des kilomètres pédalés en trop parce que vous vous êtes trompé de route! Voilà une considération importante si vous êtes du genre fouineur ou distrait. Vous pouvez ajouter facilement 10 km sur le total de la journée. La difficulté d'un parcours peut parfois vous amener à raccourcir l'étape, à faire des pauses plus fréquentes ou carrément à marcher vélo en main, mais il reste que la totalité de ces circuits sont accessibles à tous les cyclistes en bonne forme physique. Pour connaître le niveau de difficulté des circuits, le nombre d'étapes et la distance totale, consultez le tableau en page 30.

## L'entraînement

Avant de partir, une bonne préparation est nécessaire. Pour vous aider, voici quelques conseils. Il n'est pas nécessaire d'être un cycliste chevronné pour partir en voyage, mais un minimum de connaissances et de techniques s'impose. Consultez des livres spécialisés; ils sont bourrés de trucs et de bons conseils. Dès que vous aurez décidé de faire un voyage à vélo, plus de temps à perdre, il faut commencer l'entraînement!

Pendant la saison hivernale, pratiquez le ski de fond et le patinage sur glace; ces deux activités de plein air améliorent le système cardio-vasculaire et le sens de l'équilibre. Prenez aussi l'habitude de faire de petits efforts physiques chaque jour, soit en laissant la voiture pour marcher ou l'ascenseur pour monter les escaliers par exemple. Surveillez votre alimentation, et essayez de perdre les kilos en trop.

À l'arrivée des beaux jours, commencez votre entraînement à bicyclette. Pour débuter, faites des sorties de courte durée mais fréquentes; évitez les courbatures et les blessures (myalgie et tendinite). Vous ne devez pas revenir trop épuisé de votre balade afin d'avoir envie d'en refaire une autre dans les prochains jours. Si vous habitez dans une grande ville et ne pouvez pas sortir à vélo aisément, faites de l'exercice sous une autre formule, soit dans un centre sportif, à la piscine, ou encore en courant à l'extérieur par exemple.

Profitez des fins de semaine pour rouler sur une grande distance. Essayez de varier les destinations (campagne vallonnée, région montagneuse...). Vous pouvez également établir un plan d'entraînement que vous suivrez jusqu'au jour de votre départ. Ainsi, lors du voyage, votre organisme sera habitué à des efforts quotidiens. Enfin, faites une randonnée avec tout votre équipement (solidement attaché) : rien de tel pour vous rendre compte du poids, du volume, de l'équilibre, bref de votre confort à rouler.

Beaucoup de gens sont d'heureux propriétaires d'un vélo muni de 21 vitesses, mais ne savent pas comment s'en servir. Pour bien connaître votre bicyclette, pratiquez en terrain vallonné de façon à utiliser les différents braquets. Le bon équipement, les bons vêtements et la bonne forme physique sont sûrement les conditions premières pour apprécier un voyage à vélo. Testez le tout avant les vacances.

## En voyage

Une longue randonnée débute tranquillement; n'abusez pas de vos forces les premières journées en parcourant une trop longue distance, en réglant les braquets trop gros et en négligeant les pauses. Méfiez-vous de la chaleur. Ne ratez aucune occasion de vous rafraîchir à l'eau d'une fontaine. Mieux vaut partir tôt dans la matinée et bénéficier de la fraîcheur en parcourant plus de la moitié de l'itinéraire en avant-midi. (Dans votre choix de lieux d'hébergement, vérifiez avec l'aubergiste à partir de quelle heure vous pouvez prendre le petit déjeuner). Faites des pauses tous les 15 km à 20 km. Pour certains, des arrêts plus fréquents seront nécessaires. À vous de juger : ne surestimez pas vos possibilités.

Pour pouvoir apprécier et contempler le paysage, vous devez oublier l'effort et vous sentir confortable sur votre monture. Changez fréquemment de position sur le guidon, et levez-vous de votre selle de temps à autre. Quel que soit le genre de vélo choisi pour votre voyage (je recommande un vélo de cyclotourisme ou un hybride), il doit être bien ajusté à votre morphologie pour être confortable et sécuritaire. Le cadre doit être à votre taille. Choisissez une bonne selle. Le vélo doit être doté d'un dérailleur de qualité et d'une bonne gamme de développements (15, 18 ou 21 vitesses). Le cyclotourisme ne doit pas devenir un voyage de souffrance sur une bicyclette inadéquate. Consultez votre marchand de vélos et différents ouvrages spécialisés à ce sujet.

## L'alimentation

Emportez toujours suffisamment d'eau; n'attendez pas d'en manquer complètement pour commencer à en chercher. Vous devriez avoir deux bidons sur votre vélo en tout temps. Si vous ne trouvez pas de points d'eau sur votre route (ce qui ne devrait pas vous arriver souvent), faites un détour. Pratiquement chaque village en France a une fontaine d'eau potable, près de la place de la Mairie par exemple. Sinon, demandez-en à quelqu'un. C'est un élément essentiel à la réussite d'une randonnée, surtout quand il fait chaud. La nourriture et l'eau redonnent du tonus.

Voyez à manger de petites quantités de nourriture à chaque fois, mais souvent (barres de céréales, fruits secs, pain complet, etc.). Une alimentation variée produira votre énergie; une journée à pédaler exige énormément de calories. Profitez-en, vous êtes en France! Vous devriez consommer chaque jour des glucides (hydrates de carbone), des lipides (huile, beurre, fromage), des protides (ou protéines), des vitamines et des sels minéraux. Evitez de manger un gros repas juste avant une ascension et de boire de l'alcool le midi. Ne buvez pas d'eau glacée lorsqu'il fait chaud. Et bien sûr, ne jetez pas vos déchets n'importe où.

## La sécurité

Le numéro de téléphone à composer en cas d'urgence est le **18**. Notez-le à un endroit facile d'accès; en cas de panique, vous risquez de ne pas vous en souvenir.

J'aimerais vous faire part de mes observations sur la circulation en général. Vous pourrez ainsi prévenir les accidents, éviter les conflits éventuels et vous attirer le respect des conducteurs. En France, les gens ont l'habitude de rouler avec les cyclistes, qui sont des usagers de la route aussi bien que les automobilistes. Il va de soi que le cycliste, comme tout usager, doit suivre le code de la route.

Étant donné qu'il n'y a pas d'accotement sur la majorité des routes départementales, vous devez (comme le chante si bien Cabrel) prendre votre place dans le trafic. La plupart des chutes arrivent quand le cycliste, après avoir quitté la chaussée, tente d'y revenir, puis heurte la bordure de la route. Un classique! Si vous quittez la chaussée, arrêtez-vous complètement sur l'accotement. Regagnez ensuite la route prudemment. Dans la descente, pour votre sécurité, n'hésitez pas à prendre jusqu'à un tiers de la route, toujours à droite bien sûr.

L'automobiliste français, de façon générale, se révèle plutôt courtois envers le cycliste. S'il klaxonne, c'est souvent pour vous annoncer sa présence et son intention de vous dépasser. C'est la méthode utilisée par les camionneurs. Il ne faut pas vous en offusquer, car c'est tout simplement une question de sécurité.

Sur les petites routes de campagne, vous pouvez rouler à deux, côte à côte, quand la voie est libre. Vous devez immédiatement vous ranger en file indienne à l'approche d'un véhicule. Signalez votre intention de tourner en tout temps, en pointant le bras dans la direction voulue; tendez le bras droit vers la droite ou le bras gauche vers la gauche, selon le cas. Ce signal doit être bien visible et maintenu jusqu'au virage.

Dans les descentes, maîtrisez toujours votre vitesse. Soyez prêt à vous arrêter à tout moment en gardant les mains près des freins, les pédales parallèles au sol et en vous reculant au maximum sur votre selle. Sur les routes nationales, vous devez vous méfier des camions,toujours rouler en file indienne et être prêt à réagir en gagnant l'accotement. Sur les ponts, il est plus prudent d'emprunter le trottoir et de marcher vélo en main. Aux ronds-points, redoublez de prudence, car les voitures entrent et sortent à tout moment!

À l'approche de certaines villes, vous serez forcé de rouler dans une circulation dense. Soyez vigilant. Vous pouvez circuler à vélo dans les grandes villes, mais demeurez attentif. Vous devez en tout temps avoir un comportement sécuritaire; respectez le sens de la circulation, signalez vos intentions, et assurez-vous qu'on vous a vu (attention à l'ouverture imprévisible des portières des voitures stationnées). Essayez d'établir, avec les piétons et les conducteurs, un contact visuel.

Aux intersections, vous devez respecter la **priorité à droite**, à moins qu'un panneau indique le contraire. Dès que vous sortez des grands boulevards et que vous vous enfoncez dans les ruelles piétonnières des vieux quartiers, soyez courtois envers les gens, et faites comme eux : marchez. Empruntez les pistes cyclables dans le centre-ville s'il y a lieu ainsi que les bandes cyclables sur les routes.

Avant d'entreprendre une nouvelle journée, prenez le temps de bien vérifier l'état de votre vélo (rayons, pneus, freins, câbles, boulons) et de voir à ce qu'aucun élastique, cordon, etc. ne se retrouve coincé entre les rayons de la roue ou, qui pis est, dans la roue libre. Attachez bien vos lacets de chaussures. Un dernier petit conseil : arrêtez-vous complètement pour chercher un endroit ou une route sur les cartes routières.

## BON À SAVOIR

### La signalisation routière

La signalisation de direction se compose de panneaux de couleur différente. Ainsi, vous verrez, aux carrefours des villes, le long des routes ou aux grands axes routiers, des panneaux de direction sur fond bleu, vert et blanc. Quand ils sont regroupés, ils se présentent généralement de haut en bas sur fond bleu, vert et blanc.

Le **panneau bleu** indique le réseau autoroutier. Vous pouvez y lire le numéro de l'autoroute. Ces routes sont généralement à péage et strictement interdites aux vélos. Exemple : A 20.

Le **panneau vert** indique le réseau national. La plupart de ces routes sont à deux voies. La limite de vitesse autorisée est de 50 km/h dans les agglomérations et de 90 km/h ailleurs. Vous pouvez y lire le numéro de la route et la destination. Exemple : N113 ARLES.

Le **panneau blanc** indique le réseau régional : les routes départementales, les voies communales et les chemins vicinaux. Ces panneaux ont souvent la forme d'une flèche. Vous pouvez y lire le nom du village et la distance à parcourir. Exemples :

> route départementale, D13 Générac 11 km;
> voie communale, C4 Mialet 6 km;
> chemin vicinal, V1 Castel-Merle 3 km.

Le numéro de la route n'est pas toujours inscrit sur les panneaux de direction. Vous verrez ce numéro sur des bornes le long des chemins.

Le **panneau orange** indique une déviation routière (travaux, accidents...).

Un panneau triangulaire rouge sur fond blanc indique les ronds-points et les intersections dans lesquels les véhicules déjà engagés ont la priorité. En dehors des agglomérations, le principe de la priorité à droite s'applique toujours, sauf quand un panneau indique le contraire. C'est généralement la notion d'itinéraire principal qui l'emporte.

## La meilleure saison

Le printemps et l'automne resteront toujours les meilleures saisons pour le voyage à vélo en France. Le climat est agréable, les routes sont moins achalandées, et les hôtels et campings sont moins bondés. Dans le sud du pays, vous pouvez rouler à l'aise à partir du mois de mai jusqu'au mois de novembre. Il faut prendre en considération que les jours sont plus longs au printemps qu'en automne.

En été, le mercure peut monter jusqu'à 30 °C ou 35 °C dans certaines régions, comme en Provence et dans le Périgord. Le mois d'août est à éviter dans toutes les régions, en particulier sur les côtes. C'est le mois des vacances officielles pour la majorité des Français. Si vous décidez de voyager durant le mois d'août, prévoyez faire des réservations à l'hôtel, et préparez-vous à partager la route avec les vacanciers.

## La randonnée de groupe

Vous désirez faire un voyage à vélo, mais l'idée de l'organiser vous décourage? Vous pouvez alors vous joindre à un club cycliste et faire des sorties en groupe pendant une saison. Vous allez apprendre à mieux rouler, à connaître de nouveaux trucs; vous échangerez des idées de sorties avec d'autres cyclistes. Consultez l'association cycliste de votre région; elle vous fournira la liste des clubs ou autres groupes qui proposent des sorties à vélo près de chez vous.

Généralement en début de saison, le club cycliste organise une sortie pour les nouveaux venus dans le but de les initier à rouler en groupe. Cette journée sera assez technique. Le but n'est pas de faire de vous un coureur du Tour de France, mais d'acquérir et de pratiquer des règles essentielles. Lors d'une sortie de groupe, vous devez toujours être parfaitement conscient qu'il y a un cycliste qui vous suit de près. Il faut éviter les mouvements brusques (mauvais freinage, irrégularité dans le rythme de pédalage, contact, etc.).

Rouler en file (6 à 10 cyclistes) permet à chacun de se reposer tour à tour en faisant des rotations : le cycliste de tête, après un temps déterminé, sort de la file sur la gauche. Le deuxième passe devant sans changer la cadence. C'est le cycliste en rotation qui doit ralentir pour se placer derrière la file. Cette technique de s'abriter derrière un cycliste permet de rouler face au vent sans trop se fatiguer tout en profitant de la force de chacun. Le cycliste de tête doit faire des signaux bien précis au moment de tourner, de ralentir, de s'arrêter et de laisser sa place.

Il existe bien sûr d'autres techniques que la file indienne, par exemple le peloton, l'éventail, etc. Mais pour un cycliste chargé de bagages circulant sur des routes passantes, la file est la façon la plus sécuritaire de rouler en groupe.

## Les forfaits-vélo

Pour un premier voyage, vous préférerez peut-être l'encadrement ou partir en petit groupe avec un guide. Voici une liste d'agences qui proposent des forfaits de voyage à vélo en France.

**Au Canada**

Les Voyages du Tour de l'Île
1251, rue Rachel Est
Montréal (Québec)
H2J 2J9
☎ (514) 521-8356
Forfaits dans les régions de Provence et de Bourgogne.

Expéditions Monde
1705, rue Saint-Denis
Montréal (Québec)
H2X 3K4
☎ (514) 844-6364
ou
78, George Street
Ottawa (Ontario)
K1N 5W1
☎ (613) 241-2700 ou
1-800-567-2216
Forfaits dans les régions de Provence, Val de la Loire, Bourgogne, Champagne et Bordelais.

Voyage Découverte
365, rue Émery
Montréal (Québec)
H2X 1J2
☎ (514) 848-1974
Forfait combinant la péniche et le vélo en Provence.

Club Aventure
1221, rue Saint-Hubert
Montréal (Québec)
H2L 3Y8
☎ (514) 990-9290
ou
935, chemin Sainte-Foy
Québec (Québec)
G1S 2L3
☎ (418) 687-9043 ou
1-800-361-9043

Voyage de cyclotourisme dans les Pyrénées. Aussi des forfaits sur mesure pour des groupes privés.

Trek Holidays
8412-109 Street
Edmonton (Alberta)
☎ 1-800-661-7265
Forfaits en Provence et dans la vallée de la Loire.

**Aux États-Unis**

Vermont Bicycle Touring
P.O. Box 711
Bristol, Vermont
VT 05445
☎ 1-800-245-3868
Spécialisée dans le voyage à vélo, forfaits d'une semaine dans le Bordelais, en Provence, en Bourgogne, en Alsace et dans la vallée de la Loire. Propose aussi des voyages sur mesure pour des groupes privés.

Backroads
1516 5th Street, Suite R207
Berkeley, California
CA 94710-9861
☎ 1-800-462-2848
Spécialisée dans le voyage à vélo, forfaits en hôtel et en camping dans la vallée de la Loire, en Dordogne et en Provence.

**En France**

Terre d'aventure
5, rue Saint-Victor
75005 Paris
☎ 01 40 46 87 65
Spécialisée dans le voyage à pied, propose également des forfaits de vélo de montagne.

Loire Valley Travel
5, rue de la Paix
41000 Blois
☎ 02 54 78 62 52
Forfaits dans la vallée de la Loire et en Bretagne.

ATM Voyages
15, Place C.Blaze
84302 Cavaillon Cedex
☎ 04 90 71 37 66
Forfait d'une semaine dans le Luberon.

Parc Naturel des Vosges du Nord
Maison du Parc
67290 La Petite Pierre
☎ 03 88 70 46 55
Forfait d'une semaine dans le Parc des Vosges du Nord.

CDT Aveyron-Service Loisirs Accueil
Carrefour de l'Agriculture
12026 Rodez Cedex 9
☎ 05 65 73 77 33
Forfaits d'une semaine dans la vallée du Lot.

CDT Haute-Vienne-Service Loisirs Accueil
4, Place Denis Dussoubs
87000 Limoges
☎ 05 55 79 04 04
Forfaits d'une semaine en Limousin.

Les Huttes de France
46, boul. Pasteur, B.P. 360
63010 Clermont-Ferrand
☎ 04 73 34 18 48
Forfaits d'une semaine en Haute Auvergne.

# L'ÉQUIPEMENT

Le cyclotourisme en hôtel ou en auberge requiert moins d'équipement que le cyclocamping. Voici une liste de vêtements essentiels à consulter au moment de faire vos bagages.

## Les vêtements et accessoires

3 paires de bas de coton ou de poly-coton (ils sèchent plus vite)
3 sous-vêtements de coton ou de poly-coton
un ensemble de sous-vêtements longs style «lifa» (selon la saison)
un vêtement de nuit
2 cuissards en lycra avec peau de chamois naturel ou synthétique (attention à l'hygiène, les bactéries aiment bien le chamois et causent l'irritation, des boutons, etc.)
3 ou 4 t-shirts ou maillots
un chandail chaud à manche longue, style laine polaire
un pantalon de survêtement ou un collant long (selon la saison)
une paire de chaussures à semelle rigide pour le vélo (si vous partez avec une seule paire d'espadrilles et que vous roulez sous la pluie, vous êtes condamné à porter des chaussures trempées du matin au soir)
une paire de chaussures pour la ville
des vêtements pour la ville (éviter les vêtements qui se froissent et qui sont lourds)
un maillot de bain
une serviette de plage (mince, elle sèche plus vite)
un vêtement de pluie
une paire de gants de cycliste
un casque de vélo

Ne portez jamais de sac sur vous! De plus, n'oubliez pas que tout ce que vous traînez sur votre monture vous accompagnera face au vent et dans chaque côte. N'ayez pas peur de réduire les bagages (pas plus de 13 kg ou 14 kg, ou 18 kg à 20 kg pour les campeurs); si jamais vous vous rendez compte qu'il vous manque quelque chose en cours de route, vous pourrez toujours le trouver sur place; après tout, vous ne partez pas en pleine brousse!

Il est préférable de vous habiller confortablement avec des vêtements qui suivent le mouvement du corps et qui ont des couleurs voyantes; **à vélo, il faut être vu!** Ayez toujours avec vous un coupe-vent ou un imperméable, car la température peut changer brusquement. Portez un casque en toute occasion. Les gants sont très confortables sur de longues distances et protègent les mains lors d'une chute.

Voici d'autres articles indispensables :

trousse de toilette
lunettes de soleil
crème solaire
chapeau ou casquette
trousse de premiers soins
ouvre-bouteille et décapsuleur (ou un couteau suisse)
ustensiles pour le pique-nique
appareil photo
lampe de poche
crayon, journal de bord et carnet d'adresses
petit sac pour vos promenades en ville
cartes routières
tout le matériel de camping (pour les campeurs!)
guide de voyage pours les hôtels, chambres d'hôtes, etc.

## Les accessoires pour le vélo

Il va de soi que votre bicyclette doit être vérifiée avant votre départ. Profitez-en pour la «standardiser», c'est-à-dire de voir à ce que toutes les vis, par exemple, nécessitent le même tournevis. Sachez qu'en France tout est métrique, les roues et pneus compris. L'êtes-vous?

Votre trousse de réparation doit contenir un «kit» de réparation de crevaison, des clés à pneu, un tournevis, une clé hexagonale, une clé à molette, une clé plate (pour les pédales), une pince-monseigneur, une clé à rayon, un dérive-chaîne, du fil de laiton, du ruban adhésif (pour fils électriques).

De plus, vous devez avoir en votre possession :

2 chambres à air
un pneu (facultatif si vos roues sont métriques)
une pompe
un câble de dérailleur
un câble de frein
un lubrifiant léger.

Une formation d'une journée en mécanique vous donnerait une certaine confiance et autonomie. Consultez votre association ou club cycliste pour connaître leur programme de cours. Il existe aussi plusieurs ouvrages sur la mécanique de vélo. Ne laissez pas les ennuis mécaniques gâcher vos vacances. Relaxez, car, en cas de bris majeurs, vous trouverez toujours une personne compétente pour réparer votre vélo. C'est le pays du Tour de France!

Pour finir (évitez de doubler les outils si vous voyagez à deux) :

des élastiques tendeurs
de la corde
un cadenas antivol à chiffres (avec câble, c'est plus pratique qu'en *U*, et à la campagne, il y a plus d'arbres que de parcomètres)
2 bidons d'eau (avec 2 porte-bouteilles)
un sac à guidon (avec courroie pour porter à l'épaule lors des visites à pied)
un support à bagages de bonne qualité
2 sacoches arrière (qui se transportent bien à la main)
2 sacoches avant (pour les campeurs ou pour ceux qui entreprennent un long voyage, sinon deux sacs arrière et un sac à guidon suffisent)
un rétroviseur
des garde-boue
de grands sacs de plastique pour placer à l'intérieur de vos sacoches (quant il pleut à verse, aucune sacoche n'est vraiment imperméable à 100 %, donc ne prenez pas de chance.

## LE TRANSPORT DE LA BICYCLETTE

### Par avion

En premier lieu, renseignez-vous auprès de votre compagnie aérienne pour savoir quelle est sa politique en ce qui concerne le transport des vélos. Certaines compagnies vendent des boîtes de carton ou des sacs de plastique que vous pouvez vous procurer à l'aéroport juste avant votre départ. Arrivez tôt! Ces boîtes sont grandes; vous n'avez qu'à enlever les pédales de votre vélo, tourner les guidons et dégonfler les pneus. Une identification sur la bicyclette ainsi que sur la boîte est vivement conseillée.

L'autre possibilité qui s'offre à vous, c'est de demander à votre marchand de vélos de vous donner une boîte. Celle-ci sera plus petite, donc vous devrez démonter votre bicyclette, c'est-à-dire enlever le guidon, la selle, la roue avant et les pédales. Il est important de bien attacher toutes ces pièces au vélo. Assurez-vous de boucher les deux trous de la boîte servant de poignées, car ils peuvent se déchirer au cours du transport, et vous pourriez perdre des pièces. Utilisez de la corde pour transporter votre colis.

Dans les deux cas, votre vélo n'est pas protégé des chocs. Avec un minimum d'outils, vous pouvez faire un bon emballage coussiné et ainsi éviter les surprises une fois à destination. N'attendez pas à la dernière minute, cela peut prendre plus de temps que vous ne le pensez! Demandez conseil à votre marchand de vélos, ou demandez-lui de l'emballer pour vous. Votre vélo, c'est important!

Une fois à destination, que faire avec votre boîte? Si vous avez des amis chez qui vous pouvez la laisser, c'est merveilleux! Si vous débutez et finissez votre circuit dans la même ville, vous pouvez toujours demander gentiment à votre aubergiste de la garder pour vous. Vous pouvez aussi vous défaire de votre boîte en espérant en trouver une chez un marchand de vélos à la fin de votre voyage. Il vous reste encore la possibilité d'en acheter une à l'aéroport; renseignez-vous auprès des différentes compagnies aériennes. En dernier recours, votre vélo voyagera sans emballage. À vous de prier!

Aéroport Roissy
Charles-de-Gaulle
Renseignements :
☎ 03 28 62 22 80

Aéroport d'Orly
Renseignements :
☎ 01 49 75 15 15

Aéroport de Mirabel
Renseignements :
☎ (514) 476-3010

Aéroport de Québec
Renseignements :
☎ (418) 640-2600

Aéroport de Dorval
Renseignements :
☎ (514) 633-3105

Aéroport d'Ottawa
Renseignements :
☎ (613) 998-3151

## Par train

La façon la plus rapide de vous rendre dans les différentes régions de France, c'est par le TGV (train à grande vitesse). Notez toutefois qu'il ne dessert pas toutes les régions et que, par endroits, vous devrez prendre le train. Selon votre destination, vous partirez de l'une des quatre gares parisiennes. De l'aéroport (Orly ou Roissy), il peut arriver que les taxis ne vous prennent pas avec votre vélo. Vous pouvez monter à bord du car d'Air France ou prendre le RER (train de banlieue). Pour les courageux, une piste cyclable conduit aux portes de Paris à partir de l'aéroport d'Orly. Ils devront ensuite tricoter dans la circulation des rues étroites du centre-ville parisien. Roissy dispose maintenant d'une gare TGV qui permet d'éviter Paris. Faites attention! Il n'y a pas de comptoir pour enregistrer les bagages (ni les vélos) à la gare de l'aéroport Charles-de-Gaulle. Il n'est donc pas possible de voyager avec son vélo à partir de cette gare.

Vous aurez à prendre le train au moins deux fois durant votre séjour, soit au début et à la fin. C'est très facile de prendre le train avec son vélo; il suffit de connaître quelques trucs. Vous devez d'abord vous procurer un billet ou avoir en main votre «France Passe» (passe de train d'un mois) au moment de l'enregistrement de votre bicyclette au comptoir des bagages non accompagnés. Notez que, sur les grandes lignes, les vélos doivent être expédiés quelques jours à l'avance.

La Société nationale des chemins de fer français (S.N.C.F.) garantit la livraison à destination en 72 heures et, en haute saison, en moins de cinq jours. Selon mon expérience, si vous vous présentez 24 heures avant votre départ, et que vous vérifiez avec le commis aux bagages sur quel train partira votre vélo, vous avez de fortes chances de le récupérer dès votre arrivée ou le lendemain. Pour votre vol de retour, ne prenez pas de risques, et prévoyez le minimum de temps garanti par la S.N.C.F., ou louez une voiture.

Dans les grandes gares de Paris, le service des bagages se trouve souvent dans un endroit reculé et pas facile d'accès (les escaliers!). Pensez que vous aurez à vous déplacer avec vos sacoches et votre boîte à vélo. À deux, c'est déjà moins compliqué, et, si votre bicyclette est en état de rouler, c'est encore mieux. Ne laissez rien sur le vélo qui puisse tomber, tel que bidon, odomètre, pompe et sacoches. Ensuite, vous pouvez protéger votre vélo des égratignures grâce à un carton vendu par la S.N.C.F. Remplissez clairement l'étiquette d'enregistrement (nom, adresse, etc.), et gardez votre reçu précieusement. Le coût du transport de la bicyclette est de 150 FF.

Il est possible de monter à bord de certains trains avec son vélo (sans frais). Vérifiez l'horaire auprès de la S.N.C.F. Il suffit d'être sur le quai quand le train entre en gare, et de vous précipiter vers le compartiment à bagages (soit devant ou derrière, difficile à prévoir!). Vous devez vous tenir prêt à descendre avec votre vélo dès l'arrêt du train en gare.

Un dernier conseil : au moment de récupérer votre vélo au comptoir des bagages, vérifiez s'il est en bon état avant de quitter la gare. Aucune réclamation ne sera possible par la suite.

S.N.C.F. Paris
Renseignements généraux :
☎ 01 45 82 50 50

Rail Europe Canada
Renseignements généraux :
☎ 1-800-361-7245
⇄ (905) 602-4198
www.raileurope.com

## LOCATION DE VÉLOS

Paris-Vélo
2, rue du Fer à Moulin
Paris 75005
☎ 01 43 37 59 22
⇄ 01 47 07 67 45

Paris By Cycle
99, rue de la Jonquière
Paris 75017
☎ 01 42 63 36 63

Bicy Club de France
8, place de la Porte Champerret
Paris 75017
☎ 01 47 66 55 92

Fédération française de cyclotourisme
8, rue Jean-Marie Jégo
75013 Paris
☎ 01 44 16 88 88
⇄ 01 44 16 88 99

La S.N.C.F. loue des bicyclettes dans un certain nombre de gares en France. Selon la Fédération française de cyclotourisme, ce service ne semble pas fonctionner de manière régulière. Il est donc impossible de donner une liste fiable des gares où l'on peut louer des vélos.

## RENSEIGNEMENTS TOURISTIQUES

Montréal
Maison de la France
1981, Avenue McGill College
Bureau 490
Montréal (Québec)
H3A 2W9
☎ (514) 288-4264
⇄ (514) 845-4868

Paris
Maison de la France
8, avenue de l'Opéra
75001 Paris
☎ 01 42 96 10 23
⇄ 01 42 86 08 94

## Heures d'ouverture

### Les commerces

D'une façon générale, les commerces ferment entre 12 h et 14 h en province. Si vous décidez de faire un pique-nique, prévoyez faire un arrêt dans un village avant 12 h pour vos achats. Le soir, ils ferment vers 19 h. Dans les grandes villes, les hypermarchés ne ferment pas le midi. Les boulangeries et les charcuteries ouvrent le dimanche matin. Plusieurs boutiques de vélos sont fermées le lundi.

### Les restaurants

Par ailleurs, si vous désirez manger au restaurant, sachez que la plupart ouvrent à 12 h et servent les repas jusqu'à 14 h, et qu'ils ouvrent de nouveau de 19 h à 21 h. On vous propose le menu du jour à prix fixe ou la carte. En dehors de ces heures d'ouverture, vous pouvez manger un sandwich dans les cafés-brasseries ou dans les bars. (J'ai souvent roulé durant ces deux heures, c'est le moment le plus tranquille sur les routes.)

### Les banques

Les banques ouvrent du mardi au samedi 9 h à 12 h et de 14 h à 16 h ou 18 h. Elles sont fermées le lundi et le dimanche. Vous pouvez utiliser le guichet automatique avec une carte de crédit dans les banques, dans les bureaux de poste, dans les gares. Assurez-vous que votre carte de crédit comporte un code permettant son utilisation aux guichets automatiques. Vous pouvez aussi retirer de l'argent de votre compte de banque avec les cartes de guichet Plus ou Cirrus. Les chèques de voyage peuvent être encaissés dans une banque ou dans un bureau de poste (avec frais). Ils sont rarement acceptés dans les commerces.

### La Poste

La Poste ouvre à 8 h ou 9 h et ferme à 18 h ou 19 h, du lundi au vendredi. Le samedi, elle ouvre de 8 h à 12 h. Les timbres se vendent aussi dans les bureaux de tabac, identifiés par un losange rouge.

### Le téléphone

Le téléphone public fonctionne avec des télécartes vendues dans les bureaux de poste et de tabac. Vous trouverez aussi des téléphones fonctionnant avec des pièces de monnaie, dans certains petits villages et dans les restaurants et cafés.

### Les musées et les bureaux gouvernementaux

En ce qui concerne les heures d'ouverture des musées, il n'y a pas de règle générale, mais ils sont souvent fermés le mardi. Vérifiez l'horaire auprès de chaque musée ou à l'office de tourisme. Les bureaux gouvernementaux sont ouverts du lundi au vendredi, de 8 h à 12 h et de 14 h à 18 h.

## CLASSEMENT DES CIRCUITS

### Degrés de difficulté

Les circuits sont classés en trois niveaux de difficulté spécifiques à ce guide : facile, peu difficile, plus difficile. Ils sont représentés à l'aide de l'icone suivant : 🚲.

🚲 (facile) : le parcours s'effectue en terrain plat. Il peut y avoir quelques faux plats.

🚲 🚲 (peu difficile) : le parcours s'effectue en terrain légèrement vallonné avec quelques bonnes montées.

🚲 🚲 🚲 (plus difficile) : le parcours s'effectue en terrain plutôt vallonné avec de fréquentes montées (ou de forts vents).

| | Nombre d'étapes (ou jours) | Difficulté | Kilométrage | Page |
|---|---|---|---|---|
| **La Provence** | | | | |
| La Camargue | 4 | 🚲 | 190 km | 36 |
| Le Gard | 6 | 🚲🚲 | 275 km | 45 |
| Le Gard (les Garrigues) | 2 | 🚲🚲 | 80 km | 55 |
| Les Alpilles | 3 | 🚲🚲 | 155 km | 61 |

| | Nombre d'étapes (ou jours) | Difficulté | Kilométrage | Page |
|---|---|---|---|---|
| Le Vaucluse | 3 | 🚲🚲 | 170 ou 185 km | 69 |
| **La Bourgogne** | | | | |
| Dijon-Vallée de l'Ouche | 1 | 🚲🚲 | 55 km | 81 |
| Dijon-Beaune | 1 | 🚲🚲 | 65 km | 84 |
| Beaune-La Rochepot | 1 | 🚲🚲 | 40 km | 86 |
| Beaune-Bouilland | 1 | 🚲🚲 | 50 km | 90 |
| **La Franche-Comté** | | | | |
| La plaine de la Saône | 1 | 🚲 | 75 km | 96 |
| Le Jura | 2 | 🚲🚲 | 100 km | 99 |
| Le Doubs | 2 | 🚲🚲 | 130 km | 102 |
| La Haute-Saône | 1 | 🚲🚲🚲 | 60 km | 105 |
| **L'Alsace** | 4 | 🚲🚲🚲 | 195 km | 112 |
| **La Normandie** | | | | |
| Le Calvados | 4 | 🚲🚲 | 240 km | 128 |
| La Manche | 5 | 🚲🚲 | 230 km | 139 |
| **La Bretagne** | | | | |
| La Haute-Bretagne | 6 | 🚲🚲🚲 | 355 km | 157 |
| Pontivy à Quimper | 3 | 🚲🚲🚲 | 120 km | 172 |
| La Côte-Sud | 9 | 🚲🚲 | 525 km | 178 |
| **La vallée de la Loire** | 9 | 🚲🚲 | 490 km | 199 |
| **Le Périgord et le Quercy** | 10 | 🚲🚲 | 540 km | 226 |

# LA PROVENCE

Je vous invite à découvrir l'art de bien vivre et l'incroyable patrimoine antique de la Provence. Dans le présent chapitre, la région est délimitée par les **Cévennes**, les rives de l'**Ardèche**, le **mont Ventoux**, le plateau du **Vaucluse**, la **Camargue** et la mer Méditerranée. Au cours de votre séjour, vous découvrirez les diverses facettes du département du Gard, les étendues marécageuses de la Camargue jusqu'aux garrigues et petit bois du paysage nîmois et cévenol. Puis, un parcours traverse les Bouches-du-Rhône, où s'étend la chaîne des Alpilles. Un petit tour à leur pied vous permettra de faire de belles découvertes; la région offre un terrain de jeu fantastique au cycliste. Vous pourrez ensuite pénétrer à l'intérieur du pays pour sillonner le riche département du Vaucluse, planté de vignes et d'arbres fruitiers.

## LA CAMARGUE

Pour débuter votre randonnée cycliste en Provence, je vous propose de parcourir une région où le soleil scintille sur les salines et marais, éclate sur la mer et le sable, colore les vergers et les vignes, dore les pierres des temples romains et des remparts médiévaux. C'est aussi une région de fête où les taureaux, les chevaux et les gardians sont les héros. Occitans de cœur et de langue, beaux, indépendants, fiers de

### Le vocabulaire de la Camargue

**Gardian** : gardien de taureaux ou de chevaux camarguais.

**Mas** : ferme ou maison de campagne.

**Manade** : un troupeau et tout ce qui se rapporte à l'élevage de taureaux.

**Féria** : fête à l'espagnole comprenant corridas, courses de taureaux, fête dans les rues et événements improvisés.

***Bodegas*** : débits de boissons improvisés (cave, garage, magasin). On y boit du pastis, de la sangria, du vin blanc d'Espagne ou de la tequila au son d'une musique espagnole.

***Abrivado*** : manifestation taurine, lâcher de taureaux dans les rues.

***Encierro*** : de tradition espagnole, lâcher de taureaux dans les rues.

leur terroir, les Camarguais affirment depuis toujours leur personnalité. Séjourner dans le Midi, c'est prendre le temps de vivre. **Nîmes**, c'est le café où coule le pastis, la pétanque sous les platanes, les sites romains, les Jardins de la Fontaine, l'*abrivado* sur les boulevards, les corridas aux arènes. Très cliché tout ça? Attendez d'y être, vous aussi vous succomberez aux charmes de sa «latinité».

Ville romaine elle aussi, **Arles** a gardé ses arènes aux gradins usés par 80 générations d'Arlésiens. Ils sont aussi venus se recueillir aux Alycamps, un cimetière immémorial jadis situé au milieu de marais qui acquit une grande réputation spirituelle et qui fait désormais partie de l'œuvre de Vincent Van Gogh. Univers également familier de l'artiste et des Arlésiens : le boulevard des Lices, où s'alignent sous les platanes les terrasses des cafés. À cet endroit même, le samedi, jour de marché, vous pourrez vous procurer fruits, légumes, épices, fleurs, produits locaux et brocante dans une ambiance gaie et colorée, de quoi refaire le plein d'énergie!

Le circuit débute à Nîmes et vous conduit en **Petite Camargue**. Avant d'y arriver, vous traverserez des bourgs agricoles et des vignobles d'appellation Costières de Nîmes. Durant la saison estivale, ces villages sont en fête. Peut-être assisterez-vous à un *abrivado* ou à un *encierro*! On barricade les rues, les taureaux sont lâchés d'un camion et traversent le village vers l'arène, encadrés par les gardians à cheval. Les jeunes, enthousiastes et craintifs, tentent de les prendre par la queue ou d'en laisser échapper un... Bref, descendez de votre vélo si vous entendez des cris de joie... un taureau peut en cacher un autre!

Au cœur de la Petite Camargue se dresse l'enceinte fortifiée d'**Aigues-Mortes.** La cité fut fondée pour abriter la flotte de bateaux du roi Louis IX, qui s'embarqua en 1248 pour la VII^e croisade. Ses superbes remparts (1 650 m de long) sont remarquablement conservés. À l'intérieur, la vieille ville fut bâtie sur le plan des bastides : ses rues se coupent à angle droit. Aujourd'hui, Aigues-Mortes est une ville de tradition agricole liée aux ressources naturelles : asperges et vins du «pays de sables», pêche et élevage traditionnels, récolte de roseaux et production de sel.

Pour les plages et les activités nautiques, vous devez continuer jusqu'au **Grau-du-Roi** et **Port-Camargue**, port de pêche traditionnel, station balnéaire moderne et plus grand port de plaisance de la Méditerranée. Chemin faisant, vous pourrez visiter la cave de Listel, où l'on produit le célèbre vin du «pays de sables». Entre les vignes, le soleil brille sur les salins du Midi, la plus ancienne exploitation commerciale de la région. Prenez le temps d'enlever vos lunettes pour voir la vraie couleur du paysage qui vous entoure : elle passe du rose au mauve ou au violet selon le moment de la journée et de la saison. Vous y verrez aussi de petites taches roses : des colonies de flamants!

Puis, le parcours traverse la **Basse Camargue** : une véritable mosaïque de marais et d'étendues salées. Mi-eau, mi-terre, cette région vous fera voir sans doute des taureaux et des chevaux camarguais vivant en liberté. Pour réellement découvrir les secrets gardés de sa beauté sauvage, il faut abandonner le vélo et l'explorer à pied avec des jumelles. Dans ces prairies, refuges de flamants roses, de hérons et de canards, poussent des plantes qui résistent au sel, comme la salicorne, la saladelle, les joncs et les roseaux.

Imaginez cet impressionnant tableau camarguais sous un temps orageux : vous êtes sur votre selle, un vent fort vous pousse, le coloris de la nature s'assombrit, les oiseaux tourbillonnent au-dessus d'une manade de taureaux, les gardians galopent vers leur mas...

Au bout de la route s'étendent la mer et ses plages de sable fin. Vous êtes aux **Saintes-Maries-de-la-Mer**. Marie-Jacobé, sœur légendaire de la Vierge, et Marie-Salomé, prétendue mère des apôtres Jean et Jacques, après avoir été chassées de Judé, auraient débarqué sur la plage où se dresse aujourd'hui l'église. Vous serez frappé par son architecture extérieure, car tout l'édifice fut fortifié à la fin du Moyen Âge. Aujourd'hui, cette station balnéaire est envahie à la fin mai par les gitans venus en pèlerinage. Farandoles, musiques, costumes, défilés... très couleur locale. Vous serez envoûté par ce mélange d'ambiance de piété et de liberté créée par les gitans, les gardians et les pêcheurs.

Près du Grand Rhône, au pays d'Arles, se trouve le secteur agricole de la Camargue; on y cultive pêches, abricots, amandes et légumes autour de vastes plaines où ondulent le blé et le riz. Fermes typiquement provençales, les magnifiques mas se fondent dans le paysage à l'ombre des pins parasols. La Camargue offre aux cyclistes de tous les niveaux un spectacle naturel et fascinant. Cette randonnée enthousiasmera les amoureux de la mer, de la fête et des chemins plats.

## 1. Grand Tour de Camargue

**Distance totale** : 190 km
**Nombre d'étapes** : 4
**Niveau de difficulté** :

**Schéma** p 37
**Cartes** A2-A3

**Étape de Nîmes au Grau-du-Roi : 45 km**

La gare de **Nîmes**, située au sud de la ville, fait face à l'avenue Feuchères. Cette avenue vous conduit aux arènes. De là, vous accédez au centre de la vieille ville par les ruelles avoisinantes. On dit de Nîmes qu'elle conjugue tradition et modernité. Les Montréalais, très sensibles au phénomène de «stade couvert», seront peut-être intéressés d'apprendre qu'à Nîmes aussi les arènes sont couvertes. En effet, en hiver on les recouvre d'une bulle amovible, faisant ainsi de l'amphithéâtre (bâti au Ier siècle) une salle de spectacle hors du commun et un symbole de l'alliance de l'archéologie et de la vie moderne. La Maison carrée, un monument romain et le Carré d'art, un monument high-tech, symbolisent encore une fois cette union en plein cœur du centre historique.

Avis aux fêtards à l'espagnole : pendant cinq jours, au début juin, toute l'activité de Nîmes se voit suspendue à la féria avec toreros, corridas, *bodegas*, flamenco... ¡*ole*!

Rendez-vous à la gare pour sortir de Nîmes. Dos à celle-ci, prenez à gauche, et roulez en direction de Saint-Gilles, de Caissargues et de l'aéroport. Passez sous le viaduc, et laissez la ville par la rue du Planas.

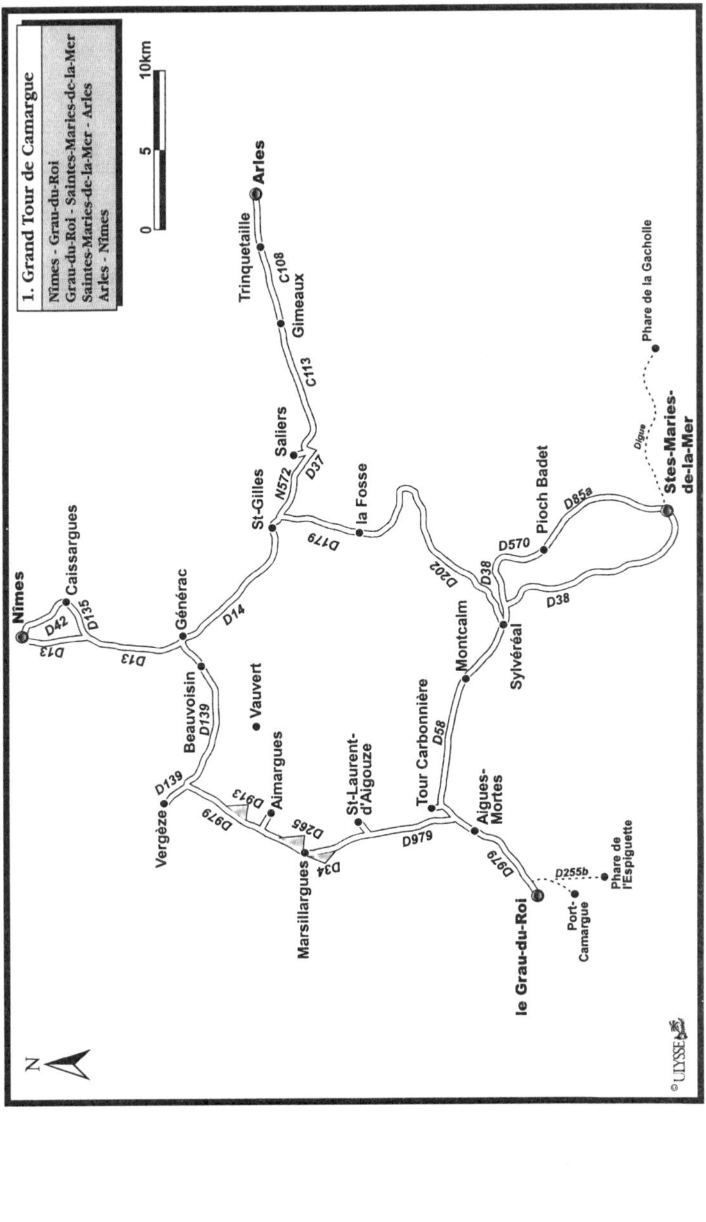
1. Grand Tour de Camargue
Nîmes - Grau-du-Roi
Grau-du-Roi - Saintes-Maries-de-la-Mer
Saintes-Maries-de-la-Mer - Arles
Arles - Nîmes
0
5
10km
N
Nîmes
Caissargues
D42
D135
D13
Générac
D14
St-Gilles
N572
Saliers
D37
C113
Gimeaux
C108
Trinquetaille
Arles
D179
la Fosse
D202
D38
D570
Pioch Badet
D85a
Stes-Maries-de-la-Mer
Digue
Phare de la Gacholle
Sylvéréal
Montcalm
D58
Tour Carbonnière
Beauvoisin
D139
Vauvert
Aimargues
D913
Vergèze
D979
D265
Marsillargues
D34
St-Laurent-d'Aigouze
Aigues-Mortes
D255b
Phare de l'Espiguette
Port-Camargue
le Grau-du-Roi
© ULYSSE

RENSEIGNEMENTS GÉNÉRAUX SUR NÎMES

**Population**
140 000 habitants, les Nîmois

**Office de tourisme** : 6, rue Auguste, 30000 Nîmes, ☎ 04 66 67 29 11
℻ 04 66 21 81 04

**Boutiques de vélos**
Tendil Cycles, 6 boul. Am. Coubet, ☎ 04 66 67 28 27
Cycles Rebour, 42 av. Jean-Jaurès, ☎ 04 66 62 20 39

**Marché**
Le mardi

**Principales manifestations** : féria de la Pentecôte; féria des vendanges (septembre)

**Spécialités** : la Brandade de morue, la tapenade d'olives, le petit pâté de Nîmes, le croquant Villaret, le vin des Costières de Nîmes, le vin Clairette de Bellegarde

**Accès depuis Paris** : autoroute du Soleil, la Languedocienne, la N86; TGV, gare de Lyon-Nîmes

**Carte**
IGN n° 66

Assurez-vous de quitter Nîmes par la D42. Continuez jusqu'au rond-point, et suivez la D135. Roulez sur celle-ci jusqu'au deuxième rond-point, et prenez la D13 vers Générac. Le parcours sillonne une région de vignobles et de vergers.

De **Générac**, prenez la D139 en direction de Beauvoisin et de Vauvert. À **Beauvoisin**, suivez la direction de Vergèze, Vestric et Candiac, toujours par la D139. Saviez-vous que la source Perrier est près d'ici? Ce complexe ultramoderne *(jours ouvrables à partir de 9 h; 30310 Vergèze, ☎ 04 66 87 62 97)* se révèle unique au monde par sa technologie. Pour une présentation audiovisuelle et une dégustation, la visite se fait à heure fixe. Pour ne pas perdre de temps, renseignez-vous sur l'horaire avant de quitter Nîmes.

Ensuite, empruntez la D979 en direction d'Aimargues. Traversez la route nationale, suivez la D913, et poursuivez par la D265 en direction du Grau-du-Roi et du Château de Taillan. Continuez jusqu'au Vidourle, et entrez à **Marsillargues**.

RENSEIGNEMENTS GÉNÉRAUX SUR AIGUES-MORTES

**Population** : 5 570 habitants, les Aiguemortains

**Office de tourisme** : Porte de la Gardette-BP 32, 30220 Aigues-Mortes, ☎ 04 66 53 73 00, ⇌ 04 66 53 65 94

**Marché**
Le mercredi et le dimanche

**Principale manifestation**
Les fêtes de la Saint-Louis (26-27 août)

**Spécialités** : les poissons, les tellines (coquillages), le «vin du pays des sables» Listel

**Carte**
IGN n° 66

Rejoignez la D34 vers Aigues-Mortes (aigues pour «eaux»), franchissez une autre fois le Vidourle, puis prenez la D979 jusqu'à **Aigues-Mortes**. Vous êtes maintenant dans la Petite Camargue. Empruntez la voie cyclable, et poursuivez jusqu'aux remparts.

Pour visiter la vieille ville, vous seriez plus à l'aise sans votre vélo, les rues étant étroites et bondées en haute saison. Trouvez un endroit bien en vue pour le cadenasser, près de la porte ou du stationnement par exemple. Il arrive souvent que les vieux du village s'installent à la porte de la Gardette pour regarder le va-et-vient; faites-leur un clin d'œil.

Retrouvez la D979, et continuez vers **le Grau-du-Roi** par la voie cyclable. Cette station balnéaire est divisée par un chenal maritime : la Grande Roubine. D'un côté se trouve le port de pêche traditionnel (plus de 100 bateaux de pêche), de l'autre sont situés la plage, les boutiques et les hôtels.

Pour gagner **Port-Camargue**, retrouvez la D62b à l'entrée du village. Cet original port de plaisance existe seulement depuis 1969. Il est le plus grand d'Europe avec ses 4 350 pontons d'accostage. Vous pouvez continuer votre excursion jusqu'au **Phare de l'Espiguette**, plus au sud. Comptez 20 km aller-retour pour cette petite expédition vers de vastes plages bordées de dunes qui invitent à la détente, au farniente...

**Étape du Grau-du-Roi aux Saintes-Maries-de-la-Mer : 40 km**

Revenez à **Aigues-Mortes** par la même route, la D979, ce qui vous permettra de rouler encore une fois entre les **Salines du Midi** et la Grande Roubine (le canal) en passant par le vignoble de Listel, exploité depuis le Moyen Âge, où l'on peut visiter des caves et s'offrir une dégustation. Cette route dévoile une vue magnifique sur l'enceinte fortifiée d'Aigues-Mortes. Bonnes photos!

Au carrefour, continuez tout droit en direction d'Arles et des Saintes-Maries-de-la-Mer, puis prenez la D46 vers la **Tour Carbonnière**. Elle date du XIVe siècle et servait d'avant-poste pour Aigues-Mortes sur la route qui venait du nord. Sur cette route jusqu'à Saint-Laurent-d'Aigouze, vous avez de fortes chances de voir des taureaux vivant en liberté.

RENSEIGNEMENTS GÉNÉRAUX SUR SAINTES-MARIES-DE-LA-MER

**Population**
3 050 habitants, les Saintois

**Office de tourisme** : 5, avenue Van-Gogh-BP 34, 13460 Saintes-Maries-de-la-Mer, ☎ 04 90 97 82 55, ⇛ 04 90 97 71 15

**Boutiques de vélos**
Camargue Vélo, 27 rue Frédéric-Mistral, ☎ 04 90 97 94 55
Le Vélociste, 1 Place des Remparts, ☎ 04 90 97 83 26
Le Vélo Saintois, 8 route de Cacharel, ☎ 04 90 97 74 56

**Principales manifestations**
Pèlerinage des Gitans (24-25 mai); fête des Gardians (octobre)

**Spécialités** : la bouillabaisse, les tellines (coquillages), le taureau à la gardianne, le vin des Bouches-du-Rhône

**Carte**
IGN n° 66

Pour vous rendre aux Saintes-Maries-de-la-Mer, vous devez revenir vers la D58, puis traverser le vignoble de Listel et continuer vers **Montcalm**, lieu où vécut le marquis de Montcalm avant son départ pour Québec. Continuez par la D58 jusqu'au pont de Sylveréal et la D38. Vous allez voir des panneaux qui indiquent le bac pour Saintes-Maries. C'est une autre possibilité, mais notez bien qu'il n'y a qu'un bac toutes les demi-heures. Continuez par la D38 jusqu'aux **Saintes-Maries-de-la-Mer** : parc naturel, petit port de pêche, station balnéaire, musées, restaurants, boutiques et 30 km de sable fin... Si vous êtes équipé d'un vélo de montagne, une petite excursion par la digue est possible jusqu'au **Phare de la Gacholle**.

### Étape des Saintes-Maries-de-la-Mer à Arles : 60 km

Quittez Saintes-Maries-de-la-Mer par la D85a par **Cacharel**. Suivez cette route jusqu'à la D570. Roulez quelques kilomètres, puis prenez la D38 en direction d'Aigues-Mortes. Traversez le Petit Rhône, et, tout de suite après le pont, suivez la D202 à travers les rizières, le long du Petit Rhône, bordé de roseaux. Chemin faisant, vous verrez des oiseaux (hérons, aigrettes, canards, échasses) et des taureaux. Suivez cette route jusqu'à la **Fosse** et la D179.

Poursuivez en direction nord par la D179 jusqu'à Saint-Gilles. À l'intersection, prenez à droite, et sortez de Saint-Gilles par la N572 en direction d'Arles. (La visite de Saint-Gilles se fera au retour). Traversez le Petit Rhône. Faites attention! Soyez prudent sur le pont de bois. Rejoignez la D37 vers Saliers. N'entrez pas à Saliers. Surveillez le prochain chemin sur la gauche, en direction de **Gimeaux** par la C113 (le chemin d'Arles). Suivez-le à travers les cultures céréalières, la saladelle (petites fleurs mauves) et les roseaux. Au rond-point, prenez la direction de **Trinquetaille** pour emprunter l'autre pont qui conduit en Arles; ainsi, vous éviterez la route nationale. Continuez par la rue de la République jusqu'à l'office de tourisme.

### Étape d'Arles à Nîmes : 45 km

Riche d'une histoire qui se lit dans ses pierres, **Arles** affiche avec bonheur son identité latine. Pour bien la sentir, il suffit de flâner dans ses rues, terrasses, jardins, musées, sites romains...

Quittez la ville de la même façon que vous y êtes venu, soit en traversant le Rhône par le pont de Trinquetaille. Au rond-point, reprenez le chemin d'Arles en direction de Gimaux par la C108. Suivez cette route jusqu'à **Saliers**. Continuez par la D37, et traversez le Petit Rhône et le même pont de bois. Entrez à **Saint-Gilles** par la N572.

RENSEIGNEMENTS GÉNÉRAUX SUR ARLES

**Population**
52 500 habitants, les Arlésiens

**Office de tourisme** : 35, place de la République, 13200 Arles, ☎ 04 90 18 41 20, ℻ 04 90 93 17 17

**Boutiques de vélos**
Peugeot, 15 rue du Pont, ☎ 04 90 96 03 77
Dall'Oppio, rue Portagnel, ☎ 04 90 96 46 83
Hélios Aventure, Place Lamartine, ☎ 04 90 49 50 09

**Marché**
Le mercredi et le samedi

**Principales manifestations** : fête des Gardians (1er mai); la Pégoulado, grand défilé folklorique nocturne (début juillet); fête des Prémices du Riz (mi-septembre)

**Spécialités**
Les saucissons, le riz, le vin des Bouches du Rhône

**Accès depuis Paris**
A7, A9, A54; TGV, gare de Lyon-Avignon, correspondance pour Arles; retour sur Paris de juin à septembre : TGV Arles-Paris

**Carte**
IGN n° 66

Haut lieu de pèlerinage sur le chemin de Saint-Jacques de Compostelle et de Saint-Pierre de Rome, Saint-Gilles fut fondée au VIIe siècle. L'ancienne église abbatiale bénédictine est connue pour sa façade romane, la plus monumentale du sud de la France; façade également «triomphale», car son ordonnance est issue de celle de l'arc romain. À voir absolument! Dans le quartier, vous pouvez aussi visiter la Maison Romane, maison natale du pape Clément IV, qui abrite aujourd'hui un musée. Saint-Gilles est aussi le point de départ pour des croisières en Camargue; renseignez-vous.

Dirigez-vous vers l'office de tourisme, et prenez la rue à sa gauche pour sortir de Saint-Gilles en direction de Générac par la D14. Cette très belle route traverse un paysage de collines aux ondulations douces, couvertes de vergers, de vignes et de magnifiques pins parasols. De **Générac**, poursuivez en direction de Nîmes par la D13 jusqu'à la D135. Suivez la D135 en direction de Caissargues et de Nîmes. Puis continuez par la D13, et entrez à Nîmes.

RENSEIGNEMENTS GÉNÉRAUX SUR SAINT-GILLES

**Population**
12 000 habitants, les Saint-Gillois

**Office de tourisme** : 1, place Frédéric-Mistral, 30800 Saint-Gilles, ☎ 04 66 87 33 75, ⇄ 04 66 87 16 28

**Marché**
Le jeudi et le dimanche

**Principales manifestations** : spectacles tauromachiques (de mai à novembre); fête de Saint-Gilles, pèlerinage à la Baume (1er septembre)

**Spécialités**
Le taureau à la gardianne, les gibiers d'eau, le vin du terroir

**Carte**
IGN n° 66

## LE GARD

Ce circuit, en pleine nature, est parmi mes préférés. Ces paysages multiformes de collines vêtues de chênes verts, de vignes et de vergers, de plateaux et de garrigues, de rivières et de canyons, plairont aux amants de beautés sauvages. Au départ de **Nîmes**, je vous invite à suivre les chemins du Gard dans les régions d'**Anduze** et d'**Alès** au pied des **Cévennes**, d'**Uzès**, de **Remoulins**, du Gardon, au cœur de la garrigue odorante. Ici, impossible d'éviter l'inévitable : le **pont du Gard**. Ce majestueux aqueduc romain, unique en son genre, enjambe le Gardon depuis 20 siècles. Il acheminait jusqu'à Nîmes les eaux de la Fontaine de l'Eure, près d'Uzès. Un prodigieux monument, un site magnifique, rendent cette visite inoubliable.

Les gorges du Gardon offrent un spectacle fascinant : un paysage aride et dénudé où stridulent les cigales. Ahurissant sur le coup de midi! En été, la sécheresse de l'air rend la chaleur supportable... à condition de ne pas manquer d'eau. Vous emprunterez des routes souvent étroites et sinueuses qui traversent les garrigues gorgées de soleil. Ces collines et plateaux de roches blanchâtres sont couverts de quelques buissons nains, de chênes kermès et de plantes aromatiques qui se marient avec les cultures dominantes telles que celles de l'olivier, de la vigne et de la lavande.

En sortant d'Anduze, «Porte des Cévennes», l'insolite bambouseraie du parc de Prafrance vous étonnera par son aspect asiatique. Créée en 1850, cette forêt de bambous géants est un phénomène botanique unique en Europe. À proximité, lovée dans une boucle du Gardon, Alès, haut lieu du protestantisme au XVI^e^ siècle, fut développée grâce à l'élevage du ver à soie. Pasteur y a consacré quatre années de sa vie pour trouver un remède et enrayer l'épizootie mystérieuse de 1847. La soie des Cévennes renoue aujourd'hui avec la tradition.

La coquette cité d'Uzès, dominant la vallée de l'Alzon, s'offre à vous sur un plateau. Racine y séjourna de 1661 à 1663. La promenade qui porte son nom présente un cadre idéal pour un pique-nique avec vue sur la ville et ses toits de tuiles. Vous pourrez peut-être vous initier au jeu de «boules». Au bout de la promenade des marronniers, les hommes du village viennent jouer à la pétanque tous les après-midi. Uzès est surtout connue pour avoir été le premier duché de France et pour son marché du samedi, d'où les parfums des herbes de Provence embaument ses rues. Faites des provisions!

Au départ d'Uzès, vous roulez vers **Bagnols-sur-Cèze**, la seule ville d'importance du circuit. Notez qu'une grande proportion de la population travaille au centre d'énergie atomique de Marcoule. Son vieux quartier renferme des maisons du XIII^e^ siècle et un très riche musée d'art moderne.

Les chemins du Gard vous entraînent ensuite du côté de la Cèze, une rivière attirante par l'intimité de son paysage. À l'écart des grands centres touristiques, parcourir cette région à vélo, c'est découvrir un réseau de routes aussi tranquilles que spectaculaires. Vous roulerez dans un environnement quasi sauvage, mis à part quelques villages agricoles et bourgs médiévaux juchés sur des collines. Cet itinéraire emprunte des routes qui vous permettront de visiter des sites naturels tels que gorges, grottes et eaux vives. Dans cette région entre l'Ardèche et la Cèze, il faut pourtant peiner pour s'offrir ces panoramas grandioses. En effet, pour bénéficier de ses vues imprenables, on grimpe souvent!

**La Roque-sur-Cèze**, **Cornillon**, **Castillon**, tous ces vieux villages sont perchés sur des collines. Pour les visiter, il faut laisser le vélo, car les rues étroites, couvertes de gros pavés, grimpent en pente raide. Une halte féerique s'impose à l'**Aven d'Orgnac**, surtout si vous avez raté la **grotte de Trabuc**, aussi prestigieuse mais plus difficile d'accès à vélo. Une visite guidée vous plonge dans un monde souterrain qui vous émerveillera. Cette grotte à ouverture verticale naturelle, aux stalagmites géantes et aux salles rouges, est classée parmi les plus intéressantes de France.

Si vous êtes prêt à affronter quelques côtes et à donner quelques coups de pédales de plus, un petit détour vers le site naturel des **Concluses** vous ravira. En été, lorsque le lit de la rivière Aiguillon est à sec, il est possible de se balader sur son extraordinaire défilé de roches. Du côté de La Roque-sur-Cèze, il faut suivre le sentier de la **Cascade du Sautadet** pour voir la Cèze d'encore plus près et s'y tremper. À **Goudargues**, sources et fontaines, fraîcheur d'un canal fleuri, ombrage des platanes confèrent un air très sympathique à ce bourg, où l'on a envie de flâner et de reprendre des forces afin de terminer son périple.

## 2. Grand Tour du Gard

**Distance totale :** 275 km
**Nombre d'étapes :** 6
**Niveau de difficulté :** 🚲 🚲

**Schéma** p 49
**Cartes** A3-A4

Ce parcours est conçu d'étapes relativement courtes pour vous permettre de visiter les nombreux sites naturels (grottes, cascades, jardins) que vous allez rencontrer chemin faisant. Pour ne rien manquer et profiter au maximum de votre randonnée, il serait sage de bien planifier vos journées. Quelques coups de téléphone vous sauveront quelques coups de pédales.

### Étape de Nîmes à Alès : 55 km

Pour sortir de Nîmes (voir p 38 pour renseignements généraux sur Nîmes), dirigez-vous du côté des Jardins de la Fontaine, qui se trouvent au bout de l'avenue Jean-Jaurès. Suivez les indications pour Alès. Assurez-vous de sortir de Nîmes par la D926. Suivez la D926 jusqu'à la jonction de la N106. Faites quelques kilomètres sur la N106, puis prenez à gauche la D907 vers Lédignan. Soyez vigilant à la sortie de Nîmes, car la circulation est dense et plutôt désagréable.

Continuez par la D907 à travers le vignoble et la garrigue. Passez le village de **Fons**. Suivez toujours la D907 jusqu'à **Lédignan** : vous traverserez alors le bois de Lens. Pour toile de fond, omniprésentes, les **Cévennes**. La montée s'accentue jusqu'à Montagnac; reposez-vous sous les frais ombrages des pins cévenols.

Continuez à suivre la D907 en direction d'Anduze et d'Alès. Entrez à **Anduze**. Cette petite cité est bâtie en amphithéâtre sur les rives du Gardon, à travers deux murailles de calcaire. Posez le vélo, et partez à la découverte de ses trois monuments historiques qui évoquent tout le passé de la région : la Tour de l'Horloge (vestige d'ancien rempart), la Fontaine Pagode (de l'époque de la culture du ver à soie) et le Temple Protestant (l'un des plus grands de France). Anduze est devenue célèbre par sa poterie vernissée, technique héritée du XVIIe siècle.

RENSEIGNEMENTS GÉNÉRAUX SUR ANDUZE

**Population**
3 000 habitants, les Andusiens

**Office de tourisme** : place de Brie-BP 6, 30140 Anduze, ☎ 04 66 61 98 17

**Marché**
Le jeudi

**Carte**
IGN n° 66

Quittez Anduze en traversant le Gardon, et prenez la D129 en direction de la **Bambouseraie de Prafrance** *(tous les jours 9 h 30, sauf en hiver; Générargues, 30140 Anduze, ☎ 04 66 61 70 47)*. Il n'y a pas que du bambou dans cette jungle créée en 1850, mais aussi des séquoias centenaires, des plantes rares dans les serres, un jardin aquatique, des boutiques d'objets en bambou, etc. Offrez-vous un petit voyage à l'orientale en Cévennes!

Continuez ensuite vers **Générargues**; la route change alors de numéro : la D50.

Je vous propose une excursion hors circuit qui vaut le détour, pour découvrir la fameuse **grotte de Trabuc** *(Conservateur des Grottes de Trabuc, 30140 Mialet-Anduze, ☎ 04 66 85 03 28)*, la plus grande des Cévennes, appelée aussi «grotte aux 100 000 soldats», par ses concrétions uniques au monde. Sur votre route, le musée du Désert fait revivre l'histoire des Huguenots et la guerre des Camisards pour les amateurs d'évènements historiques. Donc, à partir de Générargues, prenez à gauche, et suivez la D50 en direction de Mialet et de la grotte de Trabuc (6 km). La route grimpe dans la montagne et offre une très belle vue sur la région. Il faut compter une bonne heure pour la visite guidée de la grotte. Pensez à emporter des vêtements chauds!

Après votre visite, vous aurez deux possibilités pour retrouver la route d'Alès : revenez sur vos pas en descendant à Générargues (plus facile) et la D50, ou gagnez le sommet de la montagne par la route de **Puech**. Je propose cette dernière route «seulement» aux cyclistes chevronnés et équipés d'un vélo de montagne peu chargé. La chaussée n'est pas très bonne, et, pour gravir le sommet, vous aurez à rouler pendant 4 km sur un chemin extrêmement étroit. Dur dur d'être un cycliste... mais vous serez envahi d'un sentiment de liberté au sommet de l'austère garrigue en ayant l'impression de découvrir un monde perdu. Palpitations garanties dans la descente de 5 km vers la vallée. Prudence!

Pour ceux qui auront décidé de grimper, depuis la grotte suivez la route de Puech. À l'intersection, tournez à droite : ne tournez pas à gauche vers le village, car celui-ci est un cul-de-sac. Descendez vers **Le Ranc**, et continuez par la D50 jusqu'à **Saint-Jean-du-Pin**.

Poursuivez vers Alès par la D50. Suivez la signalisation pour le centre-ville; vous traverserez alors le Gardon. L'office de tourisme se trouve le long du quai, sur la place Gabriel-Péri.

### Étape d'Alès à Uzès : 35 km

**Alès** est célèbre pour son musée minéralogique et paléontologique de l'École des mines, qui possède une des collections les plus riches de France. La mine témoin présente 650 m de galeries et ce musée souterrain retrace l'histoire des mineurs depuis Zola. Le musée du

RENSEIGNEMENTS GÉNÉRAUX SUR ALÈS

**Population**
45 500 habitants, les Alésiens

**Office de tourisme** : place Gabriel-Péri, 30100 Alès-en-Cévennes, ☎ 04 66 52 32 15, ℻ 04 66 52 57 09

**Boutiques de vélos**
Peugeot Cycle, 18 rue E. D'Orves, ☎ 04 66 30 42 41
Run Cycles, 19 rue Guynemer, ☎ 04 66 86 60 84

**Marché**
Le dimanche et le lundi

**Principales manifestations** : feria des Mangetripes (à l'Ascension); Fête nationale (14 juillet); jeux taurins (juillet et août)

**Spécialités** : les tripes à l'alésienne, le gibier, les cèpes, le pélardon (fromage de chèvre), les vins du pays du Gard

**Carte**
IGN n° 66

Colombier abrite des peintures du XVI<sup>e</sup> siècle à nos jours, dont deux toiles de Bruegel de Velours.

Pour sortir d'Alès, faites dos à l'office de tourisme, et prenez l'avenue Carnot vers la droite en direction d'Uzès et de la N106. Sortez d'Alès par la D981, route d'Uzès. Continuez par la D981 sur environ 20 km jusqu'à **Baron** et la D114 (pour ne pas la manquer, surveillez la droite de la route). Quittez la D981 pour entrer à Baron. Continuez par la D114 jusqu'au croisement avec la D120 à **Collorgues**. Suivez la D120 en direction d'Uzès, **Aubussargues** et **Arpaillargues** pour ensuite prendre la D982. Vous allez passer, sur la droite, le musée 1900 d'Arpaillargues, installé dans une exploitation agricole. Il renferme des machines agraires en état de marche, des voitures, des motos, des vélos, des appareils photo et cinématographiques... pour les amateurs de «rétro». Traversez le Seynes, et grimpez à Uzès.

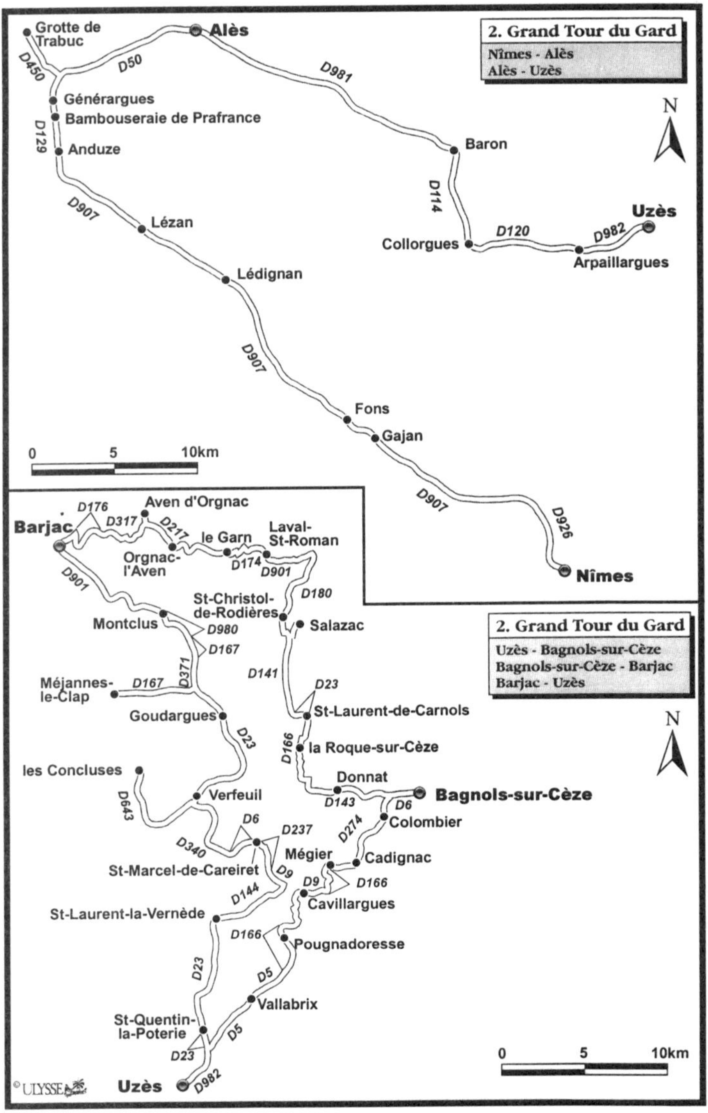
2. Grand Tour du Gard
Nîmes - Alès
Alès - Uzès
N
Grotte de Trabuc
Alès
D450
D50
D981
Générargues
Bambouseraie de Prafrance
D129
Anduze
Baron
D114
D907
Lézan
Uzès
D120
D982
Collorgues
Arpaillargues
Lédignan
D907
Fons
Gajan
0 5 10km
D907
D926
Nîmes
2. Grand Tour du Gard
Uzès - Bagnols-sur-Cèze
Bagnols-sur-Cèze - Barjac
Barjac - Uzès
N
D176
Aven d'Orgnac
Barjac
D317
D217
le Garn
Laval-St-Roman
Orgnac-l'Aven
D174
D901
D901
D180
St-Christol-de-Rodières
Montclus
D980
Salazac
D167
D371
D141
Méjannes-le-Clap
D167
D23
St-Laurent-de-Carnols
Goudargues
D23
D166
la Roque-sur-Cèze
les Concluses
Donnat
Bagnols-sur-Cèze
Verfeuil
D143
D6
D643
D6
D274
Colombier
D237
D340
Mégier
Cadignac
St-Marcel-de-Careiret
D9
D9
D166
D144
Cavillargues
St-Laurent-la-Vernède
D166
Pougnadoresse
D23
D5
Vallabrix
St-Quentin-la-Poterie
D5
D23
0 5 10km
© ULYSSE
Uzès
D982

## Étape d'Uzès à Bagnols-sur-Cèze : 35 km

**Uzès** conserve le charme d'un village provençal; dès son approche, une agréable allée de platanes vous mène au boulevard périphérique. Cette étape mérite qu'on lui consacre quelque temps. Ville épiscopale et ducale, elle connut son apogée au XVIIe siècle. Allez saluer la duchesse dans le château qui domine la ville. À l'imitation des campaniles italiens, la Tour Fenestrelle, vestige de l'ancienne cathédrale romane du XIIe siècle, mesure 42 m et est unique en France.

### RENSEIGNEMENTS GÉNÉRAUX SUR UZÈS

**Population**
8 800 habitants, les Uzétiens

**Office de tourisme** : avenue de la Libération, 30700 Uzès, ☎ 04 66 22 68 88, ⇄ 04 66 22 95 19

**Marché**
Le samedi

**Principale manifestation** : festival Les Nuits Musicales d'Uzès et de l'Uzege (fin juillet)

**Carte**
IGN n° 66

Pour sortir d'Uzès, dirigez-vous du côté de la cathédrale et de la Tour Fenestrelle; tout de suite après le stationnement, prenez la D982 en direction de Bagnols-sur-Cèze. Suivez ensuite la D5 en direction de Vallabrix (sur la gauche). Suivez la D5 jusqu'à **Vallabrix**. Continuez par la D5. Au carrefour, laissez la D5, et prenez sur la gauche la D166 en direction de **Pougnadoresse** et de Cavillargues. Cette belle route dans les bois alterne les montées et les descentes.

Suivez la D166 jusqu'à **Cavillargues**. À l'intersection, prenez à droite la D9 en direction de Bagnols et immédiatement la D166 vers **Mégier**. Suivez la D274 en direction de **Cadignac**, **Colombier** et Bagnols-sur-Cèze. Profitez maintenant de la très belle descente qui conduit à la D6. Tournez à droite sur celle-ci en direction de **Bagnols-sur-Cèze**. Entrez dans la ville, et suivez les boulevards qui défilent en direction de l'office de tourisme.

**Étape de Bagnols-sur-Cèze à Barjac : 50 km**

Quittez la circulation dense des boulevards de **Bagnols**, et roulez plutôt à travers ses vieilles ruelles et sa place Mallet. Elle abrite le musée Albert-André, où l'on peut admirer des Renoir, Matisse, Bonnard, Van Dongen...

RENSEIGNEMENTS GÉNÉRAUX SUR BAGNOLS-SUR-CÈZE

**Population**
18 180 habitants, les Bagnolais

**Office de tourisme** : Espace Saint-Gilles, Av. Léon-Blum, 30200 Bagnols-sur-Cèze, ☎ 04 66 89 54 61, ⇛ 04 66 89 83 38

**Boutiques de vélos**
La Roue Libre, 10 av. Léon-Blum, ☎ 04 66 89 91 79
Pro Cycle, 305 av. de la Mayre, ☎ 04 66 89 83 23

**Marché**
Le mercredi

**Principales manifestations** : fête de la Saint-Jean; Bagnols blues (début juillet); Fête votive (2e semaine de septembre)

**Spécialité** : les vins des Côtes-du-Rhône

**Carte**
IGN n° 59

Il est important de savoir que l'itinéraire entre La Roque-sur-Cèze et Orgnac sillonne sur des routes quasi désertes et comporte de grandes montées et descentes, et que vous croiserez très peu de villages. Il est donc indispensable de prévoir de l'eau et des provisions!

Sortez de Bagnols-sur-Cèze par la D6 en direction d'Alès. Quittez la D6, et tournez à droite vers Donnat, La Roque-sur-Cèze et la D143. Puis, continuez par la D166 jusqu'à **La Roque-sur-Cèze**. Pour visiter ce village médiéval perché sur un piton, continuez jusqu'au stationnement, et cadenassez votre vélo. Si vous portez des «cales», changez de chaussures, car vous serez plus à l'aise pour vous balader dans les rues à pic et couvertes de gros pavés. À voir : une belle chapelle romane, un château et une galerie d'art.

Après votre balade, reprenez le vélo, et retournez à la D166. Traversez le pont, et suivez le petit sentier menant à la **Cascade du Sautadet**. C'est un endroit assez surprenant! Vous pouvez marcher sur la roche calcaire travaillée, appelée «Marmites de géants». Malgré les panneaux de «baignade interdite», les gens du coin semblent bien s'amuser dans les tourbillons de la Cèze. À vos risques : si vous vous faites prendre, vous pouvez hériter d'une belle amende! Ce site s'avère idéal pour faire une pause ou pique-niquer.

Retournez vers la D166, et continuez tout droit en direction de Barjac. À l'intersection de la D980, tournez à gauche puis immédiatement à droite vers **Saint-Laurent-de-Carnols** par la D166. Quittez Saint-Laurent-de-Carnols par la D23 en direction de Barjac. Roulez jusqu'à la D141, et prenez, tout près à droite, la direction de **Salazac**. Continuez jusqu'à la D180, bifurquez à gauche, et roulez vers **Saint-Christol-de-Rodières** et **Laval-Saint-Roman**.

Continuez par la D180 jusqu'à la D901. Prenez à gauche celle-ci jusqu'à Laval-Saint-Roman. Empruntez la D174 vers **Le Garn** et l'Aven d'Orgnac, puis la D217 vers le village d'**Orgnac-l'Aven**, que vous traverserez vers l'**Aven d'Orgnac**. Avant de vous engouffrer dans cette grandiose caverne *(tous les jours à partir de 9 h 30, sauf en hiver; 07150 Vallon Pont D'arc, ☎ 04 75 38 62 51)*, pensez à vous couvrir. La visite guidée dure environ une heure, et la température de la grotte est de 13 °C. Pour ceux qui auront transpiré sur leur vélo, des vêtements secs et chauds seront appréciés. En 1995, on a célébré le 60e anniversaire de la découverte de l'aven par Robert de Joly. Gouffre géant, féerie de formes et de couleurs, salles gigantesques, variétés de stalagmites et de stalactites jaillissent sous les projecteurs. On ne visite qu'un dixième de l'espace de cette grotte bien aménagée et commentée avec beaucoup d'humour.

Après votre visite, continuez par la D317 et la D176. La route descend dans une magnifique forêt de chênes verts jusqu'à Barjac.

### Étape de Barjac à Uzès : 50 km

**Barjac**, charmant village au cœur des garrigues et des lavandes, possède un bel ensemble architectural avec son château du XIIe siècle et son église Renaissance. Quittez Barjac par la D901 en direction de

Bagnols-sur-Cèze et de Laval-Saint-Roman. Roulez à travers les vignes et les lavandes jusqu'à la jonction avec la D980. Pendant le mois d'août, on peut visiter la distillerie de lavande sur la route de Monteils. De la D980, vous aurez une jolie vue sur le vieux village de **Montclus**, bâti sur un roc qui domine la rivière.

### RENSEIGNEMENTS GÉNÉRAUX SUR BARJAC

**Population**
1 385 habitants, les Barjacois

**Office de tourisme** : place du 8 Mai-BP 23, 30430 Barjac, ☎ 04 66 24 53 44, 📠 04 66 60 23 08

**Boutique de vélos**
Garage Brugier, rue des Glycines, ☎ 04 66 24 54 70

**Marché**
Le vendredi

**Principale manifestation** : Foire aux antiquités (Pâques et15 août)

**Spécialités** : la lavande, le vin

**Carte**
IGN n° 59

Roulez ensuite sur la D980 le long des gorges de la Cèze jusqu'au pont et la D167 (location de canoës-kayaks). Traversez le pont, et continuez en direction de Méjannes-le-Clap, puis, au premier croisement, bifurquez à gauche pour **Goudargues** et la D371. Prenez le temps de faire le tour de ce sympathique village surnommé «la Venise Gardoise». L'ancienne église abbatiale (IX$^{e}$ siècle au XI$^{e}$ siècle) domine le bourg. Profitez des quelques cafés, restaurants et boutiques situés le long du canal pour faire des provisions.

Sortez de Goudargues par la D23 en direction de **La Bastide** et de **Verfeuil**. À l'intersection avec la D143, tournez à droite vers Verfeuil.

Pour ceux que les curiosités naturelles attirent, les **Concluses** méritent un détour. Comptez au minimum deux heures... plus quelques côtes! De Verfeuil, empruntez la D143 puis la D643, d'où une magnifique allée de buis taillés vous conduit jusqu'au stationnement. Trouvez un endroit pour cadenasser votre vélo, et suivez le sentier balisé vers le «Portail». Veillez à être bien chaussé et à ne pas manquer d'eau. N'oubliez pas que cette balade, au fond des gorges, se fait sur le lit d'une rivière à sec! Prenez le même itinéraire pour le retour.

Après votre visite, empruntez la D340 en direction de Saint-Marcel-de-Careiret. À l'intersection avec la D6, prenez à gauche. Roulez sur la D6 jusqu'à **Saint-Marcel-de-Careiret**, puis traversez le village.

Continuez par la D237, puis à gauche par la D9 en direction de Cavillargues. À la bifurcation, prenez à droite la D144 jusqu'à **Saint-Laurent-la-Vernède**. Suivez la D23 vers **Saint-Quentin-la-Poterie**. Comme son nom l'indique, le village est célèbre pour ses céramiques et poteries, ainsi que pour ses ateliers, ses foires et ses expositions. Poursuivez par la D23 puis par la D5, et entrez à **Uzès** par la D982.

**Étape d'Uzès à Nîmes : 50 km**

Quittez Uzès par son boulevard de ceinture jusqu'à l'avenue Foch, en direction de Nîmes et d'Avignon. Assurez-vous de sortir d'Uzès par la D981 en direction du pont du Gard. Continuez sur la D981 jusqu'à la D3b pour **Argilliers** (à gauche), puis continuez tout droit en suivant les indications pour **Vers**.

Sortez de Vers par la D192, et continuez jusqu'à **Castillon-du-Gard** (malgré son emplacement haut perché, ne le ratez pas car c'est un bijou médiéval) et **Saint-Hilaire**. Vous devez rouler quelques mètres sur la N86, puis prendre à gauche en direction d'Avignon. Entrez à **Remoulins** par la D792. Au carrefour, continuez tout droit, et traversez le village, le Gardon et l'allée de platanes qui vous mènera jusqu'au **pont du Gard**, véritable symbole du génie romain (1 500 000 de visiteurs par an!).

Continuez jusqu'au site par la D981. S'il y a suffisamment d'eau dans le Gardon, vous pouvez faire trempette! En 1989, la rivière étant exceptionnellement à sec, des spectateurs ont assisté à un spectacle son et lumière tout en étant assis dans son lit. Après avoir parcouru ce chef-d'œuvre dans tous les sens, quittez le pont par la rive sud pour prendre la D981 vers Uzès et Collias. Roulez sur la D981 environ 3 km, puis prenez à gauche la D112 et la D3 pour Collias.

Au programme à **Collias** : vous pouvez y faire du canoë, soit en descendant vers le pont du Gard, soit en amont vers le pont Saint-Nicolas, ces deux ponts traversant les magnifiques gorges du Gardon, ou tout simplement y flâner sur ses rives pour écouter chanter gaiement d'insouciantes cigales.

Continuez par la D3 jusqu'à **Cabrières**, où vous aurez droit à un superbe panorama. Suivez la D3, et passez au-dessus de l'autoroute. À **Saint-Gervasy**, prenez à droite la D3a, puis la N86 jusqu'à **Marguerittes** et Nîmes. Prudence! Ça roule vite sur 10 km.

---

## 3. Au cœur des Garrigues

---

**Distance totale :** 80 km
**Nombre d'étapes :** 2
**Niveau de difficulté :** 🚲 🚲

**Schéma** p 56
**Carte** A3

Si vous n'avez pas le temps d'entreprendre le «grand tour du Gard», je vous propose cette boucle, au départ de Nîmes, plus facile et plus courte. Vous roulerez dans un paysage de garrigues où les chênes côtoient le thym, les vignes et les vergers. Vous longerez les gorges du Gardon sur une étroite route, parfois suspendue au-dessus des canyons. L'itinéraire vous fera traverser de vieux villages gardois et vous permettra de découvrir la charmante cité d'Uzès.

**Étape de Nîmes à Uzès : 30 km**

Pour sortir de Nîmes, dirigez-vous vers la gare, et suivez les indications pour Avignon et la N86. Roulez prudemment sur la N86 pendant quelques kilomètres, puis prenez ensuite la direction de **Courbessac** par la D127. La route grimpe progressivement jusqu'à **Poulx** et offre une très belle vue sur les environs.

De Poulx, empruntez la D135 en direction d'Uzès et le **pont Saint-Nicolas** jusqu'au croisement avec la D979. Tournez à droite sur celle-ci en direction d'Uzès. Traversez le pont (doucement, il vaut la peine d'être admiré car il date du XIII^e siècle), et tournez à gauche à la D18 en direction d'Aubarne. À la bifurcation, prenez la D136 en direction de Bourdic, et roulez jusqu'à l'embranchement de la D22 sur la droite. Continuez sur celle-ci, traversez le Seynes, tournez à droite, et entrez à **Uzès** par la D982. Continuez tout droit, et suivez la

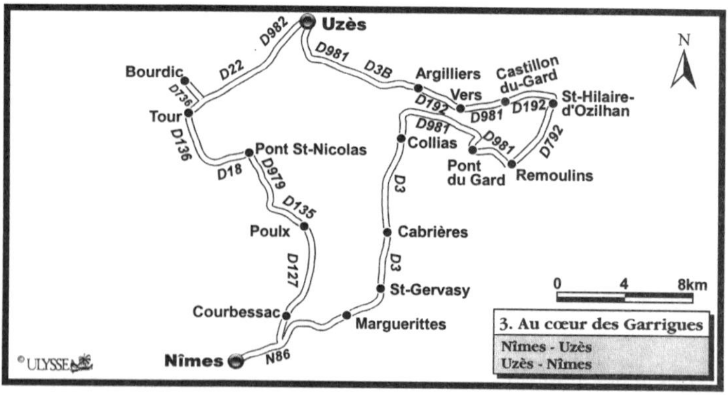


signalisation pour le centre-ville et l'office de tourisme, situé sur l'avenue de la Libération.

Après votre visite, empruntez le boulevard de ceinture jusqu'à l'avenue Foch en direction de Nîmes. Assurez-vous de sortir d'Uzès par la D981 vers le pont du Gard.

**Etape de Uzès à Nîmes : 50 km**

Pour le retour à Nîmes, suivez les indications de l'étape d'Uzès à Nîmes du «**Grand tour du Gard**», p 54.

## 4. Du Gard au Vaucluse

**Distance totale :** 70 km
**Nombre d'étapes :** 1
**Niveau de difficulté :** 🚲 🚲

**Schéma** p 71
**Carte** A5

**Étape de Nîmes à Avignon : 70 km**

Voici un tracé qui vous conduit jusqu'à Avignon, dans le Vaucluse. Sur son parcours, vous découvrirez l'abbaye troglodytique de Saint-Romain, les châteaux médiévaux de Beaucaire et de Tarascon, et l'abbaye de Saint-Michel-de-Frigolet, à Barbentane.

Pour sortir de Nîmes, de la place Gabriel-Péri prenez la rue de Beaucaire, et passez sous le viaduc. Assurez-vous de sortir de Nîmes par la D999. Continuez vers de Rodilhan. Laissez la D999 pour entrer à **Rodilhan**. Continuez jusqu'à **Manduel** par la D546. Traversez le village, et sortez par la D403 en direction du château Campuget, puis prenez la D163 vers Jonquières-Saint-Vincent. Prêtez attention à certains panneaux dans les rues de ces villages; ils vous signalent de prendre garde aux taureaux qui pourraient survenir... Amusant!

À **Jonquières-Saint-Vincent**, continuez en direction de Beaucaire par la D999 (prudence, ça roule vite). Environ 4 km avant Beaucaire se trouve l'**abbaye troglodytique de Saint-Romain**. Cette abbaye rupestre (V^e^ siècle), creusée dans la roche, compte parmi les plus anciens monastères de France. Pour y accéder, vous devez quitter la D999 et prendre la route à gauche indiquant l'abbaye. Cette route grimpe sur 1 km jusqu'au chemin d'accès du stationnement. Cadenassez votre vélo, et prenez le sentier dallé qui mène à l'abbaye (environ 15 min à pied). Après votre visite, vous pourrez marcher jusqu'au sommet du mont Aiguille. Suivez les balises.

### RENSEIGNEMENTS SUR BEAUCAIRE

**Population**
13 200 habitants, les Beaucairois

**Office de tourisme** : 24, cours Gambetta-BP 106, 30302 Beaucaire Cédex, ☎ 04 66 59 26 57, ⇄ 04 66 59 51 64

**Marché**
Le jeudi et le dimanche

**Principales manifestations** : foire de l'Ascension; Les Estivales (fin juillet)

**Carte**
IGN n° 66

Revenez à la D999 pour entrer à **Beaucaire**. Suivez les indications pour le château et Tarascon. Lieu de passage sur le Rhône, ancienne frontière entre la Provence et l'Occitanie, Beaucaire fut populaire pour sa grande foire internationale, lui assurant ainsi la prospérité pendant plusieurs siècles. Dans son secteur sauvegardé, presque toutes les maisons sont classées monuments historiques. Vous y admirerez de nombreux hôtels particuliers des XVII$^{e}$ et XVIII$^{e}$ siècles. Le château Royal, du XI$^{e}$ siècle, fait face à son rival de Tarascon. Si vous passez par Beaucaire en juillet, vous y verrez des saltimbanques, des musiciens, des chevaux et des taureaux, tous au programme des «Estivales».

Traversez le Rhône pour entrer à **Tarascon**. Le château du roi René se trouve sur la gauche. Ce château médiéval est un des plus beaux de France. L'office de tourisme, sur la rue des Halles, se cache derrière l'église Sainte-Marthe (XII$^{e}$ et XIII$^{e}$ siècles).

RENSEIGNEMENTS GÉNÉRAUX SUR TARASCON

**Population**
11 500 habitants, les Tarasconnais

**Office de tourisme** : 59, rue des Halles, 13150 Tarascon, ☎ 04 90 91 03 52, ℻ 04 90 91 22 96

**Boutiques de vélos**
Cycles Christophe, 70 boul. Itam, ☎ 04 90 91 25 85
Cycles MBK, 1 rue E. Pelletan, ☎ 04 90 91 42 32

**Marché**
Le mardi

**Principales manifestations** : fête de la Tarasque (fin juin); Festival d'Expression Provençale (début juillet); Journées du Patrimoine (2$^{e}$ semaine de septembre)

**Spécialités** : le Tarasque (gros gâteau au chocolat), la Tartarinade (petites cerises enrobées de chocolat)

**Carte**
IGN n° 66

Quittez la ville par le boulevard Victor-Hugo. Passez sous le viaduc. Au carrefour, prenez la direction de Maillane par la D80. Traversez la route nationale, et continuez à travers la Petite Crau pour **Maillane**. Ce petit village typiquement provençal abrite un musée en souvenir du poète

Frédéric Mistral. Le «Museon» est installé dans la demeure de l'écrivain, qui reçut le prix Nobel de littérature en 1904.

De Maillane, poursuivez par la D5 jusqu'à **Graveson**, au pied de la Montagnette. Puis, vous devrez revenir en direction de Tarascon par la N570 sur quelques kilomètres afin de prendre la D81, qui grimpe la Montagnette vers l'abbaye de Saint-Michel-de-Frigolet. C'est dans ce monastère, fondé au X$^{e}$ siècle par les moines de Montmajour, qu'Alphonse Daudet a situé le récit de *L'élixir du Révérend Père Gaucher*. Ce n'est qu'un récit, mais la liqueur existe : une chartreuse jaune à base de plantes cueillies sur les collines environnantes.

Descendez ensuite à travers la magnifique pinède par la D35E jusqu'à **Barbentane**. Avant de quitter le village, vous pouvez visiter le château dénommé «Le petit Trianon du Soleil». Continuez par la D35 puis la N570 vers Avignon. Traversez le pont de la Durance (avec prudence). Entrez à **Avignon**, et roulez avec vigilance jusqu'aux boulevards de ceinture et aux portes de la ville.

---

## 5. Du Gard aux Alpilles

---

**Distance totale :** 50 km
**Nombre d'étapes :** 1
**Niveau de difficulté :** 🚲 🚲

**Schéma** p 71
**Carte** A5

**Étape de Nîmes à Saint-Rémy-de-Provence : 50 km**

Vous pouvez vous rendre à Saint-Rémy-de-Provence et rejoindre le circuit des Alpilles en suivant l'itinéraire précédent jusqu'à Maillane. Continuez ensuite jusqu'à Saint-Rémy-de-Provence par la D5.

## LES ALPILLES

C'est au cœur de la Provence d'Alphonse Daudet, de Frédéric Mistral et de Vincent Van Gogh que vous mène ce circuit. La chaîne calcaire des **Alpilles** en constitue le point central. Au cour de cette randonnée dans les pinèdes, les oliveraies, les taillis de chênes verts et les champs de blé, vous découvrirez le lumineux soleil qui fit irruption dans la vie et dans l'art de Van Gogh.

Le circuit débute en **Arles**, dans le plat pays des rizières et du blé de la Petite Crau. Van Gogh vécut 15 mois dans cette région, y peignant environ 200 toiles, dont un grand nombre sont des chefs-d'œuvre indiscutables; toutes reflètent la lumière, la couleur, l'énergie.

À peine à quelques kilomètres d'Arles se profilent Montmajour et les ruines de son abbaye du Xe siècle, puis, présent parmi les collines de **Fontvieille**, se dresse le moulin qui inspira Alphonse Daudet. À l'époque où vivait Maître Cornille, personnage des contes de Daudet, ces collines étaient couvertes de moulins à vent. *«Il travaillait avec le mistral et la tramontane»*, qu'il disait être *«la respiration du bon Dieu»*. Les cyclistes, quant à eux, disent plutôt de ces vents, comme l'a fait Van Gogh au moment de peindre, *«qu'ils sont d'une agaçante contrariété»*.

Dans cette campagne fertile, au cœur de la Petite Crau, je vous propose un pèlerinage du côté de **Maillane**. Ce petit village typiquement provençal possède un musée en souvenir du poète Frédéric Mistral, ardent défenseur de la langue provençale.

### RENSEIGNEMENTS GÉNÉRAUX SUR LES BAUX-DE-PROVENCE

**Population**
450 habitants, les Baussencs

**Office de tourisme** : Impasse du Château, 13520 Les Baux-de-Provence, ☎ 04 90 54 34 39, ℻ 04 90 54 51 15

**Principale manifestion** : Fête des olives vertes à Mouriès (septembre)

**Spécialités** : les olives, le fromage de chèvre, le vin des Baux-de-Provence

**Carte**
IGN n° 66

L'ascension aux **Baux-de-Provence** constitue l'un des grands moments du voyage. Bâti en nid d'aigle, Baux (de «baou» : rocher) confond ses ruines avec sa pierre blanche : un univers minéral sculpté par l'érosion. Ce village-forteresse occupe un site prodigieux dans un environnement très particulier. Peu importe la difficulté de la montée, une grimpette s'impose et, s'il le faut, vélo en main!

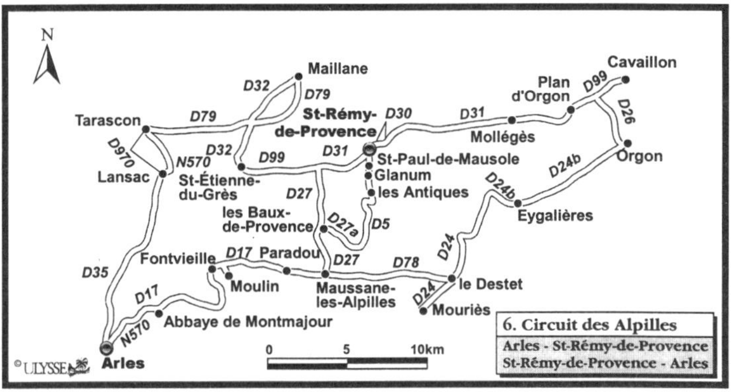


Au pied de ce massif calcaire si particulier des Baux, on aperçoit Saint-Rémy-de-Provence. Ses paysages semblent tragiques à travers les œuvres de Van Gogh, peintes lors de son internement à l'asile Saint-Paul. Bien que des ruines romaines soient présentes dans l'environnement de l'artiste, il ne s'y est jamais intéressé. Il vaut pourtant la peine de vous attarder en ce lieu si émouvant et complexe qu'est l'ancienne cité de **Glanum**.

Depuis Saint-Rémy-de-Provence, un parcours en forme de boucle longe le pied des Alpilles vers l'est jusqu'à Cavaillon, en vous permettant d'explorer une région qui rappelle la Grèce avec ses paysages d'oliveraies, de vergers, de vignes et de paturages pour les moutons et les chèvres. Puis, de retour à Saint-Rémy, si provençale avec ses allées de platanes et ses terrasses de cafés, offrez-vous un rafraîchissant pastis. Cet apéritif, très prisé des Méridionaux, délie les muscles mais aussi la langue!

## 6. Circuit des Alpilles

**Distance totale :** 155 km
**Nombres d'étapes :** 3
**Niveau de difficulté :** 🚲 🚲

**Schéma** p 61
**Carte** A5

**Étape d'Arles à Saint-Rémy-de-Provence : 40 km**

Pour sortir d'Arles (voir p 42 pour renseignements généraux sur Arles), rendez-vous à la porte de la Cavalerie, au nord de la ville. Continuez jusqu'au rond-point devant vous. Prenez la sortie des Baux-de-Provence. Passez sous le viaduc. Continuez tout droit sur la N570 en direction d'**Avignon** sur 2 km. Au rond-point suivant, prenez la D17 en direction de Fontvieille. Traversez immédiatement le pont. Suivez toujours la D17 jusqu'à l'Abbaye de **Montmajour**. Vous pouvez visiter les vestiges de cette abbaye fondée au X^e^ siècle sur une colline au milieu d'étendues marécageuses. Du haut de la tour de l'Abbé, un très beau panorama est à découvrir.

Poursuivez par la D17 jusqu'à l'embranchement avec la D82, d'où vous pouvez rejoindre les **aqueducs** (I^er^ et II^e^ siècles) et la **meunerie romaine de Barbegal**. De la D82, tournez à gauche sur la D33 vers le **Moulin d'Alphonse Daudet** : un petit musée en souvenir de l'écrivain qui évoqua le Midi avec fantaisie et tendresse. C'est dans les environs du moulin que se situe l'histoire de *La chèvre de Monsieur Séguin*.

Continuez ensuite vers le village de Fontvieille. Prenez la D17 en direction de **Paradou** et de **Maussane**. Ne vous rendez pas jusqu'au centre de Maussane : juste avant le village, prenez la D27, qui grimpe aux **Baux-de-Provence**. Cette route quitte les oliveraies et offre une montée pas trop difficile; en tout cas, c'est la plus facile de toutes.

Pour visiter le site des Baux, dirigez-vous vers le stationnement. Cadenassez votre vélo près du poste du gardien. Suivez l'itinéraire indiqué sur le plan de la ville : il vous conduira à travers les sentiers et les ruelles jusqu'au château fort, vestige de l'orgueilleuse lignée des seigneurs des Baux.

Avant de quitter les Baux, ne manquez pas la Cathédrale d'Images, située dans les anciennes carrières. Pour vous y rendre, reprenez votre vélo, et continuez par la D27 en direction de Maillane. La Cathédrale se trouve sur la droite, à environ 500 m à l'extérieur des Baux. Après votre visite, retournez vers le village, et suivez les indications pour Saint-Rémy. Sortez des Baux-de-Provence par la D27a. Continuez jusqu'à l'intersection de la D5. Tournez à gauche, et suivez la D5, qui vous fait découvrir Saint-Rémy-de-Provence par le site antique de Glanum.

Environ 1,5 km avant Saint-Rémy se trouvent les **fouilles de Glanum**, où vous découvrirez l'ancienne cité grecque (Glanon) et l'ancienne cité romaine (Glanum). Laissez votre vélo à l'entrée du site. Après la visite (environ une heure), dirigez-vous à vélo vers le site archéologique des **Antiques**, pour y admirer l'arc de triomphe et le mausolée romain. À proximité, sur la droite, se situe l'ancien monastère roman de

**Saint-Paul-de-Mausole**, transformé en maison de santé où Van Gogh séjourna pendant un an.

Suivez la D5 tout droit vers l'office de tourisme. Pour les admirateurs, renseignez-vous sur la «Promenade sur les lieux peints par Van Gogh». Cette intéressante visite guidée vous plongera dans l'univers du peintre. Vous observerez le paysage d'un œil différent.

À Saint-Rémy-de-Provence, le bonheur de se reposer après l'effort prend tout son sens. Allongez-vous à l'ombre d'un pin, ou encore attardez-vous à la terrasse d'un café sous les feuillages d'un platane.

**Boucle des Alpilles : 70 km**

Pour sortir de Saint-Rémy à partir de la place de la République, prenez l'avenue Fauconnet en direction de Tarascon. Surveillez à gauche la D31 vers Saint-Étienne-du-Grès. Suivez celle-ci jusqu'au croisement de la D27. Tournez à gauche sur la D27 en direction des **Baux-de-Provence**.

Cette route vers Les Baux-de-Provence est la plus spectaculaire de toutes. L'ascension est difficile; prenez le temps de souffler, et buvez beaucoup d'eau. À l'arrivée, la récompense y est : un superbe coup d'œil sur le village et sur son site ruiniforme et aride. Continuez par la D27. Passez devant la Cathédrale d'Images (sur la gauche), et, au carrefour, prenez la direction d'Arles. Continuez toujours par la D27 en direction de Maussane. Cette région tout autour des Baux est couverte d'oliveraies.

Sortez de Maussane par la D17 en direction de Mouriès. Prenez tout de suite à gauche la D5 vers le Destet et Eygalières. Faites attention! Ne confondez pas les villes d'Eygalières et d'Eguières.

Poursuivez par la D78 jusqu'au **Destet**. La route s'élève et offre une belle vue sur le petit mont Opies. Tournez à gauche sur la D24 en direction d'Eygalières. La montée vous fera voir la crête de la Caume. Sur la droite, prenez la D24b pour entrer à **Eygalières**.

RENSEIGNEMENTS GÉNÉRAUX SUR CAVAILLON

**Population**
23 470 habitants, les Cavaillonnais

**Office de tourisme** : place François-Tourel BP 176, 84305 Cavaillon, ☎ 04 90 71 32 01, ⇄ 04 90 71 42 99

**Boutiques de vélos**
Cycles Rieu, 25 av. du Maréchal Joffre, ☎ 04 90 71 45 55
Cavaillon 2 Roues, 166 cours Gambetta, ☎ 04 90 78 07 06

**Marché**
Le lundi

**Principales manifestations** : Festival international de folklore (juillet et août); Semaines estivales du Luberon

**Spécialités** : le melon, le melonette (ganache de chocolat au melon), la confiture, les liqueurs et les bonbons à base de melon, les vins du Luberon

**Carte**
IGN n° 66

Ce charmant village aux maisons de pierre s'étage sur une colline. Si le cœur vous en dit, laissez votre vélo, et montez dans le vieux donjon, d'où vous aurez une vue splendide. Continuez par la D24b vers Orgon. Sur la droite de la route se trouve la chapelle romane Saint-Sixte.

Entrez à **Orgon**. Du parc de la chapelle Notre-Dame-de-Beauregard, vous découvrirez un vaste panorama de la vallée de la Durance (suivez le fléchage, dépassez le cimetière, et grimpez la colline). Sortez d'Orgon par la D26 en direction de Cavaillon.

Notez que vous pouvez joindre le circuit du Vaucluse depuis Cavaillon. Empruntez la D24 en direction de Fontaine-de-Vaucluse, puis la D31 jusqu'à Isle-sur-la-Sorgue (environ 12 km). Suivez l'itinéraire du Vaucluse depuis Velleron (voir p 69).

Entrez à **Cavaillon** par la D99. Redoublez de prudence! Passez au-dessus de l'autoroute. Franchissez le pont sur la Durance. Continuez par l'avenue du Pont, et suivez les indications pour l'office de tourisme, situé sur la place François-Tourelle.

Cavaillon, ville riveraine au pied de la colline Saint-Jacques, se situe au beau millieu de cultures maraîchères (premier marché en importance de France). Ne quittez pas le coin sans avoir goûté le fameux melon! Depuis le quartier ancien, suivez le «sentier de découverte de Cavaillon» pour y voir une des plus belles synagogues d'Europe du XVIIIe siècle ainsi que la cathédrale du XIIe siècle. À partir de la place François-Tourel, un sentier vous conduit vers la chapelle Saint-Jacques, construite au XIIe siècle. De la colline, vous découvrirez un vaste panorama de Cavaillon et des environs. Comptez environ 45 min pour cette agréable randonnée à pied.

Pour sortir de Cavaillon, revenez jusqu'au pont, puis prenez la D99. Roulez avec vigilance! Passez au-dessus de l'autoroute, et continuez jusqu'à **Plan d'Orgon**. Poursuivez par la D99 jusqu'à la jonction de la D31. Tounez à droite en direction de **Mollégès** et de Saint-Rémy. Continuez par la D30 pour entrer à **Saint-Rémy-de-Provence**.

**Étape de Saint-Rémy-de-Provence à Arles : 45 km**

Pour sortir de Saint-Rémy, à partir de la Place de la République empruntez l'avenue Fauconnet vers Tarascon. Surveillez à gauche la D31 en direction de Saint-Étienne-du-Grès. Suivez-la jusqu'au croise ment avec la D99. Prenez la D99 vers Saint-Étienne-du-Grès. Continuez par la D32 en direction de Maillane jusqu'à la D79.

Vous pouvez faire un petit détour pour un pèlerinage intellectuel à Maillane, la ville natale de Frédéric Mistral, célèbre poète provençal qui reçut le prix Nobel de littérature en 1904. À visiter : le «Museon», installé dans la demeure de l'écrivain, ainsi que son mausolée, au cimetière, copie du Pavillon de la reine Jeanne des Baux-de-Provence.

Après votre visite, revenez sur la D79, et roulez jusqu'à Tarascon (voir p 58 pour les renseignements généraux sur Tarascon). L'office de tourisme se trouve sur la rue des Halles, derrière l'église Sainte-Marthe (XIIe et XIIIe siècles), tout près du château. Cet impressionnant château médiéval, que les Tarasconnais appellent le château du Roi René, est un des plus beaux de France.

Pour sortir de Tarascon, suivez le boulevard Victor-Hugo, et passez sous le viaduc. Continuez par le boulevard Jules-Ferry, et sortez de Tarascon par la D970 en direction d'Arles. Continuez par la D970

### RENSEIGNEMENTS GÉNÉRAUX SUR SAINT-RÉMY-DE-PROVENCE

**Population**
8 900 habitants, les Saint-Rémois

**Office de tourisme** : place Jean-Jaurès, 13210 Saint-Rémy-de-Provence, ☎ 04 90 92 05 22, ℻ 04 90 92 38 52

**Boutique de vélos**
Bruno Ferri, av. de la Libération, ☎ 04 90 92 10 88

**Marché**
Le mercredi

**Principales manifestations** : fête de la Transhumance (lundi de la Pentecôte); fête de la Saint-Jean (21 juin); Féria (3e semaine d'août); Fête votive (dernière semaine de septembre)

**Spécialités** : les herbes aromatiques, les olives, l'huile d'olive, les fruits confits

**Carte**
IGN n° 66

jusqu'au carrefour. Suivez la N570, et prenez tout de suite à droite la D35 jusqu'à **Lansac**. Continuez sur celle-ci jusqu'en Arles.

## LE VAUCLUSE

Le Comtat Venaissin, situé entre le Rhône, la Durance et le **mont Ventoux**, a vu se succéder Grecs, Romains, comtes et papes. Ce circuit au cœur du «Jardin de France» vous conduit à la découverte de villages haut perchés et de cités anciennes marquées par leur passage.

L'une d'elles, **Avignon**, avec son célèbre pont, domine le Rhône. Élue des papes, la cité connut une prospérité sans égale au XIVe siècle. Venus de partout, courtisans, bourgeois, commerçants côtoyaient artistes, poètes et peintres. Témoin du séjour des souverains pontifes, le **Palais des Papes**, à la fois forteresse et palais, représente un magnifique exemple d'art gothique militaire. Avant d'enfourcher votre vélo et de quitter Avignon *intra-muros*, ne manquez pas de flâner du côté du **Jardin du Rocher des Doms**. Au cours de cette balade, vous découvrirez un site enchanteur et une vue splendide sur les environs.

Depuis Avignon, le Comtat Venaissin (de «Vénasque», première capitale du comté) étale la luxuriance du jardin le plus riche de France. Cette terre irriguée par les eaux de la Durance et par un réseau de «roubines» produit des fruits et des légumes savoureux. Au milieu de vergers et de cultures maraîchères (abricots, pêches, cerises, fraises, melons, tomates...), de petites routes serpentent jusqu'à **Carpentras**, depuis toujours centre d'activités commerciales attractif. Les Grecs et les Romains, la domination papale, la communauté juive lui ont laissé des trésors historiques et artistiques.

Aux alentours, c'est la Provence des villages perchés, avec leurs fontaines, lavoirs et marchés forains, gais, odorants, tous baignés de cette lumière provençale si éclatante. N'hésitez surtout pas à grimper au sommet de ces chemins qui zigzaguent sur les flancs des collines : vous serez bien récompensé!

Au départ de Carpentras, vous avez le choix entre deux parcours menant à **Vaison-la-Romaine**. Le premier, accessible à tous, passe par la Route des vins et **Beaumes-de-Venise**. Ce village, connu pour son délicieux muscat, s'étage sur les premiers contreforts d'un massif sculpté par l'érosion, joliment nommé les **«Dentelles de Montmirail»**. Des points de vue magnifiques sur ces dentelles de pierre se succèdent durant ce parcours, qui vous conduit ensuite vers **Vacqueyras**, **Gigondas**, **Cairanne** et **Rasteau**, tous des crus de renommée.

Impossible d'ignorer le **mont Ventoux**, qui règne merveilleusement sur le Comtat du haut de ses 1 909 m. Alors, un deuxième parcours vous conduit au pied de ce «Géant de Provence». Nul doute qu'à l'évocation de ce nom défilent devant vous les images des coureurs, cramponnés à leur monture, grimaçants pour franchir une des étapes les plus difficiles du Tour de France. Si l'envie vous prend de le conquérir, c'est par Bédoin qu'il faut l'attaquer!

Or, cet itinéraire, beaucoup plus «musclé», débute à Carpentras, traverse les villages de **Crillon-le-Brave**, de **Bédoin** et du **Barroux**, grimpe le massif des Dentelles de Montmirail, atteint le **col Saint-Amand**, puis amorce sa descente vertigineuse vers **Malaucène** et Vaison-la-Romaine. Un parcours splendide fait sur mesure pour les grimpeurs.

RENSEIGNEMENTS GÉNÉRAUX SUR AVIGNON

**Population**
91 474 habitants, les Avignonnais

**Office de tourisme** : 41, cours Jean-Jaurès, 84000 Avignon, ☎ 04 90 82 65 11, ⇛ 04 90 82 95 03

**Boutiques de vélos**
Cycles Peugeot, 80 rue Guillaume-Puy, ☎ 04 90 86 32 49
Dépot Sport, 15 av. de l'Orme Fourchu, ☎ 04 90 89 77 77
Vélomania, 1 rue de l'Amelier, ☎ 04 90 82 06 98

**Marché**
Le samedi et le dimanche

**Principales manifestations** : Rencontres du Cinéma franco-américain (fin juin); Festival d'Art dramatique (juillet et août); Festival provençal (juillet)

**Spécialités** : les vins des Côtes-du-Rhône, les Papalines (friandises)

**Accès depuis Paris** : A6, A7, N580; TGV gare de Lyon-Avignon

**Carte**
IGN n° 66

Enfin, l'itinéraire prend une tournure gastronomique à travers le vignoble des Côtes-du-Rhône, que l'on gagne par **Orange**. En parcourant ses chemins, vous traverserez le plus illustre de tous, celui de **Châteauneuf-du-Pape**. Le sol y est recouvert de milliers de petits galets, ce qui contribue à la qualité et l'originalité de ce grand vin. En effet, ces petites roches retiennent la chaleur du jour et la renvoient à la vigne, durant la nuit, qui produit ainsi des raisins très sucrés. *«En ce lieu béni des dieux, les papes y plantèrent la vigne»*... Offrez-vous une dégustation divine! La découverte des vins de renommée vous conduit ensuite sur la rive gauche du fleuve, au pied des garrigues. La route empruntée présente un paysage dominé par les vignes de **Tavel** et de **Lirac**, où l'on produit d'excellents vins rosés déjà appréciés au temps de Philippe le Bel. N'hésitez pas à vous arrêter à la coopérative du village.

C'est de ce côté du Rhône, à **Villeneuve-lès-Avignon**, que les cardinaux firent construire leurs nouveaux quartiers. La vue sur Avignon est saisissante. D'ailleurs, à **Villeneuve**, ce ne sont pas les points de vue qui manquent : de la Tour Philippe le Bel, de la terrasse du Fort Saint-André. On raconte que le roi désirait garder un œil sur la puissante papauté d'en face!

## 7. Grand Tour du Vaucluse

**Distance totale :** 170 km ou 185 km
**Nombre d'étapes :** 3
**Niveau de difficulté :**

**Schéma** p 71
**Cartes** A4-A5

**Étape d'Avignon à Carpentras : 50 km**

En été, le festival d'art dramatique d'**Avignon** attire des visiteurs en très grand nombre. L'animation et la gaieté de ses rues rappellent les fêtes populaires du Moyen Âge. Prévoyez faire des réservations d'hôtel si vous projetez de séjourner *intra-muros* pendant les festivités.

Pour sortir d'Avignon, empruntez le boulevard périphérique qui longe les remparts. Soyez prudent, car la circulation y est toujours très dense. Suivez les indications pour Morières et l'Isle-sur-la-Sorgue. Assurez-vous de sortir d'Avignon par la N100. Au carrefour, prenez la D28 en direction de Saint-Saturnin et de Pernes-les-Fontaines. Passez au-dessus de l'autoroute, et entrez à **Saint-Saturnin-les-Avignon**. Poursuivez par la D28 jusqu'à la D16, que vous prendrez à droite vers la **Grotte de Thouson** (possibilité de visite), le château et **Le Thor**.

Prenez ensuite la D1 en direction de **Velleron**. Entrez au village de **Pernes-les-Fontaines** par la D938. Coup de cœur pour ce petit village aux multiples fontaines! Prenez le temps d'en faire le tour à pied, de flâner au bord de la Nesque et de vous rafraîchir auprès de l'une de ses romantiques fontaines.

Pour sortir, empruntez la D28, et continuez vers **Saint-Didier**. Vous êtes ici au pied du plateau de Vaucluse. Poursuivez par la D28, puis par la D4 jusqu'à **Vénasque**. Véritable forteresse naturelle, haute de 320 m, l'antique «Venasca» donna son nom au Comtat Venaissin. Prenez le temps de grimper tranquillement pour profiter de la vue qu'offre sa montée : vignes, vergers, champs cultivés. À voir, en ce très vieux village perché : le baptistère datant du VI^e^ siècle!

Quittez Vénasque par la D4 en direction de **Notre-Dame de Vie** et de Carpentras. Continuez jusqu'à la D77, que vous prendrez à droite jusqu'à **Malemort-du-Comtat**. Continuez par la D77 vers **Mazan**, puis prenez à gauche la D150. Arrêtez-vous au cimetière, où un alignement d'une soixantaine de sarcophages gallo-romains vous rappellera que vous roulez bien sur une ancienne voie romaine. Vous pourrez en savoir plus sur les habitudes culinaires et agricoles des Comtadins en visitant le musée d'histoire et de folklore de Mazan. Sortez de Mazan par la D942, et continuez vers Carpentras.

Entrez à **Carpentras** et suivez l'avenue Clémenceau jusqu'au rond-point. Continuez en suivant les indications pour l'office de tourisme, situé sur l'avenue Jean-Jaurès. Si vous êtes en ville le vendredi, c'est toute la Provence et les trésors de production agricole du Comtat que vous retrouverez à son grand marché. Avant de quitter la ville, n'oubliez pas de glisser dans vos sacs une jolie boîte de «Berlingots», spécialités de la confiserie carpentrassienne.

RENSEIGNEMENTS GÉNÉRAUX SUR CARPENTRAS

**Population**
25 886 habitants, les Carpentrassiens

**Office de tourisme** : 170, allée Jean-Jaurès, 84200 Carpentras, ☎ 04 90 63 00 78, ⇒ 04 90 60 41 02

**Marché**
Le vendredi

**Principale manifestion** : festival international «Offenbach et son temps» (juillet et août)

**Spécialités** : les vins des Côtes-du-Rhône, les berlingots (bonbons)

**Cartes**
IGN n$^{os}$ 66 ou 60

**Étape de Carpentras à Orange (via la Route des vins) : 70 km**

Pour sortir de Carpentras, prenez en direction nord l'avenue Notre-Dame de Santé vers **Aubignan** et **Beaumes-de-Venise**. Assu-

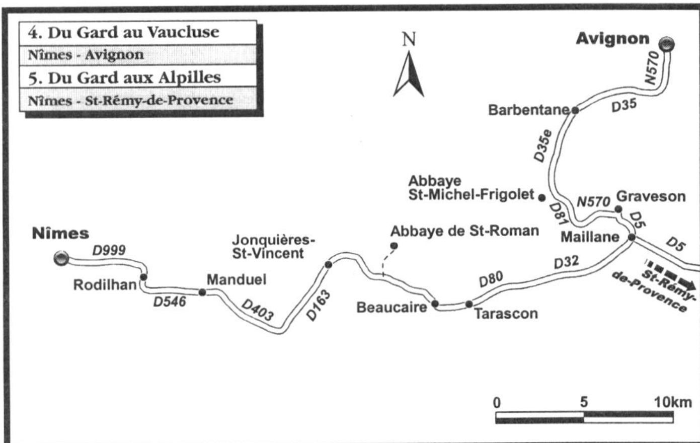
4. Du Gard au Vaucluse
Nîmes - Avignon
5. Du Gard aux Alpilles
Nîmes - St-Rémy-de-Provence
N
Avignon
N570
D35
Barbentane
D35e
Abbaye
St-Michel-Frigolet
N570
Graveson
D81
D5
Maillane
Nîmes
D999
Jonquières-
St-Vincent
Abbaye de St-Roman
D5
Rodilhan
Manduel
D546
D403
D163
Beaucaire
D80
Tarascon
D32
St-Rémy-
de-Provence
0
5
10km

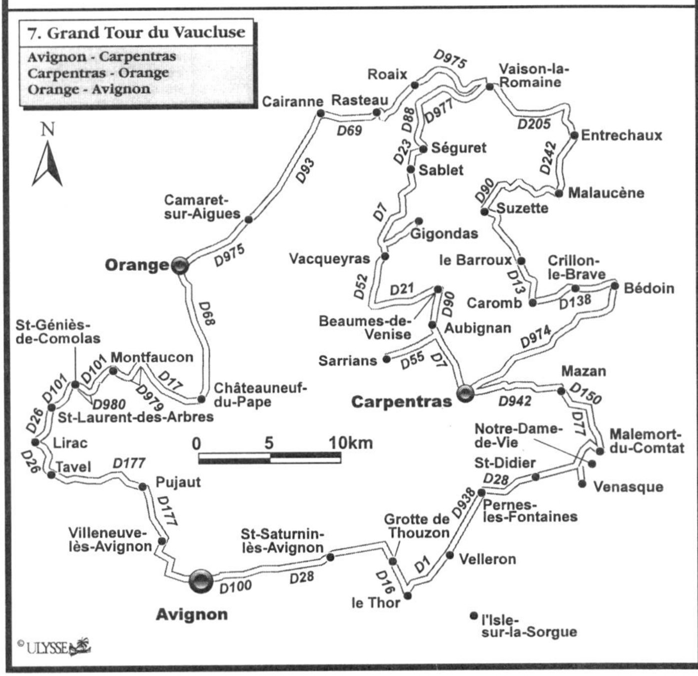
7. Grand Tour du Vaucluse
Avignon - Carpentras
Carpentras - Orange
Orange - Avignon
N
D975
Roaix
Vaison-la-
Romaine
Cairanne
Rasteau
D69
D88
D977
D205
Entrechaux
D23
Séguret
Sablet
D242
D93
D90
Malaucène
Camaret-
sur-Aigues
D7
Suzette
Gigondas
Orange
D975
Vacqueyras
le Barroux
Crillon-
le-Brave
D13
D52
D21
Bédoin
D90
Caromb
D138
D68
Beaumes-de-
Venise
Aubignan
St-Géniès-
de-Comolas
D974
Sarrians
D55
D7
Montfaucon
D101
D101
D17
Châteauneuf-
du-Pape
Mazan
Carpentras
D150
D980
D979
D942
D26
St-Laurent-des-Arbres
D77
Notre-Dame-
de-Vie
Malemort-
du-Comtat
Lirac
0
5
10km
D26
Tavel
D177
St-Didier
Pujaut
D28
Venasque
D177
D938
Pernes-
les-Fontaines
Grotte de
Thouzon
Villeneuve-
lès-Avignon
St-Saturnin-
lès-Avignon
D1
Velleron
D16
D28
D100
le Thor
Avignon
l'Isle-
sur-la-Sorgue
© ULYSSE

rez-vous de sortir par la D7. Continuez jusqu'à Aubigan. Poursuivez jusqu'à Beaumes-de-Venise par la D90. «Beaumes» en provençal signifie «grottes», et «Venise» vient probablement de l'altération de Venaissin. Devinez maintenant comment on appelle les habitants? Les Balméens bien sûr! Essayez pour l'apéritif un verre de muscat bien frais. Ce vin doux naturel que l'on produit ici est un des meilleurs de France.

La Route des vins se prolonge par la D21 en direction de Vacqueyras et de Sarrians. Traversez la route, et suivez toujours la D21 en direction de Sarrians. À la jonction de la D52, tournez à droite vers **Vacqueyras**. Poursuivez vers Gigondas par la D7. Grimpez jusqu'à **Gigondas**. Ce petit village vaut le détour. Il produit un très bon vin rouge, principalement de cépage grenache. Plusieurs caves proposent des dégustations. Laissez votre vélo sur la place, et cheminez dans ses ruelles à travers ses petites maisons jusqu'à l'église Sainte-Catherine. Vous y découvrirez un coin charmant pour un pique-nique avec vue sur le vignoble.

Les **Dentelles de Montmirail** abritent une végétation extrêmement variée et attirent aussi les grimpeurs, les marcheurs, les photographes, bref tous les amants de la nature. Sortez de Gigondas en revenant sur la D7. Continuez vers **Sablet**. Prenez la D23 pour **Séguret**. De la route, vous serez attiré par ce pittoresque village à flanc de colline au-dessus de la plaine. Un détour s'impose pour découvrir dans ce vieux village classé des ruelles pitoresques, une fontaine du XV<sup>e</sup> siècle, un beffroi du XIV<sup>e</sup> siècle et une très belle vue sur les Dentelles de Montmirail à partir de son église du XII<sup>e</sup> siècle.

Reprenez ensuite votre vélo, et continuez en direction de Vaison-la-Romaine par la D88 puis la D977. **Vaison-la-Romaine** est une grande étape de votre tournée des cités antiques. Les vestiges de sa partie basse indiquent qu'elle fut une des plus riches cités de toute la Gaule narbonnaise. Une très grande partie de sa haute ville est d'architecture médiévale. Entre les deux, il y a beaucoup d'histoire et une pente bien raide! Après votre visite, retrouvez le pont romain (ne le traversez pas), et suivez le quai Paul-Gontard et l'avenue Jules-Ferry. Quittez Vaison-la-Romaine en direction d'Orange et de Bollène. Assurez-vous de sortir par la D975. Continuez jusqu'à **Roaix**.

Poursuivez vers **Rasteau** par la D975. Ce village haut perché qui domine ses coteaux est également connu pour son vin doux de Muscat. Au musée du Vigneron, vous pourrez en apprendre un peu plus sur le vignoble de la région. Puis, roulez vers **Cairanne** par la D69. À la D93, continuez le long de l'Aigues vers **Camaret-sur-Aigues**.

RENSEIGNEMENTS GÉNÉRAUX SUR VAISON-LA-ROMAINE

**Population**
5 864 habitants, les Vaisonnais

**Office de tourisme** : Place du Chanoine-Chautel, 84110 Vaison-la-Romaine, ☎ 04 90 36 02 11, ⇄ 04 90 28 76 04

**Boutique de vélos**
Lacombe, av. Jules-Ferry, ☎ 04 90 36 03 29

**Marché**
Le mardi

**Principales manifestations** : fête de la Saint-Jean (24 juin); Festival de Vaison (juillet)

**Spécialité** : les vins des Côtes-du-Rhône

**Carte**
IGN n° 60

Prenez ensuite la D975 pour entrer à Orange. Suivez les indications pour le Théâtre Antique et l'office de tourisme.

### Étape de Carpentras à Orange (via Bédoin) : 85 km

Quittez Carpentras en suivant les indications pour Sault. Au carrefour, prenez la D974 en direction du mont Ventoux, et suivez-la jusqu'à **Bédoin**. Ce petit village très provençal, avec ses platanes et son marché, est l'hôte de plusieurs cyclistes désireux de grimper le mont Ventoux. Cette expédition nécessite une bonne préparation, une bicyclette en bon état, des provisions, des vêtements chauds (pour le sommet éventé), mais surtout une température propice à cette aventure.

Sortez de Bédoin par la D138 en direction de **Crillon-le-Brave**. Grimpez jusqu'au village. Louis de Berton de Crillon fut le compagnon d'armes d'Henri IV. L'ancien fief est désormais voué à l'hôtellerie. Ce village haut perché est à voir pour son pittoresque et sa vue superbe sur le Ventoux. Pour quitter Crillon-le-Brave, de la rue principale avec la mairie sur votre gauche et l'Hostellerie sur votre droite, descendez au bas du village. Tournez à gauche, et continuez jusqu'à **Caromb**. Cette région est connue pour ses vins d'appellation Côtes-de-Ventoux.

Quittez Caromb par la D13 vers Malaucène. Continuez jusqu'au croisement de la D938. Prenez celle-ci à droite toujours vers Malaucène, et continuez jusqu'à la D78. Prenez ensuite à gauche, et grimpez à **Barroux**. Un beau château Renaissance domine le bourg. Continuez en suivant la signalisation et la D90A pour **La Roque Alric**, **Lafare** et **Suzette**. Prenez à droite la V3 jusqu'à Suzette. Rejoignez la D90 en direction de Malaucène. Cette magnifique route s'élève vers le col de la Chaîne (472 m), puis descend en serpentant sur 4 km jusqu'à **Malaucène**. Ce village, ceinturé de gros platanes, est typiquement provençal avec ses maisons anciennes, ses fontaines, ses lavoirs et son vieux beffroi. Allez le parcourir pour y admirer son église avec sa façade à mâchicoulis, bâtie pour le pape Clément V, premier pape d'Avignon.

Quittez Malaucène par la D242 vers le hameau de **Veaux**. Roulez jusqu'à l'intersection de la route d'**Entrechaux**, et tournez à gauche vers Entrechaux. Après le pont, prenez à droite, et suivez la route «Côtes-de-Ventoux» jusqu'au village. Sortez d'Entrechaux toujours par la Route des vins. Prenez la route à gauche pour traverser l'Ouvèze, puis encore à gauche la D205 vers **Saint-Marcellin-les-Vaison**. Continuez par la D151, et rejoignez la D975 pour entrer à **Vaison-la-Romaine**.

Dirigez-vous vers le Pont Romain (vieux de 2 000 ans!), et suivez les indications pour l'office de tourisme. Un repos s'impose; laissez votre vélo. Pour visiter cette ville fondée en l'an 20 av. J.-C., empruntez les chemins et les rues piétonnes de ses quartiers d'architecture romaine, médiévale et moderne. Pour les férus d'histoire et d'antiquité, comptez au moins deux heures pour en faire le tour.

Pour continuer jusqu'à Orange, suivez les indications du circuit précédent au départ de Vaison-la-Romaine.

### Étape d'Orange à Avignon : 50 km

Ancienne colonie romaine sous Auguste, **Orange** en garde un arc de triomphe et le théâtre le mieux conservé de tout l'Empire. Renseignez-vous auprès de l'office de tourisme pour une visite guidée de ce

RENSEIGNEMENTS GÉNÉRAUX SUR ORANGE

**Population**
27 502 habitants, les Orangeois

**Office de tourisme** : 5, cours Aristide-Briand, 84140 Orange, ☎ 04 90 34 70 88, ⇛ 04 90 34 99 62 (un bureau est ouvert en face du Théâtre Antique pendant l'été)

**Boutiques de vélos**
Cycles Lurion, 48 cours A. Briand, ☎ 04 90 34 08 77
M.T.S. 84, 571 boul. Daladier, ☎ 04 90 34 94 92

**Marché**
Le jeudi

**Principales manifestations** : Festival de la bande dessinée (mai); les Chorégies : opéras, concerts symphoniques (mi-juillet)

**Spécialités** : le lièvre, la grive, les truffes, les champignons du mont Ventoux

**Carte**
IGN n° 60

fabuleux théâtre antique. Il est très agréable d'arpenter ce vieux quartier si animé. Sortez d'Orange en direction sud par la rue de Châteauneuf. Assurez-vous de sortir par la D68. Passez sous l'autoroute, et continuez jusqu'à **Châteauneuf-du-Pape** par la D68. Dirigez-vous au centre du village, et suivez les indications pour le «Château».

Vous pouvez grimper vers les ruines du château, ancienne résidence d'été des papes. Pratiquement toute détruite au cours de la dernière guerre, elle ne comporte plus que la façade et un mur. C'est pour la jolie vue qu'il faut y aller. Vous y verrez une «mer» de vignes et les montagnes environnantes : le **Ventoux**, les **Dentelles de Montmirail** et les **Alpilles**.

Au village, plusieurs caveaux offrent la possibilité de faire des dégustations. Entrez goûter à ce cru puissant et capiteux. Quittez Châteauneuf-du-Pape par la D17 en direction de Caderousse. Suivez cette route jusqu'au croisement avec la D976. Prenez à gauche en

RENSEIGNEMENTS GÉNÉRAUX SUR CHÂTEAUNEUF-DU-PAPE

**Population**
2 100 habitants, les Castels-Papals

**Office de tourisme** : 84 230 Châteauneuf-du-Pape, ☎ 04 90 83 71 08

**Marché**
le vendredi

**Principale manifestation** : La Fête de la Véraison (août)

**Spécialité** : les vins de Châteauneuf-du-Pape

**Carte**
IGN no 66

direction de Roquemaure, et traversez le Rhône. Tournez à droite tout de suite à la sortie du pont (n'entrez pas à Roquemaure), passez sous l'autoroute, et continuez par la D101 en direction de **Montfaucon**. Sur la droite, en entrant, admirez le château privé de Montfaucon.

Continuez par la D101. Prenez ensuite la D980 pour entrer à **Saint-Geniès-de-Comolas**. Reprenez la D101, traversez la route nationale, et entrez à **Saint-Laurent-des-Arbres**. Faites le tour de ce charmant village médiéval, dominé par son donjon féodal et son église fortifiée. Sortez de Saint-Laurent-des-Arbres par la D26 en direction de **Lirac** et de Tavel. La route traverse toujours le vignoble des Côtes-du-Rhône. Ici, les vins de Tavel et de Lirac ont leurs propres appellations. Entrez à **Tavel**. Ce village mérite qu'on lui consacre une petite visite. Son lavoir municipal, construit en 1878, est encore utilisé de nos jours. Peut-être aurez-vous l'occasion d'en profiter!

Sortez en direction de Pujaut et d'Avignon. Passez sous l'autoroute. Continuez par la D177 jusqu'à **Pujaut**. Continuez jusqu'à **Villeneuve-lès-Avignon** par la D177. Il y a tellement de richesses à découvrir dans la «cité des cardinaux» que vous devez planifier sa visite. Renseignez-vous auprès de l'office de tourisme. Le sommet de la tour Philippe le Bel offre une vue splendide sur Avignon; c'est d'ailleurs pour cette raison qu'elle fut édifiée. Après votre visite, franchissez le Rhône, et entrez à Avignon.

RENSEIGNEMENTS GÉNÉRAUX SUR VILLENEUVE-LÈS-AVIGNON

**Population**
9 535 habitants, les Villeneuvois

**Office de tourisme** : 1, place Charles-David, 30400 Villeneuve-lès-Avignon, ☎ 04 90 25 61 33, ⇌ 04 90 25 91 55

**Marché**
Le jeudi

**Principales manifestations** : fête de la Saint-Jean; Rencontres internationales à la Chartreuse (juillet et août)

**Carte**
IGN n° 66

# LA BOURGOGNE

Le nom «Bourgogne» évoque la province du bien-manger et du bien-boire, un passé glorieux et une solide tradition de bons vivants. Ne cherchez plus, voici la destination sur mesure pour le cycliste gastronome. Prestigieux héritage des Grands Ducs d'Occident, la Bourgogne est renommée mondialement pour sa cuisine délectable et ses grands vins. Grâce aux moines de Cîteaux, le vin de Bourgogne est devenu célèbre. Aujourd'hui encore, les grands crus qui font le prestige de la région reposent dans le calme et la fraîcheur, sous les voûtes de pierres des villages et des bourgs de la Côte-d'Or. Au moment des vendanges, de forts effluves des raisins qui commencent à fermenter se répandent dans leurs rues, faisant très «senteur locale».

## LA CÔTE-D'OR

La région de la Bourgogne comprend quatre départements, dont celui de la Côte-d'Or, au pied de laquelle s'étend l'un des plus beaux vignobles du monde. Le parcours serpente tout le long de cette côte, elle-même divisée en deux : la **Côte-de-Nuits** et la **Côte-de-Beaune**. Chaque nom de village est connu; les panneaux qui affichent leur nom ressemblent à des étiquettes de bouteilles de vin.

**Dijon**, capitale de la Bourgogne, vous émerveillera par la richesse de son secteur sauvegardé où se côtoient harmonieusement églises, maisons moyenâgeuses, hôtels particuliers, pans de bois, vieilles pierres et tuiles vernissées. Les **Hautes-Côtes-de-Nuits** sont recouvertes de vignobles, de cultures céréalières, de pâturages et de petits bois. On y cultivait aussi le cassis, qui sert à l'élaboration de l'incomparable liqueur de Bourgogne : la crème de cassis. Le chanoine Kir (1876-1968), maire de Dijon, popularisa cette fameuse crème en la mariant avec un vin blanc issu du cépage aligoté. Il recevait ses hôtes avec un aligoté-cassis, un «Kir», une habitude devenue tradition.

Un circuit en forme de boucle vous est proposé depuis Dijon vers la Côte-de-Nuits ainsi que vers la vallée de l'Ouche, en traversant la montagne dijonnaise, où l'air pur baigne les pittoresques villages et hameaux. Cette balade comporte une bonne montée, mais offre par ailleurs une descente spectaculaire à travers un très beau site naturel. De retour à Dijon, un parcours vous conduit à **Beaune** par la Route des vins. Dès les premiers coups de pédales, à la sortie de **Chenôve**, c'est à perte de vue que des milliers de pieds de pinots noirs s'étagent au-dessus de la **route des Grands Crus**, qui ondoie entre les murets de pierre séparant les différents clos aux noms tout aussi célèbres : **Gevrey-Chambertin**, **Vougeot**, **Vosne-Romanée**, **Nuits-Saint-Georges**... Le duché de Bourgogne connut, du X^e^ au XII^e^ siècle, une intense vie religieuse; ainsi, les principaux châteaux de la région sont ecclésiastiques : **Gevrey-Chambertin**, bâti par un abbé de Cluny, et le **Clos Vougeot**, érigé par les moines de Cîteaux.

L'itinéraire se prolonge entre vallons et coteaux vers les bourgades viticoles de la **Côte-de-Beaune**, qui se partage entre les vins blancs et les vins rouges. C'est dans un décor enchanteur que les étroits chemins serpentent entre les différents clos, découvrant ainsi ses fleurons : **Aloxe-Corton**, **Pernand-Vergelesse**, **Savigny-lès-Beaune**, **Pommard**, **Meursault**, **Puligny-Montrachet**... Pour les cyclistes peu habitués aux montées, un parcours «sans difficulté» à travers les paisibles champs cultivés de la plaine de la Saône vous est suggéré.

**Beaune**, capitale «du Bourgogne», a su garder sa vocation première : la garde des grands vins de Bourgogne, et ce, depuis l'époque des Grands Ducs d'Occident. Vous aurez la possibilité de visiter ses caves aussi imposantes qu'opulentes et de terminer votre découverte par une dégustation. L'incomparable Hôtel-Dieu de Beaune reçut des malades jusqu'en 1971. Aujourd'hui musée et monument-vedette, cet établissement est bien le témoin d'un glorieux passé flamand et par le fait même un chef-d'œuvre de l'art burgondo-flamand.

Depuis Beaune, deux très belles balades vous sont proposées jusqu'aux Hautes-Côtes. Une première vous conduit vers les majestueux châteaux de **la Rochepot** et de **Gamay**. Une deuxième vous invite à découvrir les magnifiques falaises calcaires d'Orches et de Bouilland, en passant par le village fermier le plus haut de toute la Côte-de-Beaune : **Bessey-en-Chaume**. Au cours de ces randonnées, vous découvrirez des sites naturels et des points de vue splendides sur la région.

La richesse des communes aux maisons de pierre, le prestige des villages viticoles et la splendeur des cités anciennes vous séduiront. Voici une région de France où le cyclotourisme prend tout son sens, car elle est riche en histoire, en paysages variés, en petites routes tranquilles et en gastronomie. À vous de constater comment le Bourguignon, joyeux et bon vivant, accueille bien ses visiteurs!

## 8. Circuit Dijon-vallée de l'Ouche-Dijon

**Distance totale :** 55 km
**Nombre d'étapes :** 1
**Niveau de difficulté :** 🚲 🚲

**Schéma** p 83
**Carte** A6

La gare de **Dijon** fait face à l'avenue du Maréchal-Foch. Cette avenue vous conduit à l'office de tourisme, situé sur la place Darcy. L'avenue est à sens interdit en partant de la gare; vous devez alors marcher vélo en main jusqu'à l'office de tourisme. De là, vous accéderez au centre de la vieille ville par la rue de la Liberté. Demandez le plan de la ville avec les suggestions d'itinéraires, et faites une visite auto-guidée de Dijon. Ne manquez pas le Musée des beaux-arts (tombeaux des Ducs), installé dans le Palais des Ducs, et la cathédrale Notre-Dame, avec ses curieuses rangées de gargouilles. Pendant que vous êtes à proximité, cherchez la petite chouette sculptée sur le contrefort d'une chapelle. Enlevez vos gants, posez-y la main, fermez les yeux, et faites un vœu... Un indice : elle se trouve dans la rue qui porte son nom, là où l'on a tourné *Cyrano*.

Pour sortir de Dijon, à partir de la gare prenez la direction de Beaune et de Chenôve. Sortez de Dijon par la N74. Soyez vigilant, car la circulation est dense autour de la ville. Gardez la droite. Après le canal de Bourgogne, suivez la D122, la route des Grands Crus, qui commence à **Chenôve** (le vignoble de Chenôve a presque disparu pour faire place à l'urbanisme de la banlieue dijonnaise). Au château de **Marsannay**, on vous invite à une première dégustation. Ce bourg

RENSEIGNEMENTS GÉNÉRAUX SUR DIJON

**Population**
145 570 habitants, les Dijonnais

**Office de tourisme** : place Darcy, 21000 Dijon, ☎ 03 80 44 11 44, ⇄ 03 80 42 18 83

**Boutiques de vélos**
Tillot R (SA), 11 av. Jean-Jaurès, ☎ 03 80 41 53 11
Cycles Degueurce, 4 boul. de l'Université, ☎ 03 80 65 18 88

**Marché**
Le mardi, le vendredi et le samedi

**Principales manifestations** : Festival de Dijon, été musical (juin); Estivade (juillet et août); Fêtes de la vigne (août et septembre); Foire internationale et gastronomique (novembre)

**Spécialités** : la moutarde, le pain d'épice, le Kir (apéritif), le jambon persillé

**Accès depuis Paris** : A6, A38; TGV, gare de Lyon-Dijon

**Carte**
IGN n° 29

produit d'excellents vins rouges et blancs, ainsi qu'un vin rosé, plutôt original en Côte-de-Nuits!

Prenez la D122, la route des Grands Crus, jusqu'au vieux bourg de **Gevrey-Chambertin**. Le château *(visite guidée d'environ 30 min à partir de 10 h, fermé entre 12 h et 14 h et le dimanche matin; µ 03 80 34 36 13)*, d'architecture romane bourguignonne, est situé à la lisière du village. Suivez les flèches, à droite. Il fût bâti par les descendants du puissant seigneur de Vergy et donné aux moines de Cluny au XIII^e^ siècle. La visite du château est assurée par la propriétaire, et vous pouvez aussi déguster le vin de son clos. Pour gagner le centre du village, descendez la rue de l'Église.

Après votre visite, sortez de Gevrey-Chambertin en regagnant la rue de l'Église, puis la D31 en direction de Chambœuf et de Semezanges. L'itinéraire emprunte ici un parcours plutôt «sportif»; la route grimpe progressivement à travers une colline boisée sur environ 5 km et atteint

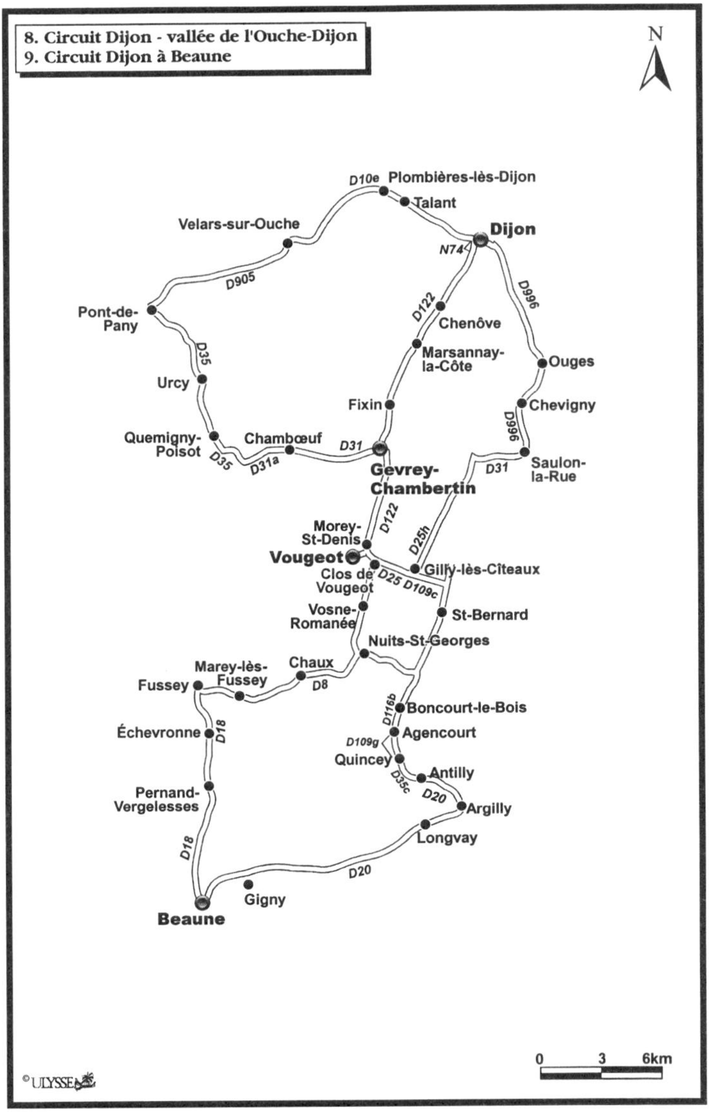
8. Circuit Dijon - vallée de l'Ouche-Dijon
9. Circuit Dijon à Beaune
N
D10e
Plombières-lès-Dijon
Talant
Dijon
N74
Velars-sur-Ouche
D905
D996
D122
Chenôve
Pont-de-Pany
D35
Marsannay-la-Côte
Ouges
Urcy
Fixin
Chevigny
D996
Quemigny-Poisot
Chambœuf
D31
D35
D31a
Gevrey-Chambertin
D31
Saulon-la-Rue
D122
D25h
Morey-St-Denis
Vougeot
Clos de Vougeot
D25
D109c
Gilly-lès-Cîteaux
Vosne-Romanée
St-Bernard
Nuits-St-Georges
Marey-lès-Fussey
Chaux
Fussey
D8
D116b
Boncourt-le-Bois
Échevronne
D18
Agencourt
D109g
Quincey
Antilly
D35c
D20
Pernand-Vergelesses
Argilly
Longvay
D18
D20
Gigny
Beaune
0
3
6km
©ULYSSE

enfin un plateau couvert de champs de céréales. Sortez de **Chambœuf** par la D31. À l'intersection, prenez à droite la D3, puis la D35 pour Quemigny-Poisot et Pont-de-Pany. Préparez-vous à une longue descente vertigineuse qui offre un splendide panorama et plusieurs virages jusqu'à **Pont-de-Pany**, dans la vallée de l'Ouche.

À l'intersection, prenez à droite la D905 en direction de **Velars-sur-Ouche** et de Dijon. Cette partie de l'itinéraire est bien fréquentée par les cyclistes dijonnais. La route côtoie le canal de Bourgogne et malheureusement, sur quelques kilomètres, longe aussi l'autoroute. Prenez ensuite la D10f en direction de La Verrerie, **Plombières-lès-Dijon** et Dijon. Empruntez la piste cyclable. Prenez quelques minutes pour découvrir les abords aménagés du **lac Kir**. Roulez avec prudence jusqu'au centre de Dijon.

**Option de Gevrey-Chambertin à Dijon par la plaine : 40 km**

Aux cyclistes moins aguerris, je suggère cet itinéraire par la plaine de la Saône.

Sortez de Gevrey-Chambertin par son vignoble, et continuez à suivre la D122 à travers Morey-Saint-Denis jusqu'au Clos de Vougeot. Du village de Vougeot, traversez la route nationale, et continuez par la D25 en direction de Gilly-lès-Cîteaux. Au carrefour, prenez la D25h vers **Saint-Philibert** (ne traversez pas l'autoroute). À l'étang de Satenay et à la D31, prenez à droite la direction de **Saulon-la-Rue**.

Poursuivez par la D996 jusqu'à **Chevigny**. Suivez ensuite une petite route qui passe au-dessus de l'autoroute et qui se termine à **Ouges**. Continuez jusqu'à Dijon par la D996.

## 9. Circuit de Dijon à Beaune

**Distance totale :** 65 km
**Nombre d'étapes :** 1
**Niveau de difficulté :**

**Schéma** p 83
**Carte** A6-A7

Pour sortir de Dijon, à partir de la gare prenez la direction de Beaune par la N74. Sortez de Dijon par le boulevard Jean-Jaurès. Gardez la droite pour prendre la D122, la route des Grands Crus. Suivez la D122 jusqu'à Fixin et Gevrey-Chambertin (voir circuit précédent). Aux férus d'art roman, je propose une petite excursion dans le haut du village de

**Fixin**, au hameau de **Fixey**, où se dresse la petite église Saint-Antoine, la plus vieille église romane de toute la Côte-d'Or. Si vous avez déjà visité Gevrey-Chambertin, sortez par son vignoble, et continuez à suivre la D122 à travers **Morey-Saint-Denis** jusqu'au **Clos de Vougeot**. Suivez les panneaux pour le château.

Le **château du Clos de Vougeot** *(visite guidée d'environ 30 min à partir de 9 h, fermé entre 12 h et 14 h; ☎ 03 80 62 86 09)*, propriété de l'ordre de la confrérie des chevaliers du Tastevin, est considéré comme un haut lieu de la Bourgogne vineuse. Les bâtiments furent construits par les moines de Cîteaux pour l'exploitation de la vigne. En 1551 s'y ajouta le château. Ne ratez pas la visite de ce magnifique domaine.

Pour continuer, suivez toujours la route des Grands Crus jusqu'à **Vosne-Romanée** et **Nuits-Saint-Georges**. Situé au bord du Meuzin, ce dernier bourg a donné son nom à la côte. Avec son église entièrement romane, son beffroi, sa tour de l'horloge du XVII$^{e}$ siècle, ses vins rouges puissants et charnus, cette petite capitale mérite bien qu'on s'y attarde. Partagez le plaisir de vivre avec les Nuitons!

RENSEIGNEMENTS GÉNÉRAUX SUR NUITS-SAINT-GEORGES

**Population**
5 460 habitants, les Nuitons

**Office de tourisme** : rue Sonoys, 21700 Nuits-Saint-Georges, ☎ 03 80 61 22 47, ⇄ 03 80 61 30 98

**Boutique de vélos**
Cycles Tillot, 4 place de la République, ☎ 03 80 61 41 48

**Marché**
Le vendredi

**Principales manifestations** : Vente des Hospices de Nuits-Saint-Georges (mars); Fête du vin bourru (novembre)

**Spécialités** : la crème de cassis, de framboises, de mûres et de pêches; le fromage Amour de Nuits; le vin

**Carte**
IGN n° 37

Quittez Nuits-Saint-Georges en direction de Beaune, puis suivez la route de Chaux et la D8. L'ascension sera difficile pour certains. La route s'élève au-dessus du village de Nuits, vous conduisant vers les **Hautes-Côtes de Beaune**. Roulez jusqu'à **Chaux**. Poursuivez par la D8 vers **Marey-lès-Fussey** et **Fussey**. Au carrefour, prenez la D18 vers Beaune. Continuez jusqu'à **Échevronne**. L'église du village, située à la jonction entre les Hautes-Côtes de Beaune et les Hautes-Côtes de Nuits, abrite une chapelle du XIIe siècle. Laissez-vous glisser ensuite dans l'agréable descente jusqu'au pittoresque village de **Pernand-Vergelesses**. Ce village de vignerons produit de grands vins rouges et des vins blancs très appréciés issus du cépage aligoté.

Continuez au milieu du vignoble vers Beaune par la D18. Passez au-dessus de l'autoroute, et roulez avec vigilance jusqu'au centre-ville. L'office de tourisme se trouve sur la place de la Halle, en face de l'Hôtel-Dieu.

**Option de Vougeot à Beaune par la plaine de la Saône : 35 km**

Cet itinéraire tout plat vous fait découvrir une paisible région agricole et vous offre un beau point de vue sur la Côte-de-Beaune.

Après votre visite du château, revenez au village de **Vougeot**, et traversez la route nationale. Continuez tout droit par la D25 vers **Gilly-lès-Cîteaux**. Le château de Gilly-lès-Cîteaux, anciennement l'annexe du Clos de Vougeot, est aujourd'hui un superbe hôtel de luxe. Prenez le temps de le visiter.

Continuez vers **Saint-Bernard** par la D109c. Poursuivez par la D116 vers **Boncourt-le-Bois** et **Agencourt**. Sortez d'Agencourt par la D8, et prenez tout de suite la D109g vers **Quincey**. Continuez en direction d'**Antilly** par la D35c. Prenez ensuite la D20 pour **Argilly**, **Longvay**, **Gigny** et Beaune. Entrez à Beaune par la D20, puis suivez la direction du centre-ville et de la porte Saint-Nicolas.

## 10. Circuit Beaune-La Rochepot-Beaune

**Distance totale :** 40 km
**Nombre d'étapes :** 1
**Niveau de difficulté :** 

**Schéma** p 89
**Carte** A7

**Beaune**, vieille cité ceinte de remparts, est le fief des principales maisons de négoce. Dans cette vaste cité souterraine que sont les caves de la ville, les plus grands vins attendent d'avoir atteint leur plénitude pour être mis en bouteille. Le troisième dimanche de novembre, la fameuse vente aux enchères de la récolte des vins fins des **Hospices de Beaune** se déroule selon le cérémonial traditionnel. Non loin, un musée du vin est installé dans l'ancien Hôtel des Ducs de Bourgogne.

RENSEIGNEMENTS GÉNÉRAUX SUR BEAUNE

**Population**
21 127 habitants, les Beaunois

**Office de tourisme** : rue de l'Hôtel-Dieu, 21200 Beaune, ☎ 03 80 26 21 30, ⇄ 03 80 26 21 39

**Boutiques de vélos**
Beaune Cyles, 12 rue du Faubourg Saint-Martin, ☎ 03 80 24 10 39
Cycles Tillot, 48 place Madeleine, ☎ 03 80 24 70 08
Grappin Frères, 16 boul. Jules-Ferry, ☎ 03 80 22 20 07

**Marché**
Le samedi

**Principales manifestations** : Fêtes internationales de la vigne (septembre); Rencontres Cinématographiques (octobre); Vente des vins des Hospices de Beaune (novembre)

**Spécialité** : les vins

**Carte**
IGN n° 37

Le marché du samedi matin est l'occasion rêvée de savourer les fromages et autres produits de la région. Connaissez-vous l'Époisses? Ce fromage à l'arôme puissant ne laisse personne indifférent. Goûtez-y!

Pour sortir de Beaune, empruntez le boulevard périphérique en direction de Chalon-sur-Saône. Ne sortez pas complètement de la ville, et surveillez à gauche le panneau blanc pour Bligny-lès-Beaune par la D18 et l'avenue de la Résistance (si vous arrivez à la jonction de la route de Pommard, vous êtes allé trop loin). Sortez de Beaune, et roulez sur la D18 jusqu'à **Bligny-lès-Beaune**. Traversez le village, et continuez à suivre la D18 jusqu'au croisement de la D23, puis tournez à droite en direction de l'hôpital de Meursault.

Traversez la route nationale, et entrez à **Meursault**. Continuez tout droit jusqu'au centre de cette charmante petite ville, capitale des vins blancs de la Côte-d'Or. L'église Saint-Nicolas, datant du XIVe siècle, domine le bourg avec sa flèche en pierre, haute de 57 m. L'hôtel de ville au toit de tuiles vernissées était un ancien château fort du XIVe siècle.

Les amateurs de vin auront la possibilité de goûter de très grands crus, tout en profitant de la fraîcheur de superbes caves, au château de Meursault.

Quittez Meursault en direction d'Auxey-Duresses par la D17E. À l'ouest de Meursault, le vignoble d'**Auxey-Duresses** produit de grands vins rouges ainsi que d'élégants vins blancs. Poursuivez par la D973 jusqu'à **La Rochepot**. En arrivant au village, la route grimpe, et la montée devient plus difficile à l'approche du château *(visite guidée d'environ 45 min à partir de 9 h 30, fermé entre 11 h 30 et 14 h 30 et le mardi; ☎ 03 80 21 71 37)*. Ça vaut quand même le détour. Ce château fort du XIIIe siècle, reconstitué au siècle dernier, se dresse à 500 m d'altitude dans un très beau site naturel. Vous pouvez le visiter avec ou sans guide.

Revenez au bas du village par la même rue, et sortez en direction de Saint-Aubin par la D33 (à la fontaine). Chargez votre appareil photo! Cette route grimpe au-dessus du bourg et vous offre le plus beau point de vue sur le château de La Rochepot.

Puis, laissez-vous glisser vers le petit village de **Saint-Aubin**. Grimpez jusqu'à son église. Pour éviter la route nationale, empruntez la route des vignes, à droite de l'église. À la fourche (monument aux morts), gardez la gauche, et roulez jusqu'au hameau de **Gamay**, au milieu du vignoble. Son château des Xe et XIe siècles est privé. Allez quand même y jeter un coup d'œil. Revenez vers le centre du hameau, et suivez la direction de **Blagny** (ne confondez pas avec Bligny). Malgré sa difficulté (pente de 15 % en certains endroits), cette petite route au-dessus de Gamay est à emprunter absolument! Elle offre une vue imprenable sur le vignoble de **Puligny-Montrachet** et de son voisin Meursault. Au bas de la côte, à l'intersection, prenez à gauche, et roulez dans cet «océan de vignes» jusqu'à Meursault. Si vous désirez visiter le village de Puligny-Montrachet, tournez à droite. Revenez par la même route.

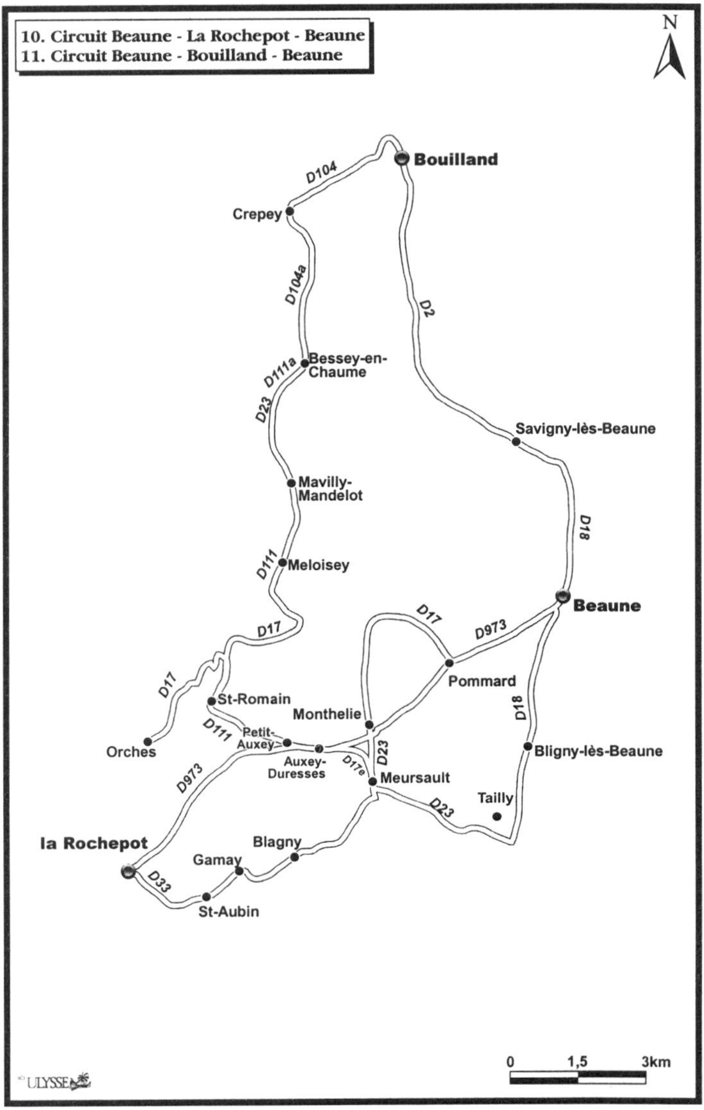
10. Circuit Beaune - La Rochepot - Beaune
11. Circuit Beaune - Bouilland - Beaune
N
Bouilland
D104
Crepey
D104a
D2
Bessey-en-Chaume
D111a
D23
Savigny-lès-Beaune
Mavilly-Mandelot
D18
D111
Meloisey
Beaune
D17
D17
D973
D17
Pommard
St-Romain
D18
Monthelie
D111
Petit-Auxey
Orches
Auxey-Duresses
D17e
D23
Bligny-lès-Beaune
D973
Meursault
Tailly
D23
la Rochepot
Blagny
Gamay
D33
St-Aubin
0
1,5
3km
ULYSSE

Grimpez ensuite jusqu'au centre de Meursault, et poursuivez par la D23 en direction de **Monthélie.** Traversez la D973 (belle vue sur le vignoble), et continuez tout droit en direction de Bligny et de Nantoux. La route s'élève doucement. Roulez toujours sur la D23 jusqu'au croisement de la D17 et tournez à droite vers **Pommard.** Cet adorable village fleuri, blotti au pied des coteaux, renferme de vieilles maisons romanes. Le vin de Pommard, mondialement connu, est un des plus grands de la Côte. Offrez-vous une dégustation sur place. Sortez de Pommard, passez devant le château, et continuez vers Beaune par la D973 ou par le chemin à travers le vignoble, sur la gauche.

## 11. Circuit Beaune-Bouilland-Beaune

**Distance totale :** 50 km
**Nombre d'étapes :** 1
**Niveau de difficulté :** 

**Schéma** p 89
**Carte** A7

Sortez de Beaune par le boulevard périphérique en direction de Chalon-sur-Saône par la N74. Gardez la droite, et continuez par la D973 jusqu'à Pommard. Poursuivez, à travers les ceps des appellations Volnay, Monthélie et Auxey-Duresses, toujours par la D973.

À **Petit-Auxey**, prenez la D17e jusqu'à **Saint-Romain.** La montée est difficile : passez au petit braquet! Ce charmant village est situé au pied d'une impressionnante falaise calcaire qui rappelle un amphithéâtre grec. Je vous propose de franchir la falaise de Saint-Romain. L'excursion d'environ 3 km en montant vous fera découvrir une des plus belles vues sur la Côte-de-Beaune : la combe de Meursault, le village de Saint-Romain, le village d'Auxey-Duresses et le val de Saône. Pour y accéder, sortez de Saint-Romain, et grimpez jusqu'au premier carrefour. Prenez la D17 à gauche en direction d'Ivry-en-Montagne et d'Orches. À gauche, prenez la route qui continue de grimper. Juste avant le petit village d'Orches, vous apercevrez un beau point de vue, endroit idéal pour faire une pause. Vous pouvez ensuite faire une petite visite à **Orches**, qui offre également un magnifique panorama. Faites demi-tour.

Revenez au carrefour en bas de la côte (descente très agréable), et prenez la direction de Beaune par la D17. Au croisement, attaquez la montée vers **Meloisey** par la D111. Continuez à grimper jusqu'à **Mavilly-Mandelot.** Poursuivez en direction de Bligny-sur-Ouche par la D23. Ouf! Allez-y doucement : vous êtes après tout au pays de l'*Helix pomatia*, mieux connu sous le nom d'«escargot de Bourgogne».

Traversez la D970, et suivez la D111a jusqu'au petit village fermier de **Bessey-en-Chaume**. Isolé dans cette haute campagne, vous surprendrez entre autres quelques volailles élevées dans des conditions des plus naturelles!

Poursuivez par la D104a en direction d'Aubaine. On a un beau point de vue en arrivant à **Crepey**. Sortez du village par la D104. La route s'élève encore un peu, puis vous entraîne dans une splendide descente à travers bois jusqu'à **Bouilland**. Réduisez votre vitesse, car il y a un virage très serré en arrivant au village. Vous trouverez un point d'eau au lavoir, sur la place; profitez-en pour faire le plein.

Quittez Bouilland par la D2, dans la fraîche vallée du Rhoin, vous conduisant tout droit à **Savigny-lès-Beaune**. La route est extrêmement agréable, car elle descend sur 10 km! Savigny-lès-Beaune est célèbre pour son vin et pour son noble château des XVII$^{e}$ et XVIII$^{e}$ siècles abritant quatre musées : les musées du Vin, de la Moto, de la Voiture et de l'Aéronautique. Prenez également le temps de faire le tour du village.

Revenez à Beaune par la D18.

# LA FRANCHE-COMTÉ

Pour une destination d'été exceptionnelle, c'est une agréable région de l'est de la France que vous êtes convié à visiter. Trait d'union entre les plaines et les montagnes, la campagne comtoise, contrée peu connue, offre aux cyclistes épris de calme et de grand air la nature dans toute sa richesse et sa diversité. Son territoire boisé à 42 %, ses quelque 5 000 km de rivières, son sous-sol calcaire truffé de gouffres et de grottes, voilà autant d'endroits où il fait bon se balader au beau milieu de l'été et se «planquer» quand le soleil est au zénith!

Cet itinéraire en *crescendo* débute en Bourgogne, traverse la Franche-Comté (le mot «comté» était autrefois féminin) pour enfin rejoindre le **Parc naturel régional des Ballons des Vosges** aux portes de l'Alsace. Tout un réseau de petites routes extraordinairement tranquilles guideront votre vélo, depuis les plaines jusqu'aux combes et vallées, pour finalement atteindre le pied des **Vosges.** Tous les charmes d'un relief varié vous attendent sur un parcours jalonné d'accueillants petits villages avec leurs fontaines et lavoirs, et d'irrésistibles villes comme **Auxonne, Dole** et **Besançon** avec leurs fortifications, églises et maisons anciennes. Cette randonnée vous conduit inévitablement de rivière en rivière, parmi les plus belles de France : la Saône, le Doubs, la Loue, la Cuisance ainsi que l'Ognon.

L'itinéraire débute à **Beaune**, en Côte-d'Or, étape du précédent circuit en Bourgogne. Dès la sortie de la ville, vous traverserez les plaines de la Saône, domaine de la culture céréalière : blé, orge, tournesol, maïs. Un parcours facile, qui n'est plus tout à fait en Bourgogne et pas encore tout à fait en Franche-Comté, où alternent des champs ensoleillés, des bois, des étangs, des fermes et de jolis villages aux maisons de brique rouge et de pierre brune. Vous allez ensuite aborder, à **Saint-Jean-de-Losne** puis à **Auxonne**, les rives de la Saône, endroit tout désigné pour vous reposer et contempler les plaisanciers et les sauts de carpe. Avant de prendre congé de ces anciennes cités, un coup d'œil s'impose au cœur de leurs vieux quartiers, au patrimoine historique important. À 18 ans, Bonaparte fit ses classes à Auxonne dans un régiment d'artillerie. Une statue et un petit musée l'évoquent.

Le Doubs, (prononcez «dou»), affluent de la Saône, se faufile entre méandres et gorges. Mais avant de parcourir ses rives sinueuses vers Besançon, vous êtes convié à une très belle excursion dans le **Jura**. Cette randonnée, en forme de boucle, débute à Dole et vous entraîne d'abord à **Arbois**, sur les rives de la Cuisance. Ce petit bourg est célèbre grâce à Louis Pasteur, qui y passa sa jeunesse, mais surtout grâce à son exceptionnel «vin jaune», l'orgueil de la région.

Vous gagnerez ensuite **Salins-les-Bains**, étalé le long de la Furieuse. Aujourd'hui, les eaux saumâtres de Salins-les-Bains, vous l'aurez deviné, sont utilisées à des fins curatives dans des thermes, mais les galeries souterraines des salines sont encore visitées. En **Arc-et-Senans** fut édifiée la Saline Royale de Claude-Nicolas Ledoux au XVIII$^{e}$ siècle. Ce projet utopiste, qui n'a jamais abouti, est un hymne à l'audace en architecture. Cette ancienne saline, sauvée *in extremis* de la ruine, mérite qu'on lui consacre une visite. Ce parcours vous permettra de constater combien le sel et le bois apportaient richesse et fortune dans cette région du Jura. Dole s'étage au-dessus du Doubs et se mire dans ses eaux. Louis Pasteur, grand savant et «bienfaiteur de l'humanité», y naquit en 1822. La maison de son père, alors tanneur, est aujourd'hui transformée en musée.

Après la boucle dans le Jura, le parcours vallonné (avec quelques surprises...) suit le majestueux Doubs, tantôt ouvert sur des plaines alluviales, tantôt encadré par des falaises calcaires dans lesquelles sont taillées, à proximité de Besançon, les **grottes d'Osselle**, vous offrant ainsi la possibilité de visiter la région plus en «profondeur». **Besançon**, première ville verte de France, est lovée dans une boucle du Doubs. Témoin du génie de Vauban, la citadelle de Besançon est un joyau d'art militaire. Sa montée très «sportive» et la vue grandiose qu'elle offre vous laisseront un souvenir impérissable.

C'est à Besançon que j'ai assisté pour la première fois à l'arrivée d'une étape du Tour de France. Ce dimanche de juillet, je terminais une étape de mon voyage. À mon arrivée en ville, je devançais le Tour d'une bonne heure. Les rues étaient fermées aux automobiles, et, déjà postées de chaque côté des barrières, des milliers de personnes attendaient avec enthousiasme les coureurs cyclistes. C'est ainsi que j'ai fait mon entrée à Besançon, en avançant sur le bout des roues, au beau milieu de cette foule qui applaudissait et criait que j'étais la première arrivée! Peut-être aurez-vous le bonheur de rencontrer le Tour de France vous aussi.

Nous quittons les rives du Doubs à **Baume-les-Dames**, qui tire son nom d'une abbaye bénédictine réservée aux filles de la noblesse, pour une étape qui permet de aventurer vers d'autres rivières moins connues, comme l'Ognon et la Savoureuse.

Du relief? Oui, de plus en plus jusqu'au Parc des Ballons des Vosges, que l'on commence à apercevoir vers **Ronchamp**. L'érosion a longuement modelé le massif pour lui donner cette forme ronde aux allures de ballons. Cette portion de l'itinéraire peut être effectuée par tous, grâce aux changements de braquet; passez au petit plateau. Prenez le temps de respirer. Ces quelques côtes ne devraient pas vous empêcher d'admirer le décor constitué d'une palette infinie de verts : vert forêt, vert champ de maïs et prés verts offerts en pâturage aux vaches qui y broutent paisiblement. Puis tranquillement, à l'approche de l'Alsace, c'est par la route des villages fleuris aux maisons pastel que nous changeons de palette de couleurs... À suivre!

Parcourir le pays comtois, c'est aussi découvrir ses spécialités régionales et ses produits du terroir. On dit de la Franche-Comté qu'elle possède, à elle seule, plus de fromageries que l'ensemble de la France. Les rigueurs de l'hiver jurassien ont permis d'élaborer une merveilleuse recette, celle du comté, un fameux gruyère aux arômes subtils et inimitables. Le fromage à déguster sur place est la cancoillotte; de pure tradition comtoise, il se sert souvent chaud, comme une fondue. C'est aussi le pays du Mont d'Or, du Morbier, du Bleu de Gex et du fromage le plus connu dans le monde : la Vache qui rit. Un autre produit du terroir que vous retrouverez sur tous les menus de la région, c'est le poisson d'eau douce : truite, perche, sandre, brochet.

# CIRCUIT DE LA FRANCHE-COMTÉ

**Distance totale :** 365 km
**Nombre d'étapes :** 5

## 12. La plaine de la Saône

**Distance totale :** 75 km
**Nombre d'étapes :** 1
**Niveau de difficulté :** 🚲

**Schéma** p 97
**Cartes** A7-A8

**Étape de Beaune à Dole (via Auxonne) : 75 km**

Pour sortir de Beaune, empruntez le boulevard de ceinture, et suivez la direction de Dijon. Prenez la première rue sur la droite, juste avant la sortie pour Dijon vers Gigny. C'est la rue de Chorey, qui devient la route de Saint-Jean-de-Losne. Assurez-vous de sortir de Beaune par la D20. Continuez en direction de Gigny, Longvay, Argilly et Saint-Jean-de-Losne. À la jonction avec la D996, suivez la direction d'Auvillars, puis rattrapez la D20. À la fourche, gardez la droite, et entrez à **Saint-Jean-de-Losne.**

De ce premier port de plaisance fluvial de France, avec le canal de Bourgogne et la Saône en plein cœur de la ville, on peut dire que l'eau est son principal attrait. Prenez le temps d'aller visiter l'église Saint-Jean-Baptiste, qui se trouve en face du pont. Sa toiture est bourguignonne, son clocher dissymétrique et son portail de style Renaissance. À l'intérieur, le dallage est composé de pierres tombales, les orgues sont du XVIII$^e$ siècle et le bateau *ex-voto* date du XIX$^e$ siècle.

N.B. : Si vous désirez raccourcir l'étape de 20 km, quittez Saint-Jean-de-Losne en direction de Dole. Traversez le pont vers **Losne.** Prenez la D24 pour **Saint-Symphorien** et **Saint-Seine.** Continuez par la D31 puis de la D6 jusqu'à Dole.

Pour continuer vers Auxonne, sortez de Saint-Jean-de-Losne par la D968 en direction de **Saint-Usage,** puis, à la sortie de la ville, bifurquez à droite par la D20 vers Echenon et Auxonne. Continuez toujours par la D20. Franchissez la Saône, et entrez à **Auxonne.**

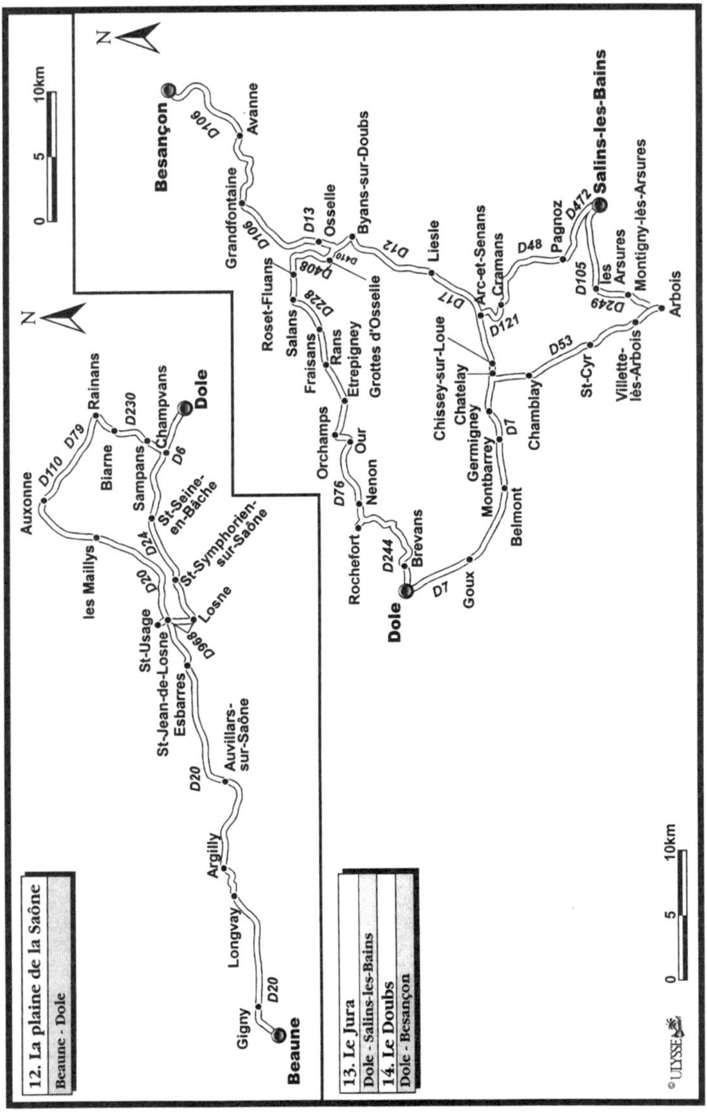
12. La plaine de la Saône
Beaune - Dole
13. Le Jura
Dole - Salins-les-Bains
14. Le Doubs
Dole - Besançon
Beaune
Gigny
D20
Longvay
Argilly
D20
Auvillars-sur-Saône
Esbarres
St-Jean-de-Losne
D968
St-Usage
Losne
D20
les Maillys
St-Symphorien-sur-Saône
D24
St-Seine-en-Bâche
Auxonne
D110
D79
Rainans
Biarne
Sampans
D230
Champvans
D6
Dole
Dole
D7
Goux
Rochefort
D244
Brevans
D76
Nenon
Our
Orchamps
Etrepigney
Rans
Fraisans
Salans
D228
Roset-Fluans
D408
D410
Grottes d'Osselle
D13
Osselle
Byans-sur-Doubs
D106
Grandfontaine
Avanne
D106
Besançon
Belmont
Montbarrey
Germigney
D7
Chatelay
Chissey-sur-Loue
Chamblay
D17
D12
Liesle
Arc-et-Senans
D121
Cramans
D48
Pagnoz
D472
Salins-les-Bains
D105
les Arsures
D249
Montigny-lès-Arsures
Arbois
Villette-lès-Arbois
St-Cyr
D53
N
N
0
5
10km
0
5
10km
© ULYSSE

Vous pouvez pique-niquer le long de la rivière, tout de suite à gauche après le pont (il y a un robinet d'eau potable en contre-bas). Ne manquez pas de visiter le château et les fortifications, l'arsenal d'artillerie, le musée de Napoléon et l'église Notre-Dame (XIIe siècle au XVIe siècle). Il y a aussi une plage à Auxonne. Une fête nautique très réputée y a lieu le 14 juillet.

RENSEIGNEMENTS GÉNÉRAUX SUR AUXONNE

**Population**
7 868 habitants, les Auxonnais

**Office de tourisme** : 23, place d'Armes, 21130 Auxonne, ☎ 03 80 37 34 46, ⇄ 03 80 31 02 34

**Principales manifestations** : Carnaval d'Auxonne (mai); manifestations nautiques (14 juillet)

**Spécialités** : les produits maraîchers, les oignons, les poissons en pôchouses (civets de poisson)

**Carte**
IGN n° 37

Sortez d'Auxonne par la N5 vers Dole. Roulez pendant 2 km, puis prenez à gauche la D110a vers Dole, Sampans et Rainans. La route serpente et s'élève légèrement à travers bois et prés. N'entrez pas à **Rainans**; juste avant le village, bifurquez vers droite à la C1, et traversez les champs de tournesols jusqu'à **Biarne**. Au carrefour, tournez à droite, et continuez par la D230 jusqu'à **Sampans**.

Poursuivez par la D322 vers **Champvans**. Descendez à droite vers le village, et continuez vers Dole par la D6. Il faudra passer au petit plateau pour monter à Dole. Suivez les indications pour le centre-ville et l'office de tourisme. Soyez prudent, car la circulation est dense et beaucoup de rues sont à sens unique.

Capitale de l'ancienne Franche-Comté, **Dole** a gardé un très riche patrimoine architectural : des hôtels particuliers, d'anciens couvents, l'Hôtel-Dieu ainsi que l'église Notre-Dame du XVIe siècle, avec son clocher haut de 75 m qui servait de phare à l'ancienne cité. Posez votre vélo, et partez à la découverte de la ville.

RENSEIGNEMENTS GÉNÉRAUX SUR DOLE

**Population**
28 000 habitants, les Dolois

**Office de tourisme** : 6, place Grévy, 39100 Dole, ☎ 03 84 72 11 22, ℻ 03 84 82 49 27

**Boutiques de vélos**
Cycles Moto Sport, 1 rue du Gouvernement, ☎ 03 84 72 23 62
Cycles Bulle, 82 rue des Arènes, ☎ 03 84 72 19 25

**Marché**
Le mardi, le jeudi et le samedi

**Principales manifestations** : spectacle en multivision «La Fabuleuse Histoire du Sel en Franche-Comté» (juillet et août); Journées du Patrimoine (14 et 15 septembre)

**Spécialités** : les poissons de rivière, les vins du Jura

**Accès depuis Paris** : A6, E60, A39; TGV, gare de Lyon-Dole

**Carte**
IGN n° 37

## 13. Le Jura

**Distance totale :** 100 km
**Nombre d'étapes :** 2
**Niveau de difficulté :** (2 vélos)

**Schéma** p 97
**Carte** A8

**Boucle dans le Jura : 100 km**

Cette randonnée dans le Jura débute à Dole, vous conduit jusqu'à Salins-les-Bains, puis revient à Dole en passant par la Saline Royale d'Arc-et-Senans. Vous pouvez aussi vous rendre directement à Osselle depuis Arc-et-Senans et ainsi poursuivre vers Besançon sans revenir à Dole.

RENSEIGNEMENTS GÉNÉRAUX SUR ARBOIS

**Population**
4 500 habitants, les Arboisiens

**Office de tourisme** : rue de l'Hôtel-de-ville, 39600 Arbois, ☎ 03 84 37 47 37, ⇌ 03 84 66 25 50

**Spécialités** : les vins d'Arbois (blanc, rosé, rouge), les vins de paille et les vins jaunes

**Carte**
IGN n° 37

Sortez de Dole en direction de Genève, Poligny et Goux. Franchissez le pont sur le Doubs, et continuez par la D405. Dans la montée, à la sortie de la ville, surveillez sur la gauche le panneau indiquant Goux. Prenez la D7, qui longe la forêt de Chaux vers **Goux**, **La Loye**, **Belmont**, **Montbarrey**, **Germigney**. De la route, on aperçoit, par temps clair, les plateaux jurassiens. Poursuivez jusqu'au croisement de la D53 après Châtelay. Tournez à droite, et suivez la D53 vers Chamblay. Continuez à travers les champs de maïs et de tournesols. Franchissez le petit pont, et continuez jusqu'à **Chamblay**. Poursuivez toujours par la D53 en direction de **Saint-Cyr**. La route serpente à travers la forêt de Largançon. Entrez à Saint-Cyr par la D9. Suivez celle-ci vers **Vadans** et Arbois. Reprenez immédiatement à gauche la D53 en direction de Villette et Arbois. Roulez vers **Villette-lès-Arbois**. La route traverse un beau bois, puis s'ouvre devant vous, offrant un point de vue sur les collines d'Arbois.

Traversez la voie ferrée, et entrez à **Arbois**. La route grimpe dans le village. Pour découvrir les charmes de la rivière Cuisance, pour un pèlerinage à la maison familiale de Pasteur ou pour mieux connaître les secrets des fameux vins jaunes et vins de paille, renseignez-vous auprès de l'office de tourisme, situé sur la rue de l'Hôtel-de-ville, tout de suite en entrant sur votre droite.

Au carrefour dominé par une fontaine, sortez d'Arbois par la Route des vins vers Besançon. Prenez immédiatement la direction de **Montigny-lès-Arsures**. La route s'élève fortement dans le vignoble. À la fourche, continuez par la D249, la Route des vins. Passez un tableau d'orientation sur la droite. Continuez vers **les Arsures**, un beau village

RENSEIGNEMENTS GÉNÉRAUX SUR SALINS-LES-BAINS

**Population**
4 500 habitants, les Salinois

**Office de tourisme** : place des Salines, 39110 Salins-Les-Bains, ☎ 03 84 73 01 34

**Carte**
IGN n° 37

fleuri qui vous offre un magnifique panorama. Roulez jusqu'à l'intersection avec la D105. Bifurquez à droite vers **Marnoz**, et poursuivez jusqu'à **Salins-les-Bains**.

La petite ville de villégiature est toute bâtie en longueur. Continuez par sa rue principale vers les Salines et l'office de tourisme. Faites un tour du côté de l'église Saint-Anatole; de style gothique cistercien du XIII$^e$ siècle, elle représente un des meilleurs exemples du genre en Franche-Comté.

Sortez de Salins-les-Bains par la D472 en direction de Dole. Au carrefour, continuez tout droit vers Pagnoz et Poteric. Surveillez bien sur la droite une rue sans nom ni numéro. Bifurquez à droite sur cette route, et roulez jusqu'à **Pagnoz**. Poursuivez par la D48 puis la D48e. Après la voie ferrée, prenez la direction de **Cramans** par la D121. Franchissez la Loue, et poursuivez jusqu'à la **Saline Royale d'Arc-et-Senans** *(9 h à 12 h et 14 h à 18 h; Saline Royale, Institut Claude-Nicolas Ledoux, ☎ 03 81 54 45 45).*

À l'entrée de la «Ville nouvelle», vous pouvez voir un plan de Claude Nicolas Ledoux, qui fut chargé d'édifier cette saline, d'où l'eau saumâtre de Salins devait y être conduite puis chauffée par le bois de la forêt de la Chaux. De ce projet, seule la moitié de la ville a pu être réalisée. Aujourd'hui, cet important modèle d'architecture industrielle de la fin du XVIII$^e$ siècle abrite le Centre de Réflexion sur le futur.

Reprenez la D7 pour le chemin du retour à travers tous ces paisibles villages comtois : Chissey-sur-Loue, Châtelay, Germigney, Montbarrey, Belmont, La Loye et Goux. Entrez à Dole par la D405.

Si vous ne désirez pas retourner à Dole, quittez Arc-et-Senans par la D17 en direction de **Liesle.** Continuez par la D12 vers **Byans-sur-Doubs.** Poursuivez par la D13 et la D400 pour les **grottes d'Osselle** (30 km) *(9 h à 19 h en saison estivale; ☎ 03 81 63 62 09).* Après la visite des grottes, suivez les indications de l'étape suivante : de «Dole à Besançon».

## 14. Le Doubs

**Distance totale :** 130 km
**Nombre d'étapes :** 2
**Niveau de difficulté :** 🚲🚲

**Schémas** pp 97, 107
**Cartes** A8-A9

**Étape de Dole à Besançon : 65 km**

Sortez de Dole en direction de Besançon par la D973, puis prenez une petite route à droite pour Brevans. Au village, prenez la rue du Château-d'eau, et traversez les ponts du canal et du Doubs. Suivez la D244 jusqu'à **Falletans.** Prenez ensuite la route qui grimpe vers Rochefort. Avant le village, bifurquez à droite par la D76 vers **Nenon, Eclans, Our, Etrepigney, Rans** et **Fraisans.** Prenez la D228 jusqu'à **Salans** et **Roset-Fluans.** À gauche devant l'église, empruntez la D408 vers **Fluans** et les **grottes d'Osselle.**

Les galeries des grottes d'Osselle, découvertes au XIII$^{e}$ siècle, ont servi de refuge et de chapelle aux prêtres pendant la Révolution française. Ses galeries aménagées, aux formes variées, se succèdent avec une grande variété de cristallisations aux couleurs naturelles. Un pont de pierre, construit en 1751, vous permet de franchir une rivière souterraine. Comme dans toutes les grottes, la température est froide (13 °C), surtout pour un cycliste en petite tenue. Il faudra par conséquent être bien couvert. Cadenassez votre vélo au stationnement, et montez à l'accueil pour connaître l'horaire des visites.

Continuez en direction de Besançon par la D400 puis par la D13. Poursuivez par la D106 vers **Grandfontaine**, et descendez vers le village jusqu'à la rue de Besançon. Suivez ensuite la direction d'**Avanne** et de Besançon par la D106. Entrez à Besançon par la D106. Soyez très vigilant, car vous êtes dans une grande ville! Empruntez la piste cyclable pour le centre-ville. Traversez le pont de la République (vélo en main) pour l'office de tourisme, qu'il faut absolument visiter. Il est très bien aménagé, et vous allez y retrouver une documentation indispensable sur la ville et toute la Franche-Comté.

RENSEIGNEMENTS GÉNÉRAUX SUR BESANÇON

**Population**
120 000 habitants, les Bisontins

**Office de tourisme** : place de la 1re Armée-Française, 25000 Besançon, ☎ 03 81 80 92 55, ℻ 03 81 80 58 30

**Boutiques de vélos**
Cycles Gitane, 100 rue Dole, ☎ 03 81 52 70 18
Véloland, 4 rue Chalet, ☎ 03 81 53 51 54
Chauvez, 76 rue Vesoul, ☎ 03 81 50 45 86

**Marché**
le mardi, le vendredi et le samedi

**Principales manifestations** : Foire comtoise (mai); Festival de jazz (fin juin et début juillet); Festival international de musique : concours de Jeunes chefs d'orchestre (septembre)

**Spécialités** : la truite au vin jaune, le sandre au vin du Jura, la cancoillotte (fromage à pâte molle et fermenté), le pâté en croûte

**Accès depuis Paris** : A6, A36, E60; TGV, gare de Lyon-Besançon

**Carte**
IGN n° 38

### Étape de Besançon à Rougemont : 65 km

À **Besançon**, vous ne pouvez pas manquer la **citadelle de Vauban**, haut lieu touristique, avec son belvédère et son panorama grandiose de la ville et et de la vallée du Doubs. Pour y monter, vous devez prendre une profonde respiration et la rue derrière la cathédrale Saint-Jean. Cette côte est tout un défi! Faites une halte à l'étonnante horloge astronomique : 21 automates ainsi que 60 cadrans marquant les heures, les jours, les mois, les lunes, les marées, les mouvements des planètes. Il y a beaucoup à voir dans les murs de la citadelle, et comptez au minimum une heure pour sa visite.

Vous devez absolument consacrer quelque temps du côté des vieux quartiers de la ville, sillonnés de ruelles et bordés de maisons anciennes; Victor Hugo et les frères Lumière y sont nés. Au Musée des beaux-arts, les plus grands noms de la peinture sont réunis. Enfin, pour vous reposer les pieds, pourquoi ne pas compléter votre visite de la ville par une croisière commentée sur le Doubs?

Le parcours depuis Besançon jusqu'à Baume-les-Dames est tout en zigzag de chaque côté du Doubs. Soyez attentif à la signalisation, car il serait dommage de vous retrouver sur la route nationale. Cette portion d'itinéraire longe la rivière et vous offre de beaux points de vue (quelques bateaux passent les écluses).

Notez qu'il y a peu d'hôtels à Rougemont même. Pour trouver à vous loger au pays de Rougemont, renseignez-vous auprès de l'office de tourisme de Besançon ou de Baume-les-Dames. Vous allez probablement devoir faire une étape dans un village voisin. Il est donc important de bien planifier cette portion d'itinéraire.

Sortez de Besançon en direction de Lausanne par la N57 (la rivière se trouve à gauche et la citadelle sur votre droite). Assurez-vous de quitter Besançon par la porte Taillée, percée au temps des Romains. Immédiatement après la porte, quittez la route nationale vers la gauche (prudence) en direction de Lamalate. Faites attention! Cette petite route est facile à manquer. Continuez par la D411 vers **Chalèze** en longeant le Doubs.

Poursuivez par la D323 vers **Arcier**, **Corcelle** et **Vaire-Arcier**. Au village, empruntez la rue de l'Église, et suivez la direction de Besançon. Franchissez le pont, et continuez par la D266 sur l'autre rive du Doubs vers **Deluz** et **Laissey**. Suivez la D277 en direction de Baume-les-Dames. À **Ougney**, traversez encore le Doubs pour continuer par la D277 jusqu'à **Esnans** et Baume-les-Dames. La route longe la rivière et le canal. Traversez le pont, et entrez à **Baume-les-Dames**.

Bien nichée au creux de cinq collines, cette petite ville paisible incite à la flânerie. La légende raconte que la jeune sainte Odile, patronne de l'Alsace, se réfugia à l'abbaye de Baume-les-Nonnes et y recouvra la vue. Au XIII$^{e}$ siècle, la ville tirait ses richesses de l'abbaye. De nos jours, elle vit de petits établissements industriels dont celui des célèbres (chez les fumeurs) pipes Ropp. À déguster le «Petit Dormois», fromage du pays. Ici, l'itinéraire quitte le Doubs; profitez d'un dernier pique-nique sur ses berges.

Sortez de Baume-les-Dames en direction de Rougemont, Clerval et Autechaux par la D50. Suivez la D50 sur environ 5 km. Soyez prudent,

RENSEIGNEMENTS GÉNÉRAUX SUR BAUME-LES-DAMES

**Population**
5 800 habitants, les Baumois

**Office de tourisme** : 25110 Baume-les-Dames BP 101, ☎ 03 81 84 27 98

**Spécialité** : le fromage Petit Dormois

**Carte** ·
IGN n° 38

car la circulation est dense et la montée plutôt rude. Laissez la D50, et tournez à gauche pour **Verne** et la D113. Continuez vers **Tournans**, et suivez la D113e vers **Rognon** et **Avilley**. Au bas de la superbe descente, prenez la D26 jusqu'à Avilley. Roulez ensuite en direction de **Montussaint** et de Rougemont par la D486. Entrez à Rougemont.

## 15. La Haute-Saône

**Distance totale :** 60 km
**Nombre d'étapes :** 1
**Niveau de difficulté :** 🚲 🚲 🚲

**Schéma** p 107
**Cartes** A9-A10

**Étape de Rougemont à Giromagny : 60 km**

**Rougemont**, petite cité comtoise dans la vallée de l'Ognon, a une longue histoire. Jules César y aurait livré bataille contre Arioviste le Germain.

De nos jours, on peut y admirer un bel échantillonnage de son patrimoine : le Couvent des Cordelliers et la maison Philibert de Molans (XV$^{e}$ siècle). Faites attention! La montée vers le couvent est très rude, et la descente l'est tout autant. Mieux vaut y aller à pied. À la Maison d'autrefois, la vie des paysans de jadis est évoquée. Le château de Vorget (XVIII$^{e}$ siècle) se trouve du côté de la porte du Moulin.

Sortez de Rougemont par la D18 vers Bonnal. Profitez de l'agréable descente vers la **vallée de Bonnal**, zone de loisirs située sur l'Ognon.

RENSEIGNEMENTS GÉNÉRAUX SUR ROUGEMONT

**Population**
1 279 habitants, les Rubrimontains

**Office de tourisme** : Mairie, 25680 Rougemont, ☎ 03 81 86 90 06, ⇄ 03 81 86 95 72

**Marché**
Le vendredi

**Principales manifestations** : Feu de la Saint-Jean (23 juin); Fête du Parc (juillet)

**Spécialités** : le Rocher Rubrimontrain (meringue aux amandes), le Jésus en brioche, le jambon à la crème

**Carte**
IGN n° 30

Un grand camping y est aménagé, et l'on y pratique le canoë-kayak. Prenez ensuite la direction de Lure et de Villersexel par la D49 jusqu'à **Esprel**. Puis, empruntez la D89 vers **Pont-sur-Ognon**. Devant le vieux lavoir du village, bifurquez à gauche en direction de Villersexel par la D89e. Au croisement de la D486, suivez la direction de Villersexel et entrez au village. **Villersexel** représente un bel exemple de petit village comtois étalé autour de son château. Sortez en direction de Lure par la D486. Gardez la droite pour bifurquer vers **Saint-Sulpice** et la D4. Suivez celle-ci jusqu'à **Lyoffans**. On aperçoit les Ballons des Vosges. Traversez le village en direction d'Héricout, puis tournez à gauche, et continuez vers Ronchamp par la D4. Un dernier effort : le parcours comporte une longue montée. Traversez le pont, et entrez à **Ronchamp**.

Vous trouverez plus d'étudiants en architecture que de cyclistes sur la colline de Ronchamp parce que la rude montée de 1 km est absolument casse-jambe et que la chapelle Notre-Dame-du-Haut est une réalisation des plus représentatives des conceptions plastiques de l'architecte français Le Corbusier (1944). Pour y accéder, montez la route D264 en face de l'église, sur la place. Vous ne serez pas déçu!

Pour sortir de Ronchamp, suivez la direction de Belfort par la N19 pendant 1 km. Prenez la D4 vers **Champagney** et Giromagny. La route traverse de nouveau un paysage verdoyant et comporte de bonnes montées. Vous suivez la «Route des villages fleuris». Roulez toujours

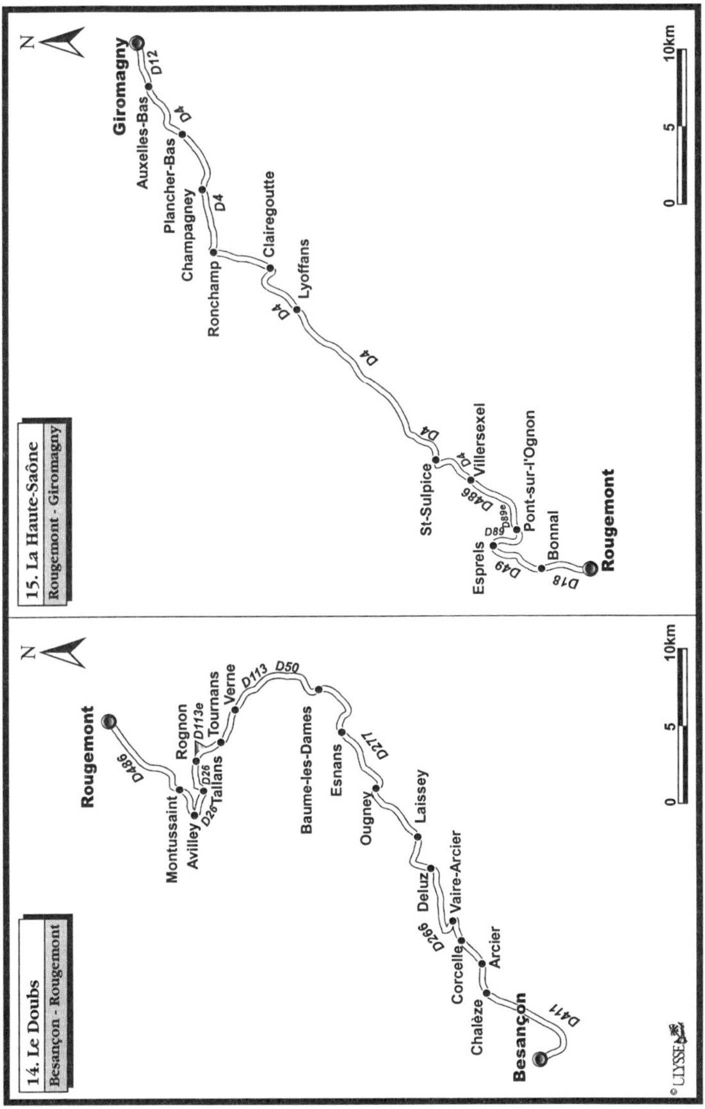
14. Le Doubs
Besançon - Rougemont
Besançon
D411
Chalèze
Corcelle
Arcier
D266
Vaire-Arcier
Deluz
Laissey
Ougney
D277
Esnans
Baume-les-Dames
D50
D113
Verne
Tournans
D113e
Rognon
D26
Tallans
D26
Avilley
Montussaint
D486
Rougemont
0
5
10km
15. La Haute-Saône
Rougemont - Giromagny
Rougemont
D18
Bonnal
D49
Esprels
D89
D89e
Pont-sur-l'Ognon
D486
Villersexel
D4
St-Sulpice
D4
D4
D4
Lyoffans
Clairegoutte
Ronchamp
Champagney
D4
Plancher-Bas
D4
Auxelles-Bas
D12
Giromagny
0
5
10km
© ULYSSE

RENSEIGNEMENTS GÉNÉRAUX SUR GIROMAGNY

**Population**
3 794 habitants, les Giromagniens

**Office de tourisme** : Parc-du-Paradis-des-Loups, 90200 Giromagny, ☎ 03 84 29 09 00

**Marché**
Le samedi

**Principales manifestations** : Feu de la Saint-Jean; Bal et feux d'artifice (13 juillet); Fête de la Montagne au Ballon d'Alsace (août)

**Spécialités** : l'épaule du Ballon (épaule d'agneau farcie), la truite aux amandes, la friture de carpe, la tarte aux myrtilles, le Belflore (pâtisserie), le fromage fermier

**Carte**
IGN n° 31

sur celle-ci jusqu'à **Plancher-Bas**. La route change de numéro à **Auxelles-Bas** et devient la D12. Continuez jusqu'à **Giromagny** par la D12. Suivez la signalisation pour l'office de tourisme, situé sur la rue du Parc-du-Paradis-des-Loups.

Vous êtes maintenant dans le **Parc naturel régional des Ballons des Vosges**. Giromagny, comme d'autres communes du parc, attire les amoureux de la randonnée en montagne; des kilomètres de chemins et sentiers sont balisés pour la marche, le cheval et le vélo tout-terrain.

De Giromagny, vous avez la possibilité de monter jusqu'au col du **Ballon d'Alsace**. Tout le long de cette route, vous découvrirez des points de vue superbes. L'altitude est de 1 178 m, et la distance est de 16,5 km jusqu'au col.

Avant de prendre congé de cette belle région, ne manquez pas de goûter aux spécialités régionales ainsi qu'aux produits du terroir : écrevisses, fromage de Munster, tarte aux myrtilles, bonbons au suc des Vosges, eaux minérales...

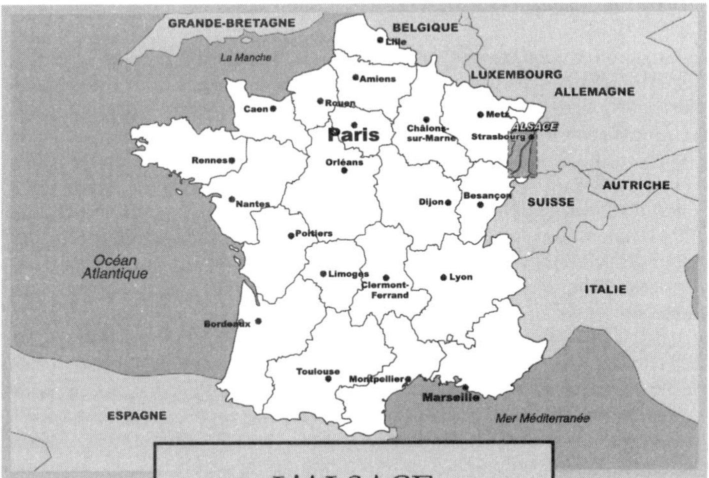


# L'ALSACE

La **Route des vins d'Alsace**, étalée sur une bande de 120 km longeant le Rhin, se situe dans un décor de rêve sur les premiers versants du massif vosgien. C'est une des plus coquettes routes de campagne de France. L'itinéraire vous fera découvrir des bourgades viticoles pomponnées, aux ruelles fleuries, aux maisons à colombages de teintes vives, aux enseignes baroques, aux fontaines Renaissance, aux églises romanes de grès rouge ou doré, aux hôtels de ville toujours somptueux, bref, des villages-musées blottis au beau milieu des vignes impeccables aux raisins mûrissant sur des coteaux ensoleillés. Ici, un monde à part s'offre au cycliste amateur de pittoresque et de traditions. Mais pour découvrir tous ces trésors, vous devez impérativement monter des côtes et composer avec les automobilistes.

Ce circuit n'est pas conçu pour que vous le fassiez nécessairement tel quel. Vous pouvez facilement en changer les étapes. Prenez votre temps; laissez-vous charmer par la beauté et l'atmosphère des villages, si sympathiques avec leurs enseignes de vignerons qui ornent les maisons où les caveaux de dégustation vous attendent. Le folklore vineux est indissociable de l'Alsace. C'est sûrement en automne que le paysage aux couleurs dorées se montre le plus séduisant, doublé de l'animation des vendangeurs, des tractoristes et des visiteurs.

L'Alsace n'a pas été épargnée par les guerres; elle a changé cinq fois de nationalité depuis Louis XIV. Le Moyen Âge fut une période particulièrement prestigieuse dans l'histoire de l'Alsace. Dans ce pays du romantisme, les habitants ont gravé dans la pierre, le bois ou le fer la marque de leur richesse. Grande consommatrice de vin, l'Église favorisa la culture de la vigne. Bénéficiant de la proximité du Rhin, les vins d'Alsace pouvaient être facilement expédiés. Ils resteront jusqu'au XVII$^{e}$ siècle les plus réputés dans le Saint Empire romain germanique. De ces vignobles, émanent aujourd'hui des vins blancs lumineux, fruités et bouquetés, tous désignés sous le nom du cépage dont ils proviennent.

La Route des vins, c'est l'âme alsacienne. Avant de découvrir ce qu'elle recèle, c'est à **Giromagny** et à travers le **Parc naturel régional des Ballons des Vosges** que vous débuterez le circuit. Accrochez-vous à votre guidon, car l'itinéraire devient très «sportif». Depuis **Masevaux**, la route Joffre grimpe dans la montagne de façon soutenue, avec une succession de virages, pour atteindre le **col du Hundsrück**, à 748 m d'altitude. Ensuite, sur l'autre versant, vous devez vous accrocher à vos freins, car la route descend dans une série de *S* à travers bois pour enfin s'ouvrir devant vous dans la vallée de la Thur, à **Thann**.

Les Alsaciens ont le culte de leurs légendes; Masevaux et Thann, comme beaucoup d'autres villages, sont enveloppés de ces légendes poétiques d'où ils tirent leur origine. *Thann* signifie «sapin» en allemand. Une chapelle aurait été élevée dans un bois de sapins, lieu même d'un miracle. La collégiale gothique Saint-Thiébaut, située à l'emplacement de la chapelle primitive, est la plus riche d'Alsace avec son portail orné de plus de 450 personnages, son clocher en dentelle de pierre, ses stalles en bois de chêne sculpté et ses vitraux du XV$^{e}$ siècle.

Thann est donc le point de départ de la Route des vins d'Alsace. Un magnifique itinéraire, sinueux à souhait, où il n'y a presque pas de plat : ou vous montez ou vous descendez. L'Alsace est la plus petite région de France, mais la troisième pour sa densité de population. Les possibilités de vous ravitailler et de vous reposer sont donc importantes. Dans chaque bourgade ou ville, vous trouverez une fontaine, un café ou une place envahie par des cascades de géraniums blancs, rouges ou roses. D'un village à l'autre, le paysage défile sous vos yeux, haut en couleur et débordant de fleurs. Vous en retrouverez d'ailleurs jusque dans le vignoble : pratiquement chaque rangée de vigne est alignée derrière un rosier. C'est pour faire joli, mais aussi pour détecter rapidement les parasites.

Ce parcours vous offre aussi plusieurs sites de pèlerinage. Parmi les plus réputés, il y a la station climatique des **Trois Épis**, située à 650 m d'altitude, où la Vierge serait apparue en brandissant trois épis, et la montagne sacrée des Alsaciens, le **mont Sainte-Odile**, avec ses 764 m d'altitude.

Amateur d'art, prévoyez du temps pour la visite de **Colmar**. Cette ville se veut la mieux préservée d'Alsace. La cité tout entière est un musée. Elle vit naître Bartholdi, célèbre sculpteur du Petit Vigneron de Colmar et d'une œuvre mondialement connue : la statue de la Liberté. Le quartier de la Petite Venise charmera les nostalgiques de la gondole : sous ses balcons sont amarrées quelques embarcations.

**Riquewihr** apparaît au milieu de l'itinéraire. La vigne et le vin sont restés, et ce depuis cinq siècles, la base de ses activités. Cette cité viticole constitue un ensemble unique au monde de maisons du XV$^{e}$ au XVIIIe siècle. D'époque romane, appartenant à la lignée des grands châteaux impériaux, la **forteresse du Haut-Kœnigsbourg** dresse ses imposantes murailles de grès rouge à 757 m d'altitude. Depuis le **château de Kintzheim** et sa Volerie des Aigles, une belle route vous y conduit.

L'Alsace est un pays de vignes certes, mais aussi de bière et de choucroute. La dernière portion de route qui vous mène jusqu'à Strasbourg traverse des exploitations agricoles de choux, d'oignons et de houblon.

C'est par une piste cyclable que vous abordez **Strasbourg**, capitale européenne et grande ville animée qu'encerclent les bras de l'Ill. On a mis quatre siècles à édifier la cathédrale Notre-Dame, la plus haute de France! Sa flèche jaillit au-dessus d'un quartier piétonnier entouré de belles demeures, comme la pharmacie du Cerf (1268) et la très célèbre maison Kammerzell (1467 et 1589). Strasbourg est aussi fort pittoresque avec son quartier de la Petite France et ses ponts couverts.

Avec la complicité de ses vins, l'Alsace est une des régions les plus gourmandes de France : choucroute, charcuterie (la classique assiette alsacienne), Bæckœffe (four du boulanger), composé de trois viandes et de pommes de terre, tarte à l'oignon, tarte flambée (mince pâte à pain garnie de crème, de lardons et d'oignons) Munster (fromage goûteux à souhait) tartes aux fruits, Kougelhopf (brioche haut de forme saupoudrée de sucre) et Bretzel, en forme de double nœud qui accompagne agréablement la bière et le fameux foie gras d'Alsace, inventé à Strasbourg en 1780.

Cet itinéraire vous propose un réseau de petites routes extrêmement denses, jalonnées de bourgs cossus, de musées locaux et de *winstub*, ces troquets où les meilleurs crus sont servis en pichet dans une atmosphère simple et conviviale. Les traditions villageoises bien enracinées et bien vivantes sont maintenues avec vigueur et perpétuées dignement lors de nombreuses manifestations. La jovialité et l'accent aux intonations chantantes sont toujours de la fête. Laissez libre cours à vos envies!

## 16. CIRCUIT DE L'ALSACE

**Distance totale :** 195 km
**Nombre d'étapes :** 4
**Niveau de difficulté :** 🚲🚲🚲

**Schémas** pp 115, 121
**Cartes** A10-A11-A12

**Étape de Giromagny à Thann : 30 km**

Sortez de **Giromagny** (voir p 109 pour des renseignements généraux sur Giromagny) par la D12 vers **Rougegoutte** et Mulhouse. Suivez celle-ci jusqu'à **Étueffont**. Prenez ensuite la D2 jusqu'à **Rougemont-le-Château** (longue montée et descente). Poursuivez toujours par la D2 vers Masevaux. La route s'élève, et, sur la droite, vous pouvez apercevoir le golf de Rougemont. Entrez à **Masevaux** par la D110. Continuez tout droit vers la fontaine, sur la place.

De Giromagny, vous avez aussi la possibilité de monter jusqu'au col du **Ballon d'Alsace**. Tout au long de cette route, vous découvrirez des points de vue superbes. L'altitude est de 1 178 m, et la distance est de 16,5 km jusqu'au col. Vous pouvez choisir de prendre cette route pour vous rendre à Masevaux et rejoindre le circuit de la **Route des vins d'Alsace**. La distance depuis Giromagny jusqu'à Masevaux sera alors de 31 km, incluant la montée jusqu'au col.

La petite ville commerçante de Masevaux est le chef-lieu du canton de la Doller. Ses origines remontent au XIIe siècle. Selon la légende, le comte Mason, neveu d'Atticus, père de sainte Odile, fit construire un château sur la colline du Schlossberg, puis fonda une abbaye lorsqu'il fut frappé par la mort tragique de son fils. Autour de l'abbaye et du château, Masevaux fut établie. Ses fontaines et ses vieilles demeures témoignent le secret d'un riche passé.

Voyez à ce que vos freins soient en bon état avant d'entreprendre la montée de la route Joffre jusqu'au col du Hundsrück. Cette belle route

RENSEIGNEMENTS GÉNÉRAUX SUR THANN

**Population**
7 800 habitants, les Thannois

**Office de tourisme** : 6, place Joffre, 68800 Thann, ☎ 03 89 37 96 20, ⇄ 03 89 37 04 58

**Boutique de vélos**
Kippelen Cycles, ☎ 03 89 37 52 01

**Marché**
Le samedi

**Principales manifestations** : fête de la Crémation des 3 sapins (30 juin); Journées musicales (août)

**Spécialités** : les poissons de rivière, les vins d'Alsace, l'eau minérale

**Accès depuis Paris** : A4-E25-N66; par train, gare de l'Est, ligne Bâle, arrêt Mulhouse, correspondance pour Thann

**Carte**
IGN n° 31

fut créée par l'armée pendant la guerre 1914-1918 afin d'assurer les communications entre les vallées de la Doller et de la Thur. Pendant l'hiver 1944-1945, elle reprit son rôle militaire, étant le seul moyen d'accès vers Thann.

De la fontaine, suivez les indications pour la D14b, la route Joffre, vers Houppach, Bourbach-le-Haut et le col du Hundsrück (altitude : 748 m). La route grimpe en lacet jusqu'au hameau d'**Houppach**, puis descend lentement jusqu'à **Bourbach-le-Haut**. Continuez ensuite votre ascension vers le **col du Hundsrück** par la D14b. Un parc y est aménagé pour pique-niquer. Une auberge peut aussi vous restaurer. Commencez votre descente si bien méritée dans la belle forêt. À travers les éclaircies, vous pouvez apercevoir la **vallée de la Thur**. Entrez à **Thann** par la N66. Empruntez la piste cyclable.

Les villages alsaciens deviennent de plus en plus de petites villes; soyez vigilant, car la circulation y est dense. Dans les villes, des voies sont réservées aux cyclistes : empruntez-les. Malgré la circulation, c'est quand même la région de la France où j'ai rencontré le plus grand nombre de voyageurs à vélo.

**Étape de Thann à Turckheim : 60 km**

Pendant les mois de juillet et d'août, des appariteurs (crieurs de rue) portant les couleurs des Habsbourg marchent à travers la ville, annonçant les dernières nouvelles.

Sortez de Thann en direction du Vieux-Thann et de Cernay en empruntant la D35. Roulez sur la piste cyclable pour entrer à **Cernay**.

Quittez Cernay par la D5 en direction d'**Uffholtz**, **Vieil Armand** et **Soultz** tout en suivant la Route des vins en direction de Guebwiller. De Soultz, continuez par la D430 jusqu'à **Guebwiller**. Roulez jusqu'à la l'église Notre-Dame, à l'entrée de la ville. Vous pouvez continuer tout droit par l'avenue de la République jusqu'à l'office de tourisme, au centre-ville. Cette petite ville, étalée le long de la Lauch, fut prospère au XIX$^{e}$ siècle grâce à l'industrie textile. Ses trois églises sont de styles roman (X$^{e}$ siècle), gothique (XIV$^{e}$ siècle) et néo-classique (XVIII$^{e}$ siècle).

Pour continuer, revenez à l'église Notre-Dame, et prenez la rue juste devant celle-ci en suivant la direction de Colmar par la Route des vins. Au feu de circulation, suivez toujours la direction de Colmar. Au rond-point, prenez la D5 vers **Orschwihr** par la Route des vins.

Continuez à suivre la D5 jusqu'à **Soultzmatt**. Cette route offre une belle descente et une vue panoramique sur le vignoble. Pour visiter la charmante ville de **Rouffach**, tournez à droite. La place de la République est bordée de bâtiments Renaissance et de l'antique Tour des Sorcières. À voir : l'église gothique Notre-Dame et de belles maisons à oriels.

Après votre visite de Rouffach, revenez au carrefour, et suivez la D18b. Traversez tout Soultzmatt (source d'eau minérale) en direction de la montagne (environ 1,5 km). Soultzmatt est située au pied du Grand Cru le plus élevé de la Route des vins, que l'on quitte momentanément pour une balade dans les bois. Les forêts vosgiennes, d'essences variées, sont une ressource importante pour les montagnards. Le châtaignier fournit des échalas et des perches aux vignerons. *(Parc naturel régional des Ballons des Vosges, Maison du Parc, 1 Cour de l'Abbaye, 68140 Munster, ☎ 03 89 77 90 20, ⇄ 03 89 77 90 30).*

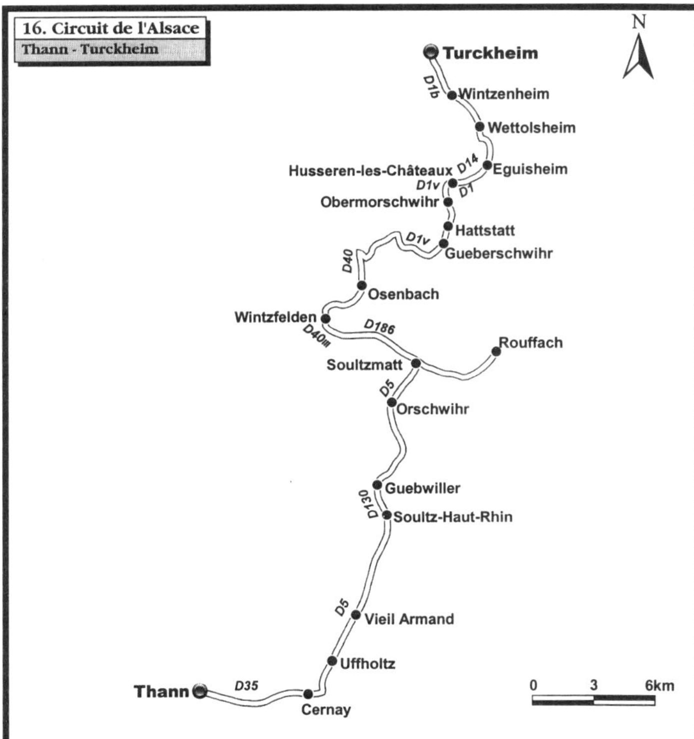
16. Circuit de l'Alsace
Thann - Turckheim
N
Turckheim
D1b
Wintzenheim
Wettolsheim
Husseren-les-Châteaux
D14
Eguisheim
D1v
D1
Obermorschwihr
Hattstatt
D1v
Gueberschwihr
D40
Osenbach
Wintzfelden
D186
D40III
Rouffach
Soultzmatt
D5
Orschwihr
Guebwiller
D130
Soultz-Haut-Rhin
D5
Vieil Armand
Uffholtz
Thann
D35
Cernay
0
3
6km

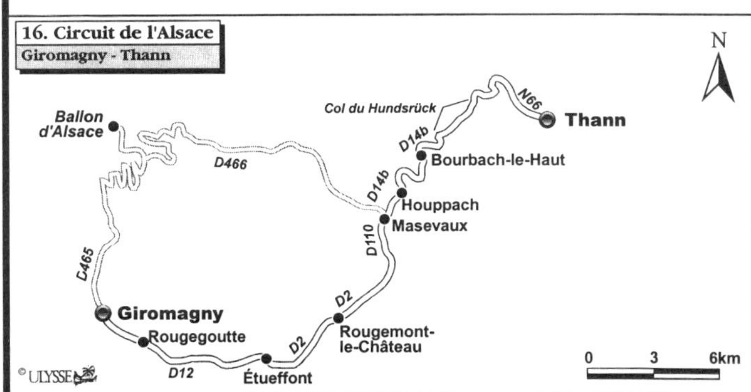
16. Circuit de l'Alsace
Giromagny - Thann
N
Ballon d'Alsace
Col du Hundsrück
N66
Thann
D466
D14b
Bourbach-le-Haut
D14b
Houppach
Masevaux
D110
C465
D2
Giromagny
Rougegoutte
Rougemont-le-Château
D2
D12
Étueffont
© ULYSSE
0
3
6km

RENSEIGNEMENTS GÉNÉRAUX SUR TURCKHEIM

**Population**
3 600 habitants, les Turckheimiens

**Office de tourisme** : Corps de Garde, 68230 Turckheim, ☎ 03 89 27 38 44, ⇄ 03 89 80 83 22

**Boutique de vélos**
Grosshenny Cycles, 84 Grand' rue, ☎ 03 89 27 06 36

**Principales manifestations** : Fête au pays du Brand (début août); Fête du vin (fin juillet)

**Carte**
IGN n° 31

Prenez la D18bis vers **Osenbach** et Munster. Continuez par la D40III vers Munster, Soultzbach et **Wintzfelden**. La route s'élève dans la forêt. Poursuivez par la D40. Au carrefour, prenez la D1v, qui descend vers **Gueberschwihr**. C'est avec un magnifique point de vue sur le vignoble, les bourgs viticoles et la plaine du Rhin que vous atteindrez Husseren-les-Châteaux. Vous apprécierez cette route qui traverse la forêt de Westhalten pour sa fraîcheur et son calme. Elle grimpe sur environ 8 km, mais redescend ensuite sur 5 km! En plus de vous éviter la circulation dense de la route nationale entre Rouffach et Gueberschwir, elle offre, à la sortie du bois, un magnifique point de vue.

Continuez par la D1v, la Route des vins, vers **Hattstatt**, Obermorschwihr et Husseren-les-Châteaux. Au carrefour, prenez à gauche la D1, qui grimpe dans le vignoble jusqu'à **Obermorschwihr** et **Husseren-les-Châteaux**. Suivez toujours la D1, la Route des vins, jusqu'à la D14 (point culminant de la Route des vins). Juste avant, sur la gauche, se trouve un accès à la route forestière des «cinq châteaux». Prenez la D14, qui dévale vers **Eguisheim**. Ce petit village viticole, enfermé dans l'enceinte de ses remparts, a conservé les vestiges du château féodal. Une fontaine Renaissance rend hommage au plus célèbre comte d'Eguisheim, le pape Léon IX.

Rejoignez ensuite la D1bis vers **Wettolsheim**, roulez à travers le village, et suivez la direction de **Wintzenheim**. Pour circuler dans le village, empruntez la piste cyclable. Au premier feu de circulation, tournez à droite en direction de **Turckheim**. Suivez les «vélos bleus» : ils vous

RENSEIGNEMENTS GÉNÉRAUX SUR COLMAR

**Population**
65 000 habitants, les Colmariens

**Office de tourisme** : 4, rue des Unterliden, 68000 Colmar, ☎ 03 89 20 68 92, ℻ 03 89 41 34 13

**Boutiques de vélos**
La cyclothèque, 31 route d'Ingersheim, ☎ 03 89 79 14 18
Cycles Geiswiller, 6 bd du Champ de Mars, ☎ 03 89 41 30 59
Cycles Meyer, 6 rue du Pont Rouge , ☎ 03 89 27 41 13

**Marché**
Le jeudi et le samedi

**Principales manifestations** : Festival international de musique (juillet), Foire régionale des vins (semaine du 15 août)

**Spécialité** : les vins d'Alsace

**Accès depuis Paris** : A4-E25; par train : gare de l'Est-Strasbourg-Colmar

**Carte**
IGN n° 31

conduisent directement au vieux Turckheim. À l'intérieur des portes médiévales de Turckheim, le traditionnel Veilleur de nuit fait sa tournée en chantant tous les soirs à 22 h. Joignez-vous à lui; départ : Corps de garde.

Je vous propose une excursion jusqu'à la station climatique des **Trois Épis**, blottie dans les sapinières, sur un plateau dominant Turckheim à 650 m d'altitude. Là-haut, le panorama est grandiose. Si vous voulez faire une balade à pied, vous y trouverez différents parcours balisés d'environ une heure.

Réservez-vous suffisamment de temps pour la visite de **Colmar**, l'une des villes alsaciennes les plus typiques avec ses rues étroites bordées de maisons à colombages. Elle possède un musée célèbre, le musée d'Unterlinden (l'un des plus prestigieux de France), qui abrite le chef-d'œuvre du patrimoine alsacien : le retable d'Issenheim, du peintre Mathias Grünewald. Également à voir : la maison des Têtes, la maison

Pfister, la maison Adolph, le musée Bartholdi, maison natale du célèbre sculpteur (la statue de la Liberté, le Lion de Belfort). L'ancien quartier des Tanneurs débouche sur la Petite Venise, qui se mire dans la Lauch.

**Étape de Turckheim à Barr : 65 km**

Quittez le village de Turckheim en vous rendant au bout du stationnement et en suivant la direction de **Niedermorschwihr** par la D10v. La route s'élève fortement. Profitez de la belle vue. Continuez par la D11II jusqu'à **Ingersheim**. Poursuivez ensuite par la D10. Au rond-point, prenez la direction de Riquewihr et de Ribeauvillé. Peu après **Bennwihr** et **Mittelwihr**, surveillez la D3, qui vous conduit aux portes de Riquewihr. (Laissez votre vélo à l'extérieur; ses rues, bondées en haute saison, sont tortueuses et revêtues de vieux pavés.)

L'ancienne cité de **Riquewihr**, musée à ciel ouvert, a réussi à préserver presque intacte son image médiévale. La Grande rue monte en pente douce depuis l'hôtel de ville (la porte basse), traverse le bourg et débouche sur le Dolder, porte haute de l'enceinte intérieure. Vous y découvrirez le Beffroi, symbole de la cité, la Tour des voleurs et sa chambre de tortures, le château des Ducs de Wurtemberg, aujourd'hui Musée d'Histoire des «PTT» (Poste) d'Alsace, ainsi que de riches maisons bourgeoises datant de 1494 à 1686. Une visite guidée gratuite est offerte par l'Association des commerçants tous les jours à 17 h 30. Ne la ratez pas!

RENSEIGNEMENTS GÉNÉRAUX SUR RIQUEWIHR

**Population**
1 050 habitants, les Riquewihriens

**Office de tourisme** : 2, rue de la 1re Armée, 68340 Riquewihr, ☎ 03 89 47 80 80, ⇄ 03 89 47 88 96

**Principales manifestations** : Feu de la Saint-Jean (juin); Fête du vin (14-15 septembre)

**Spécialités** : la choucroute, le Riesling

**Carte**
IGN n° 31

RENSEIGNEMENTS GÉNÉRAUX SUR BARR

**Population**
4 836 habitants, les Barrois

**Office de tourisme** : place de l'Hôtel de Ville, 67140 Barr, ☎ 03 88 08 66 65, ⇄ 03 88 08 57 27

**Boutique de vélos**
Cycle Motsch, 41 Grand'Rue, ☎ 03 88 08 95 20

**Marché**
Le samedi

**Principales manifestations** : Feu de la Saint-Jean (22 juin); fête du Vin et des Escargots (autour du14 juillet); fête des Vendanges (début octobre)

**Spécialités** : le foie gras, le pain d'épice, les grands crus du Kirchberg, la tannerie

**Carte**
IGN n° 31

Les vignobles qui entourent le bourg produisent toute la gamme des cépages d'Alsace, notamment le Riesling, le roi des vins. Chez Hugel, vous pouvez admirer la «Caterine» : le plus vieux foudre (tonneau datant de 1775) encore en exploitation dans le monde. Les vendanges ont lieu en général au début du mois d'octobre. Si vous désirez séjourner à Riquewihr durant cette période, prenez la précaution de réserver une chambre.

Quittez Riquewihr par une de ses portes, et suivez la D3II puis la D1b jusqu'à **Ribeauvillé**. Cette petite ville, riche en vieilles tours et en fontaines anciennes, est réputée pour ses grands crus. Le premier dimanche de septembre, à la Fête des ménétriers, le vin coule d'une fontaine du village.

Sortez de Ribeauvillé par la D1bis en suivant la Route des vins, qui grimpe vers **Bergheim**, **Rorschwihr** et **Saint-Hippolyte**. Poursuivez toujours par la Route des vins en direction de **Châtennois**.

Pour accéder au **château fort du Haut-Kœnigsbourg** *(renseignements, ☎ 03 88 82 50 60)*, vous devez prendre la route à partir de **Kieintzeim**.

Celle-ci est la plus accessible. La distance est de 8 km, que vous pouvez couper de plusieurs pauses, comme par exemple une visite à la Volerie d'Aigles du château médiéval de Kieintzeim, où vous pouvez assister à un spectacle de grands rapaces volant en toute liberté. Plus haut sur la route, quelque 300 singes magots vivent librement en famille dans la forêt. Enfin, au château du Haut-Kœnigsbourg, vous pouvez visiter une vaste forteresse incendiée au XVII^e^ siècle et relevée de ses ruines au début de notre siècle. Avec un guide, vous franchirez un pont-levis et traverserez les appartements abritant une collection de mobilier et d'armes des XV^e^ et XVII^e^ siècles.

De retour à Kieintzeim, poursuivez par la D35 vers **Scherwiller** et **Dieffenthal**, et entrez à **Dambach-la-Ville** par sa magnifique porte médiévale. Traversez le village, et sortez par l'autre porte de son enceinte médiévale en suivant la signalisation vers Barr. La chapelle Saint-Sébastien, romane et gothique, est au cœur des vignes, à gauche. Entrez à **Barr** par la D35. Situé au pied du mont Sainte-Odile, cette petite ville industrielle est la capitale bas-rhinoise des vins d'Alsace. Une foire au vin s'y tient autour du 14 juillet.

### Étape de Barr à Strasbourg : 40 km

Odile, proclamée sainte patronne de l'Alsace, fonda au VII^e^ siècle un couvent perché sur une butte de grès rouge. Dans une chapelle mi-gothique mi-romane repose sa dépouille. Le mont Sainte-Odile est la montagne sacrée des Alsaciens, et son très vaste monastère attire les foules. Notez que cette excursion à vélo est difficile.

Pour continuer, sortez de Barr par la D35 en direction de Rosheim et de Strasbourg. La route s'élève sur environ 2 km. Suivez toujours la D35 vers **Ottrott** (ses châteaux sont de très importants vestiges des XII^e^ et XIII^e^ siècles), **Bœrsch** et Rosheim.

Entrez à **Rosheim**. Le puits à chaîne, sur la place de la Mairie, date de 1605. La Maison Païenne serait la plus vieille demeure d'Alsace. L'église Saint-Pierre et Saint-Paul est un monument typique de l'architecture romane en Alsace. Prenez le temps d'en faire le tour avant de traverser le village et de quitter Rosheim. Tout de suite après la porte, tournez à droite en suivant la direction de **Bischoffsheim** par la D207. À 5 km sur la D207, **Krautergersheim** se présente comme le plus gros producteur de choux et de choucroute d'Alsace. Si vous y allez, vous serez peut-être saisi par l'odeur à l'approche de ce bourg. En tout cas, vous y verrez des choux à perte de vue...

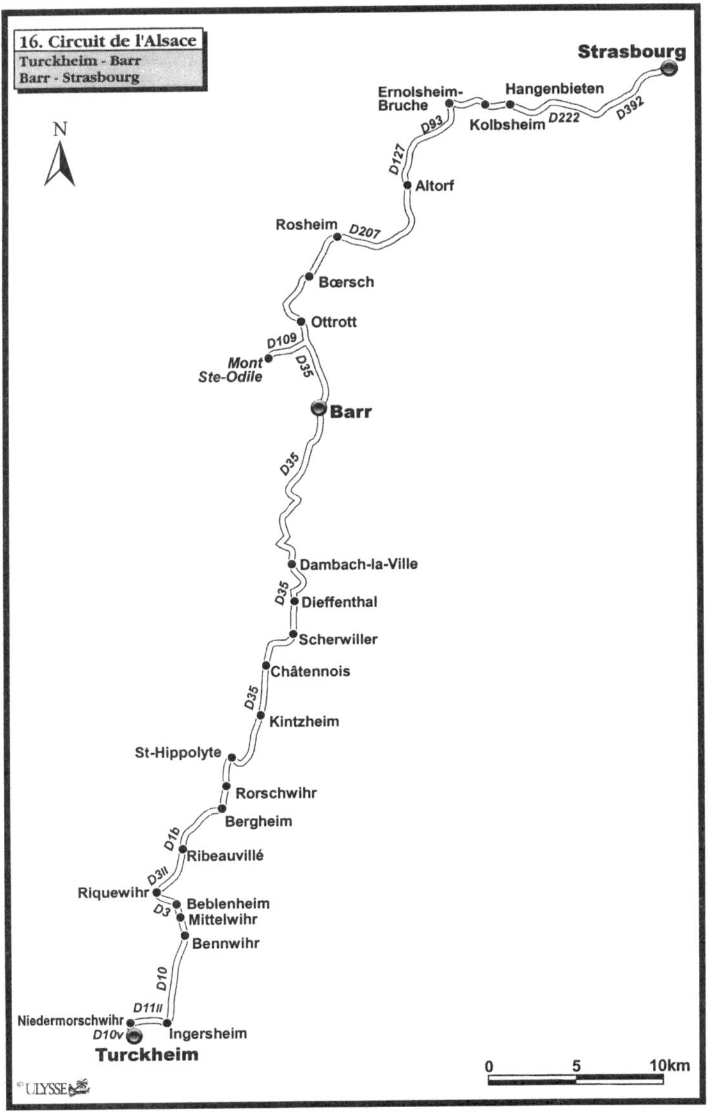
16. Circuit de l'Alsace
Turckheim - Barr
Barr - Strasbourg
N
Strasbourg
Ernolsheim-Bruche
Hangenbieten
Kolbsheim
D222
D392
D93
D127
Altorf
Rosheim
D207
Bœrsch
Ottrott
D109
Mont Ste-Odile
D35
Barr
D35
Dambach-la-Ville
D35
Dieffenthal
Scherwiller
Châtennois
D35
Kintzheim
St-Hippolyte
Rorschwihr
Bergheim
D1b
Ribeauvillé
D3II
Riquewihr
Beblenheim
D3
Mittelwihr
Bennwihr
D10
D11II
Niedermorschwihr
D10v
Ingersheim
Turckheim
0
5
10km
© ULYSSE

RENSEIGNEMENTS GÉNÉRAUX SUR STRASBOURG

**Population**
252 300 habitants, les Strasbourgeois

**Office de tourisme** : place de la Cathédrale, 67000 Strasbourg, ☎ 03 88 52 28 28, ⇄ 03 88 52 28 29

**Boutiques de vélos**
Cycles Deschamps Austerlitz, 1 place d'Austerlitz, ☎ 03 88 36 19 05
Cycles Gitane, 1 rue du Marais Vert, ☎ 03 88 32 59 48
Kroely 2 Roues, 22 Faubourg de Pierre, ☎ 03 88 22 38 38

**Marché**
Du mardi au samedi

**Principales manifestations** : Festival de musique (juin); Festival de jazz (juillet)

**Spécialités** : les vins d'Alsace, le foie gras, les saucisses, la choucroute, la tarte à l'oignon, la tarte flambée, la bière

**Accès depuis Paris** : A4-E25; par train : gare de l'Est-Strasbourg

**Carte**
IGN n° 12

De la D207, prenez à gauche la D127 vers **Griesheim** et **Altorf**. Continuez toujours par la D127 en direction de Dachstein. Immédiatement après avoir traversé le passage à niveau, tournez à droite vers **Ernolsheinm**, **Kolbsheim** et **Hangenbieten** en suivant la D93. Cette belle route, à travers les fermes et les champs de céréales, vous fera franchir à quelques reprises la Bruche. Continuez vers **Strasbourg** par la D222. Entrez dans la ville par la D392. Empruntez la piste cyclable. Passez sous la rocade, et suivez la signalisation pour le centre-ville et l'office de tourisme, situé sur la place de la Cathédrale.

Pour connaître 20 siècles d'histoire d'Alsace, je vous propose d'assister au spectacle son et lumière à l'intérieur de la cathédrale Notre-Dame. Cet édifice de grès rouge des Vosges est sans aucun doute le plus merveilleux monument érigé à Strasbourg. Son extraordinaire horloge astronomique s'anime et sonne chaque jour à 12 h 30. Renseignez-vous auprès de l'office de tourisme au sujet de la visite guidée de la ville à pied. Vous pouvez également terminer votre séjour à Strasbourg par une promenade fluviale, une agréable façon de découvrir ses demeures anciennes qui se reflètent dans les bras de l'Ill.

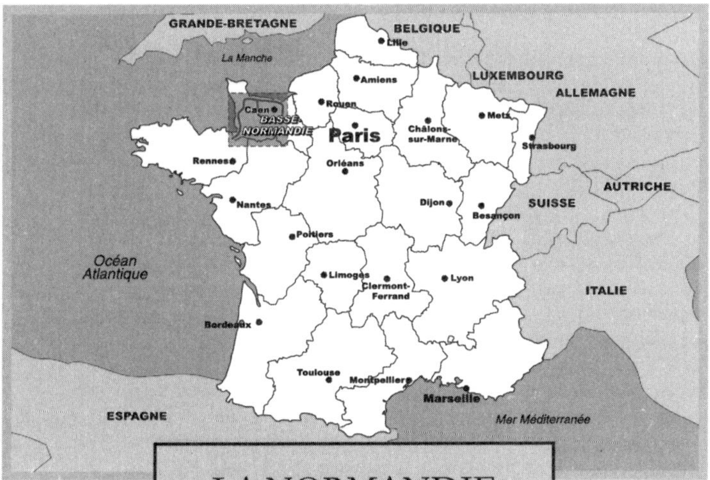


# LA NORMANDIE

Mettez le cap au nord, et venez respirer un grand bol d'air en Basse-Normandie, dans les départements du **Calvados** et de la **Manche**. Ces deux circuits entre terre et eau sont des plus vivifiants. Je vous invite à parcourir un coin de pays ô combien «herbagé» : la Normandie est une région de France très rurale. L'agriculture y occupe une place importante. Vous êtes donc convié à découvrir, au rythme de la balade à vélo, des villages normands dans un décor champêtre et bucolique.

Au cours de votre séjour, vous aurez l'occasion de goûter à l'exquise gastronomie normande : un moelleux camembert ou un pont-l'évêque, des huîtres fraîches ou des moules à la crème onctueuse, un gigot de prés-salés ou un poulet de la vallée d'Auge. Le tout pourra être arrosé d'un cidre parfumé ou coupé d'un calvados en «trou normand»... autant de bonnes choses qui justifient, à elles seules, le voyage.

En parcourant les centaines de kilomètres que comptent ces deux circuits, vous allez explorer une Normandie autre que celle des plages du Débarquement : une Normandie romane, viking, anglaise et française. Entre mer et campagne, les belles surprises surgissent au détour d'un chemin : imposantes cathédrales flamboyantes, manoirs somptueux, châteaux raffinés, abbayes élégantes, villas bourgeoises, jardins parfumés et plages de sable fin.

Un premier circuit, en forme de boucle, vous entraîne au pays d'**Auge**. Avant de le parcourir, vous aborderez **Ouistreham**, grande station balnéaire et capitale normande des huîtres. De l'autre côté de l'estuaire de l'Orne, **Cabourg** vous séduira avec sa longue plage, son chic casino et son prestigieux Grand Hôtel, immortalisé par l'écrivain Marcel Proust.

En arrière-pays, au milieu des vergers de pommiers (fruits emblématiques!), c'est le royaume du pur-sang. Autour des solides manoirs à colombages, on élève des juments et des étalons destinés à la reproduction, à l'équitation et à la course. Au pays d'Auge, les clochers de pierre des petites églises vous signalent les villages. À **Saint-Pierre-sur-Dives**, on aperçoit de loin, droites dans le ciel, les trois tours de son église abbatiale du XI^e^ siècle. Tous les lundis matins, au cœur du village, se tient un important marché aux Halles de Saint-Pierre. La charpente du bâtiment, datant du XIII^e^ siècle, fut assemblée avec 290 000 chevilles de bois de châtaignier!

Ce circuit vous mène ensuite à **Thury-Harcourt**, en Suisse normande, dans une région de douces collines. Le moment est venu d'affronter quelques côtes! L'itinéraire, plus «sportif», traverse une oasis de paix et de verdure le long de la vallée de l'Orne. Puis, tout doucement, le parcours sillonne les petits chemins du **Bessin**, au milieu de prairies riches de gras herbages, résultat d'un taux de pluviosité élevé... La vache laitière n'est-elle pas le cliché de la Normandie?

**Bayeux**, au cœur du Bessin, offre un point de départ idéal pour s'aventurer sur les traces de Guillaume le Normand dit «le Conquérant». La tapisserie de Bayeux raconte une page de son histoire : *la conquête de l'Angleterre en 1066* (une grande page : la toile mesure 70 m de long sur 55 cm de large!). Broderie unique au monde, la tapisserie fut jadis un ornement de la cathédrale Notre-Dame de Bayeux.

C'est donc au départ de Bayeux, première ville libérée lors de la Deuxième Guerre mondiale, que débute le circuit vers la côte de Nacre et les plages du Débarquement, rebaptisées depuis le *D-Day*, Sword, Juno, Utah, Gold et Omaha. Cette émouvante balade sur les hautes falaises des côtes chargées d'histoire représentera pour certains une sorte de pèlerinage. La Bataille de Normandie fut marquée par 77 jours de combats entre le 6 juin et le 22 août 1944. Durant la visite des nombreux sites, cimetières et musées dédiés à ces soldats de la liberté, il vous sera possible de constater la terrible violence de cette guerre et l'ampleur des pertes de vies humaines.

Le parcours quitte la **côte de Nacre** pour l'arrière-pays, plus rural que jamais. Le **Parc régional des Marais du Cotentin** vous fera découvrir, le temps d'une étape, un territoire particulier. Tout en roulant au milieu de polders et de marais, vous croiserez de paisibles hameaux avec des maisons construites d'argile et coiffées d'un toit de chaume.

À quelques kilomètres des côtes de la Manche, vous allez effleurer le bocage normand, pays de prairies et de petits bois ombreux. Ainsi, non loin de la mer, vous respirerez une odeur d'iode que le vent d'ouest et les embruns charrient. Les charmantes stations balnéaires, avec leurs belles plages de sable, et les agréables petites villes d'art et d'histoire, toutes perchées sur le roc, alternent au long du parcours. Pour les conquérir, il vous faudra d'abord attaquer leurs côtes!

Le ciel semble caresser **Coutances**, dominée par son élégante cathédrale de style gothique. La montée est éprouvante, mais vous trouverez vite le réconfort dans les charmantes ruelles de son vieux quartier ou, le soir venu, sous un doux éclairage au beau milieu des 47 000 plantes de son splendide jardin. À quelques coups de pédales de Coutances, vous aurez l'occasion de faire une petite visite remplie de romantisme au château de Gratot.

L'itinéraire vous conduit ensuite au bord de la mer dans un tout petit village très pittoresque. **Regnéville**, de toute évidence, était un port très important. Les vestiges du château médiéval, ses maisons anciennes de granit et la belle église du XIII$^{e}$ siècle en témoignent aujourd'hui.

Du haut de son promontoire, **Granville**, avec sa vieille cité fortifiée, avance fièrement dans la mer. La «grand'pêche» (à la morue sur les bancs de Terre-Neuve) et la pêche aux huîtres aux XVIII$^{e}$ et au XIX$^{e}$ siècles ont contribué à la prospérité de Granville. Depuis toujours, l'industrie de la pêche est ici omniprésente; son carnaval, né de la «grand'pêche» il y a 150 ans, demeure un des plus populaires de France. Laissez votre monture, car plusieurs activités vous attendent ici. Si le temps s'y prête, pourquoi ne pas vous offrir une balade en mer sur *la Granvillaise*, un bateau de pêche traditionnel à voiles du XIX$^{e}$ siècle?

Après le cap de Granville s'ouvre devant vous, au sud, la baie du **Mont-Saint-Michel**, où vous pourrez observer le phénomène des plus hautes marées d'Europe. Lors des grandes marées, dites «vives-eaux», il y a près de 15 m de différence entre la haute et la basse mer! Procurez-vous un calendrier des marées à l'office de tourisme. L'itinéraire ne quitte plus la côte jusqu'à **Avranches**, à l'embouchure de la Sée. Quelques troupeaux de moutons «prés-salés» broutent dans les pâturages et ajoutent du pittoresque à ce saisissant panorama du Mont-Saint-Michel. À mesure que vous vous en approchez, la vision devient obsédante; vous ne pourrez plus «le» quitter des yeux!

## 17. GRAND TOUR DU CALVADOS

**Distance totale :** 240 km
**Nombre d'étapes :** 4
**Niveau de difficulté :** 🚲 🚲

**Schéma** p 129
**Carte** A13

**Étape de Bayeux à Ouistreham : 60 km**

La gare de Bayeux est située au sud de la ville. Pour vous rendre à l'office de tourisme, à partir de la place de la Gare roulez vers le centre-ville le boulevard Sadi-Carnot. Poursuivez par la rue Larcher, en plein centre de Bayeux. L'office de tourisme se trouve au pont Saint-Jean, à l'angle de la rue Saint-Jean.

**Bayeux**, capitale du Bessin, fut la première ville libérée par les Alliés le 7 juin 1944, et, heureusement, elle fut totalement épargnée par la guerre. De tradition religieuse et bourgeoise, elle a conservé son air vieillot avec ses maisons à pans de bois et ses manoirs flanqués de grandes tours d'escalier. Bayeux est une ville aux dimensions humaines, sans immeuble et sans industrie. Elle demeure liée au monde rural. Tous les samedis matin se tient un marché important sur la place Saint-Patrice. Avec l'Aure, qui coule au centre du vieux quartier, et avec ses rues piétonnières, Bayeux est une ville accueillante pour débuter votre randonnée cycliste en Normandie. Vous ne pourrez pas manquer d'admirer l'immense et splendide cathédrale Notre-Dame, qui domine la ville. Ses trois flèches vous serviront de repère. La ville possède d'importants musées : prenez le temps de les visiter.

Pour sortir de Bayeux, rendez-vous sur la place Saint-Patrice. Passez devant l'église Saint-Patrice, et prenez le boulevard périphérique en direction de Caen et d'Arromanches par la N13. Empruntez la piste cyclable. Longez le terrain de camping. Prenez ensuite la direction d'Arromanches et de Tracy-sur-Mer par la D516. À peine sorti de la ville, vous aurez le bonheur de rouler au beau milieu de grands champs cultivés.

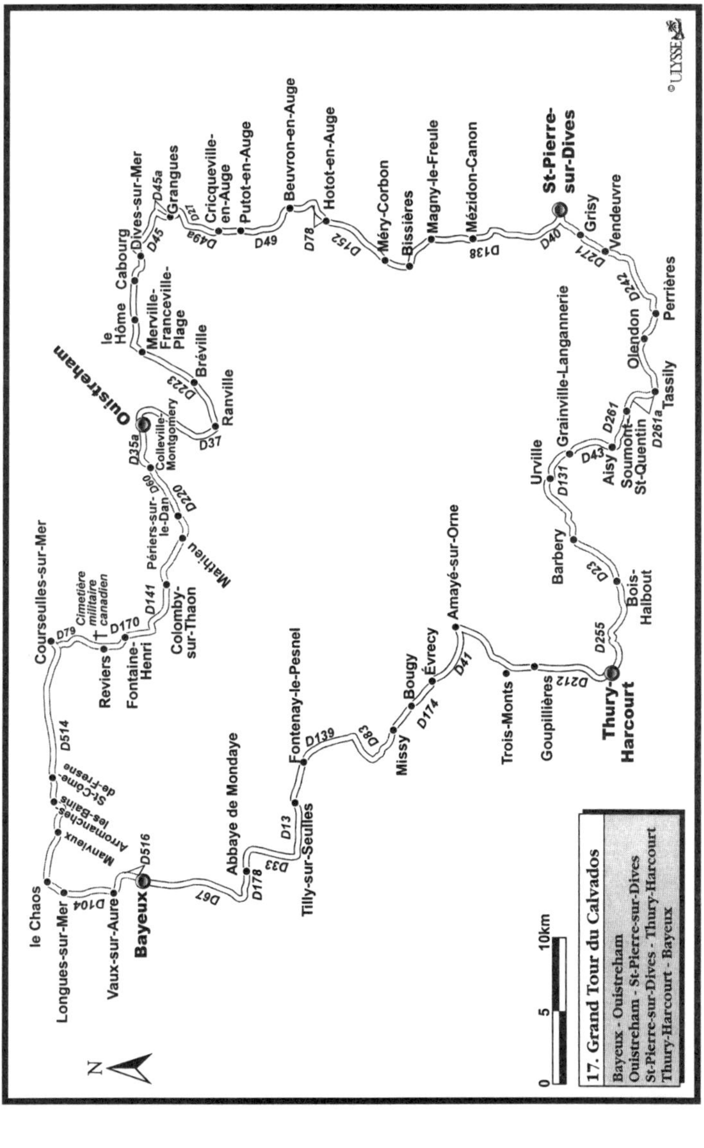
17. Grand Tour du Calvados
Bayeux - Ouistreham
Ouistreham - St-Pierre-sur-Dives
St-Pierre-sur-Dives - Thury-Harcourt
Thury-Harcourt - Bayeux
0
5
10km
N
© ULYSSE
Bayeux
Ouistreham
St-Pierre-sur-Dives
Thury-Harcourt
le Chaos
Longues-sur-Mer
Vaux-sur-Aure
Manvieux
Arromanches-les-Bains
St-Côme-de-Fresne
Courseulles-sur-Mer
Reviers
Fontaine-Henri
Cimetière militaire canadien
Colomby-sur-Thaon
Périers-sur-le-Dan
Mathieu
Colleville-Montgomery
Ranville
Bréville
Merville-Franceville-Plage
le Hôme
Cabourg
Dives-sur-Mer
Grangues
Cricqueville-en-Auge
Putot-en-Auge
Beuvron-en-Auge
Hotot-en-Auge
Méry-Corbon
Bissières
Magny-le-Freule
Mézidon-Canon
Grisy
Vendeuvre
Perrières
Olendon
Tassily
Soumont-St-Quentin
Aisy
Grainville-Langannerie
Urville
Barbery
Bois-Halbout
Goupillières
Trois-Monts
Amayé-sur-Orne
Évrecy
Bougy
Missy
Fontenay-le-Pesnel
Tilly-sur-Seulles
Abbaye de Mondaye
D104
D516
D514
D79
D170
D141
D220
D60
D35a
D37
D223
D45
D45a
D27
D49a
D49
D78
D152
D138
D40
D271
D242
D261
D261a
D43
D131
D23
D255
D212
D41
D174
D83
D139
D13
D33
D178
D67

RENSEIGNEMENTS GÉNÉRAUX SUR BAYEUX

**Population**
15 000 habitants, les Bayeusains

**Office de tourisme** : Pont Saint-Jean, BP 343 , 14403 Bayeux Cedex, ☎ 02 31 92 16 26, ⇄ 02 31 92 01 79

**Boutiques de vélos**
Roué, boul. Winston Churchill, ☎ 02 31 92 27 75
Le Domesday, 20 rue Larcher, ☎ 02 31 22 01 21

**Marché**
Le mercredi et le samedi

**Principales manifestations** : le marché Médiéval (1re fin-de-semaine de juillet); Bal du 14 Juillet

**Spécialités** : la Sainte-Ève (pâtisserie); la porcelaine, la dentelle

**Carte**
IGN n° 7

Arrivé à la D513, tournez à gauche vers **Vaux-sur-Aure**. Traversez le village, et continuez par la D104 vers **Longues-sur-Mer**. Au feu de circulation, continuez tout droit en suivant les panneaux pour les Batteries de Longues. Il s'agit des restes d'une batterie d'artillerie allemande, composée d'abris en béton armé assez bien conservés; elle est la seule à avoir gardé ses longs canons. Visite libre.

Continuez toujours par la D104 jusqu'aux hautes falaises du bord de mer. Le vent souffle fort, mais le point de vue est superbe. Des blocs de rochers sculptés par l'érosion se seraient détachés de la falaise argileuse pour former ce qu'on appelle «le Chaos». Un sentier pédestre plutôt abrupt vous y mène. Attention au risque d'éboulis en descendant!

Vous pouvez continuer par le sentier de randonnée le long de la falaise vers le Cap Manvieux. Ce chemin de terre, qui est en fait un sentier balisé de grande randonnée, est à suivre seulement par beau temps et idéalement avec un vélo tout-terrain. Au bout du chemin, tournez à gauche sur la D514 en direction de **Manvieux**. Roulez jusqu'à Tracy-sur-Mer.

Par mauvais temps, prenez plutôt la D514 à partir du village de Longues-sur-Mer, en tournant à droite au feu de circulation. Roulez sur celle-ci jusqu'à **Tracy-sur-Mer**.

Continuez vers Arromanches-les-Bains et Courseulles-sur-Mer par la D514. Une agréable descente vous offre un beau point de vue sur le village et sur la mer. Entrez à **Arromanches** par la D87. Cette petite station balnéaire a relevé un défi de taille. En 1944, un port artificiel préfabriqué en Angleterre (Mulberry B) a permis d'y débarquer jusqu'à 9 000 tonnes de matériel par jour, et ce, pendant 100 jours. Des navires échoués au large formaient des brise-lames, et des ballons protégeaient le port contre l'aviation allemande. Le musée du Débarquement, face à ces vestiges, représente un puissant témoignage de l'incroyable histoire du port Winston, depuis sa construction secrète jusqu'à la libération de la côte.

En quittant le village vers Courseulles-sur-Mer, ne manquez pas de vous arrêter au cinéma circulaire, véritable prolongement de l'histoire d'Arromanches et de la côte. Un film sur le débarquement des Alliés en Normandie est projeté sur neufs écrans faisant 360 ° : 18 min d'émotion forte pour «le Prix de la Liberté»!

Après une bonne montée, la D514 vous conduit sur la falaise surplombant le port Winston (table d'orientation) puis au cinéma circulaire. Continuez jusqu'au parc de stationnement. Laissez-y votre vélo, et empruntez le sentier pédestre jusqu'à l'entrée du cinéma.

Après la séance, poursuivez par la D514, qui descend vers **Saint-Côme-de-Fresne**, où broutent quelques moutons. Continuez en direction de **Courseulles-sur-Mer**. Contournez le port en suivant le fléchage pour le centre-ville tout en gardant la gauche au carrefour.

Cette station balnéaire, sur la côte de Nacre, est renommée pour son port de plaisance et surtout pour ses huîtres. On peut y visiter, entre autres, le musée du Vieux Courseulles, le musée des Médailles et Décorations, et la Maison de la Mer. Ne partez pas sans avoir vu le Mémorial du 1er Hussard, dédié aux soldats canadiens, et la «Croix de Lorraine», élevée en commémoration du général de Gaulle, de retour en France le 14 juin 1944.

Pour sortir de Courseulles-sur-Mer, prenez la direction de Caen, gardez la droite, passez devant le cimetière, et roulez vers Reviers et Douvres par la D79. Au rond-point, suivez la route de Reviers et du Château de Fontaine-Henri par la D170. Le parcours s'effectue sur la «route des

Moulins», une belle petite route tranquille au milieu de champs de céréales.

Au carrefour de la D35, tournez à droite pour visiter le cimetière militaire canadien (2 048 tombes). Revenez à **Reviers**. Continuez par la D170. La route vallonnée serpente dans un petit bois le long de la Mue. Arrivé au petit bourg de **Fontaine-Henri**, suivez le fléchage pour le château. Cette élégante demeure Renaissance, à toiture élevée, présente une façade richement sculptée. À l'intérieur, les salles abritent une collection de peintures et de meubles anciens.

Après la visite, descendez dans le vieux bourg en revenant sur vos «pas», et suivez la direction de **Colomby-sur-Thaon** par la D141. La route contourne le château par derrière et s'élève au milieu de la forêt. Continuez par la D141 jusqu'à **Mathieu**. Au rond-point, sortez à la D220 vers Dives-sur-mer, Blainville et Colleville. Au rond-point suivant, continuez toujours par la D220. Puis, prenez à droite la D141 pour Colleville, Blainville et Biéville. Reprenez à gauche la D220 vers Périers-sur-le-Dan et Colleville par la rue du 7 Juin 1944.

Entrez à **Périers-sur-le-Dan** par la D220. Au carrefour, tournez à gauche pour quitter le village par la D220 vers Colleville et Montgomery. À l'intersection, poursuivez par la D60A. On commence à apercevoir la côte. Traversez le village de Colleville.

Continuez par la D35A jusqu'à **Ouistreham**. Passez devant le cimetière, et continuez tout droit. Face à l'église, suivez la signalisation pour «Car Ferry», et filez tout droit vers la gare maritime. Empruntez le boulevard Maritime jusqu'à l'office de tourisme, situé au Jardin du Casino.

### Étape d'Ouistreham à Saint-Pierre-sur-Dives : 70 km

**Ouistreham-Riva-Bella**, grande station balnéaire de la côte de Nacre située à l'embouchure de l'Orne, est dotée d'un important port de plaisance. Pour ceux qui aiment la mer, on y propose observation d'oiseaux, char à voile, voile, pêche en mer, thalassothérapie, croisière sur le canal de Caen, vaste plage de 3 km et baignade. Sans oublier la visite du vieux bourg et de ses musées. Posez votre vélo, car il y a là de quoi vous distraire quelque temps.

Le musée du Mur de l'Atlantique, installé dans le grand Blockhaus, et le Musée n° 4 Commando, face au casino, retracent l'épisode des commandos qui débarquèrent à Ouistreham le 6 juin 1944. La ville fut détruite à 60 %, mais, heureusement, l'église Saint-Samson veille toujours sur la ville. Élevée au XIe siècle, elle était à la fois un sanctuaire et un phare.

RENSEIGNEMENTS GÉNÉRAUX SUR OUISTREHAM

**Population**
8 500 habitants, les Ouistrehamais

**Office de tourisme** : Jardin du Casino, 14150 Ouistreham-Riva-Bella, ☎ 02 31 97 18 63, ℻ 02 31 96 87 33

**Boutique de vélos**
Vérel, 77 av. Foch, ☎ 02 31 97 19 04

**Marché**
Le mardi et le samedi

**Principales manifestations** : la Fête du Port (mi-juillet); fêtes à thèmes : cinéma, chanson (mi-août)

**Carte**
IGN n° 7

Pour sortir d'Ouistreham, rendez-vous au marché aux poissons, sur la place du port. Traversez le canal par le petit pont d'en face. De l'autre côté du canal, roulez sur le chemin de halage vers le bassin de Plaisance. Suivez les berges de l'Orne sur environ 5 km jusqu'au grand carrefour. Tournez à gauche en direction de Merville, Franceville et Cabourg par la D514. Au rond-point suivant, prenez la direction de Ranville, puis traversez le pont sur l'Orne, et entrez à **Longueville**. Prenez ensuite la direction de Ranville et de Troarn par la D37. Entrez à **Ranville**, qui fut le premier village libéré de France. Au pied de son église néo-gothique s'étend un cimetière commémoratif britannique.

Au carrefour, prenez à gauche par la D223, et roulez jusqu'à **Bréville**. Important bastion allemand, cette ville fut libérée le 13 juin 1944. Continuez vers Merville-Franceville. La route tranquille atteint un plateau; chevaux, vaches et moutons broutent paisiblement dans le pré. Entrez à **Franceville**.

Continuez tout droit vers Cabourg par la D223. Au carrefour, suivez la direction de Cabourg par la D514. Entrez au Hôme puis à **Cabourg**. Passez devant le golf et le camping. Au carrefour, suivez le fléchage pour la plage, le casino et le Grand Hôtel.

Cabourg est une élégante station balnéaire de renom avec de magnifiques villas bourgeoises. Essayez de vous imaginer au début du siècle, au moment où l'écrivain Marcel Proust passait ses étés au Grand Hôtel : ambiance raffinée, promenade mondaine, bain de mer... La promenade, le long de la plage, décorée de tentes aux rayures blanches et bleues, porte aujourd'hui son nom.

Sortez de Cabourg vers **Dives-sur-Mer**. Franchissez le petit pont sur la Dives. Suivez le fléchage pour le centre-ville et l'église du XII$^{e}$ siècle. En 1066, époque où Dives était un port maritime important, Guillaume le Conquérant s'y embarqua à la conquête de l'Angleterre. La mer s'est retirée, mais le bourg a su préserver son quartier historique. À voir tout spécialement : l'église Notre-Dame, les halles des XV$^{e}$ et XVI$^{e}$ siècles (profitez-en pour faire des provisions), et l'hostellerie de Guillaume le Conquérant, ancien relais de poste où descendirent, entre autres, la marquise de Sévigné et Alexandre Dumas. De nos jours, un quartier d'artisanat y est installé.

Pour sortir de Dives, passez devant l'église Notre-Dame. À l'intersection de la D45, prenez la direction de Pont-L'Évêque. La route s'élève fortement, offrant un beau panorama sur la côte. Tournez à droite sur la D45A vers **Grangues**. La route continue de grimper, puis descend dans une série de zigzags jusqu'à l'église de Grangues. Remarquez son «clocher-mur» du XV$^{e}$ siècle. Profitez-en pour faire le plein à la fontaine Saint-Roch.

Poursuivez par le chemin juste en face de l'église, lequel grimpe fortement sur 1 km. À la jonction de la D27, tournez à droite pour suivre la route des Marais. De là-haut, vous aurez une jolie vue sur Cabourg et sur la côte.

Prenez ensuite la D49A vers **Cricqueville-en-Auge**, toujours par la route des Marais. Laissez-vous glisser dans la descente aux grands virages. Au carrefour, suivez toujours la route des Marais en direction de Putot-en-Auge. À la jonction avec la D49b, continuez tout droit, puis roulez sur la D49 et la route des Marais vers Putot-en-Auge. Passez sous l'autoroute. Traversez la route nationale. Suivez la «route du Cidre» par la D49, qui s'élève vers **Putot-en-Auge**. Le bourg a conservé une vieille église et un manoir où l'on élève des pur-sang. Roulez jusqu'à **Beuvron-en-Auge**. La route, toute plane, traverse un très beau paysage de marais et de fermes à colombages au milieu de leurs clos. Coup de cœur pour ce charmant «village-musée» au milieu des marais!

RENSEIGNEMENTS GÉNÉRAUX SUR SAINT-PIERRE-SUR-DIVES

**Population**
4 000 habitants, les Pétruviens

**Office de tourisme** : 12, rue Saint-Benoît, 14170 Saint-Pierre-sur-Dives, ☎ 02 31 20 97 90, ⇒ 02 31 20 36 02

**Boutique de vélos**
Lebel, boul. Collas, ☎ 02 31 20 01 07

**Marché**
Le lundi

**Principale manifestation** : Terroir et Tradition (juillet et août, tous les vendredis, 17 h à 20 h)

**Spécialités** : la sole, la truite, les tripes, le fromage

**Carte**
IGN n° 18

La place centrale, dite «des Halles», est l'endroit idéal pour faire une pause et prendre une bolée de cidre fermier.

Sortez du bourg par la D49, direction sud. Au carrefour, prenez la D78 vers **Hotot-en-Auge**. Puis, suivez la D152 jusqu'à **Méry-Corbon**. La vue s'étend sur les collines de la Suisse normande. Traversez le village, et, devant l'église, tournez à la D152 vers Bissières. Devant la mairie, gardez la droite, et sortez du bourg par la D152. Traversez la N13, et continuez toujours vers Bissières et Mézidon-Canon. En parcourant la route du Cidre, vous aurez plusieurs possibilités de dégustation de cidre et de calvados directement chez les fermiers qui les produisent.

Après le village de **Bissières**, prenez la D138 vers **Magny-le-Freule** et Mézidon-Canon. Le château de Canon, monument historique du XVIII$^{e}$ siècle, est entouré d'un superbe parc. Une agréable balade dans de somptueux jardins vaut bien ce tout petit détour.

Pour continuer vers Saint-Pierre-sur-Dives, tournez à droite devant l'église de Mézidon-Canon. Roulez sur la rue principale, bordée de pommiers. Au rond-point, prenez la direction de Percy-en-Auge. Continuez toujours par la D138 puis par la D40 pour entrer à **Saint-Pierre-sur-Dives**. Suivez la direction du centre-ville. L'office de tourisme est situé au Musée des Techniques fromagères, sur la rue Saint-Benoît.

**Étape de Saint-Pierre-sur-Dives à Thury-Harcourt : 50 km**

L'abbaye bénédictine fut fondée au XIe siècle. C'est la tante de Guillaume le Conquérant qui fit bâtir l'église abbatiale, consacrée solennellement en présence du roi d'Angleterre le 1er mai 1067. Le Musée des Techniques fromagères est situé à l'intérieur des bâtiments conventuels de l'ancienne abbaye. À visiter, si vous voulez tout savoir sur le fromage normand...

La première partie du parcours traverse de grands champs de colza et d'autres cultures céréalières sur de jolies petites routes tranquilles, ponctuées de bourgades pittoresques où paissent quelques chevaux. Faites des provisions avant de partir!

Pour sortir de Saint-Pierre-sur-Dives, à partir de l'église suivez la direction de Caen. Au rond-point, prenez la D40 vers Magny-la-Campagne. Passez sous le viaduc, et tournez à gauche en direction de Grisy et de Vendeuvre. L'itinéraire traverse une vaste plaine agricole. Entrez à **Grisy** par la D271. Ce petit village aux maisons de pierre est typique de la région. Remarquez la belle croix romane au bord du chemin.

Continuez jusqu'au **château de Vendeuvre**. Ce «château-musée» (1750) est un peu comme un coffre aux trésors où vous trouverez bien des choses : des automates illustrent le quotidien d'une famille aristocrate du XVIIIe siècle, dans le parc s'étendent des jardins d'eau «surprises», puis dans l'Orangerie est exposée une collection de mobilier et d'argenterie miniature.

Après la visite, continuez toujours par la D271 vers Pont et Falaise. Puis, prenez la D242 à droite vers **Perrières** et **Olendon**. Suivez toujours la D242 vers **Tassily**. À l'intersection avec la D261A, prenez la direction d'Ouilly-le-Tesson. Suivez la D261B jusqu'à **Soumont-Saint-Quentin**.

Le Musée de la Vie rurale en Basse-Normandie vous fait revivre l'époque des grands-parents normands. Toute de suite après le musée, un sentier pédestre vous mène à la brèche au Diable, site naturel classé. Comptez une heure pour la randonnée à pied jusqu'au rocher surplombant les gorges du Laizon et vers le tombeau de Marie Joly, actrice célèbre (1761-1798) qui s'y serait suicidée.

Pour vous rendre à Soumont, vous suivrez un chemin boisé qui grimpe jusqu'au village et l'église. Cette belle et fière église date de la fin du XIIe siècle. Tournez à gauche vers Potigny et Grainville par la D91A. À la deuxième intersection, tournez à droite vers Aisy (le panneau est difficile à voir). Montez, et prenez la petite route sur votre gauche; elle est parallèle à la Nationale. À la D43 (attention, pas de panneau!), tournez à droite à l'usine.

À l'intersection avec la D658, prenez la direction de **Grainville-Langannerie**. Traversez le village par sa rue principale. Au deuxième rond-point, suivez la D131 vers Urville. Longez le cimetière polonais. Entrez à **Urville** par la D131. Roulez jusqu'au bas du village. Continuez toujours par la D131, qui grimpe à travers un bois vers **Barbery**. À l'intersection avec la D23, suivez la direction de Thury-Harcourt.

À **Bois-Halbout**, poursuivez par la D255. À la sortie du village, la route descend, pour mieux remonter vers Placy. Le parcours offre un superbe point de vue sur les collines de la Suisse normande. C'est pour vous le début des montagnes russes : grandes descentes dans la vallée, virages en épingle à cheveux suivis de fortes montées... le tout sur environ 8 km. Vous arriverez droit au centre-ville de **Thury-Harcourt**. L'office de tourisme se trouve près de l'église, sur la place Saint-Sauveur.

### Étape de Thury-Harcout à Bayeux : 60 km

En été, Thury-Harcourt est très apprécié pour le tourisme champêtre. Cette petite ville, sur le bord de l'Orne, est le point de départ des circuits fléchés de la Suisse normande et de la vallée de l'Orne, ainsi que de deux sentiers de randonnée pédestre balisés. L'actuel duc d'Harcourt vous propose une agréable balade dans le parc de 70 ha, pour y admirer les jardins de son château, malheureusement incendié lors de l'évacuation allemande en juillet 1944.

Faites quelques échauffements, car la journée s'annonce assez «sportive», et ce dès la sortie de Thury-Harcout. Rendez-vous à l'église Saint-Sauveur pour sortir du village. Suivez la direction d'Aunay-sur-Odon, et passez devant le château. Traversez le pont sur l'Orne. Suivez la direction d'Hom et d'Aulnay par la D6. Gardez la droite sur la D212 vers Hom et Goupillières. Traversez encore une fois le méandre de la rivière, et poursuivez par la D212, la route touristique de la vallée de l'Orne. La route s'élève sur environ 1 km, puis descend dans la forêt dans une série de virages.

RENSEIGNEMENTS GÉNÉRAUX SUR THURY-HARCOURT

**Population**
2 000 habitants, les Harcourtois

**Office de tourisme** : 2, place Saint-Sauveur, 14220 Thury-Harcourt, ☎ 02 31 79 70 45

**Boutique de vélos**
Laru, 9 rue Raoul-Tesson, ☎ 02 31 79 05 59

**Marché**
Le mardi

**Carte**
IGN n° 7

Grimpez à **Goupillières** par la D212, et continuez à suivre la route touristique de la vallée de l'Orne. Les montées raides et les descentes abruptes se succèdent. Entrez à **Trois-Monts**. Poursuivez dans la nature jusqu'à **Amayé-sur-Orne**. Au monument aux morts, surveillez bien sur la gauche la signalisation pour Maizet et Évrecy par la D41. La route atteint un plateau au milieu de champs immenses.

Descendez au village d'**Évrecy**. Traversez-le en direction d'Aunay, puis surveillez sur la droite, juste avant la gendarmerie, la D174 vers **Bougy** et **Missy**. Assurez-vous de sortir d'Evrecy par la D174. Traversez Missy, et suivez la direction de Cheux par la D83. Passez au-dessus de l'autoroute. Au rond-point, suivez toujours la D83 pour Cheux. Au croisement, prenez la D139 vers Fontenay et Seulles. Passez devant le cimetière du Commonwealth. Entrez à **Fontenay**.

Poursuivez par la D139 vers Tilly-sur-Seulles. Au croisement de la D13, prenez à gauche, et roulez avec prudence jusqu'à **Tilly-sur-Seulles**. Sortez de Tilly-sur-Seulles par la D13 en direction de **Lingèvres**. Le petit musée de la bataille de Tilly se trouve dans la chapelle Notre-Dame du Val, datant du XII^e^ siècle. Après l'église de Lingèvres, prenez à droite la direction de l'Abbaye de Mondaye et de Bayeux par la D33I, puis gardez la droite pour la D33. Sur la route, vous pourrez vous arrêter à des caveaux de dégustation de cidre.

Ensuite, prenez la D178 vers l'**Abbaye de Mondaye** et Juaye. On aperçoit le clocher de l'abbaye. Longez le mur, et tournez à gauche pour l'accueil. L'église abbatiale, de style classique, fut reconstruite et décorée par le chanoine Restout de l'ordre des Prémontrés au XVIII$^{e}$ siècle. On peut visiter également le pavillon de ferme et les bâtiments abbatiaux qui abritent, entre autres, une bibliothèque qui compte près de 40 000 volumes. La visite guidée se fait en après-midi entre 14 h et 18 h.

Poursuivez par la D178 vers Noron. À l'intersection, continuez vers Bayeux par la D67. La route grimpe; ne vous découragez pas, car vous y êtes presque. À l'approche de la ville, on aperçoit les trois flèches de la cathédrale de Bayeux. Entrez dans la ville.

## 18. CIRCUIT DE LA MANCHE

**Distance totale :** 230 km
**Nombre d'étapes :** 5
**Niveau de difficulté :** 

**Schémas** pp 143, 145
**Cartes** A14-A15

**Étape de Bayeux à Isigny-sur-Mer : 55 km**

Pour quitter Bayeux, rendez-vous sur la place Saint-Patrice par la rue des Bouchers et la rue du Marché. Bifurquez à droite vers la rue du Docteur Michel, puis suivez la direction de Port-en-Bessin et Huppain par la D6. Roulez prudemment sur environ 3 km. Tournez à gauche sur la D169 en direction de Sully.

À **Sully**, suivez la C1 vers **Maisons**. Au carrefour de la D100, tournez à droite vers **Commes**. Continuez par la D6 jusqu'à Port-en-Bessin. Suivez le fléchage pour le centre-ville, Omaha Beach et *D-Day* par la D514. Ce port de pêche, blotti entre deux falaises, est jumelé avec Saint-Pierre-et-Miquelon. Si vous êtes matinal, vous pourrez peut-être arriver à temps pour la criée. Ce port est spécialisé dans la coquille Saint-Jacques, mais on y pêche aussi crustacés, mollusques, raies, rougets, etc. Vous pouvez grimper sur les falaises pour apprécier la belle vue sur la côte. Pour y accéder, empruntez le sentier pédestre par la Tour Vauban.

Roulez avec beaucoup de vigilance, car des autobus de touristes circulent sans interruption sur les routes des plages du Débarquement. Pour continuer, longez le port. Après l'église, prenez à droite la D514 vers **Omaha Beach**. Continuez vers **Sainte-Honorine-des-Pertes** et **Colleville-sur-Mer**. Faites attention! Ne descendez pas au premier panneau qui indique la plage d'Omaha, car la côte est trop abrupte. Roulez plutôt jusqu'au rond-point du Cimetière américain. Suivez le fléchage pour le stationnement des vélos.

Une tenue respectable est recommandée pour la visite. L'immense cimetière (70 ha) occupe un lieu superbe au-dessus de la plage d'Omaha. L'allée principale, en forme de croix, permet de se recueillir au milieu d'une pelouse impeccable où sont alignées 9 346 croix latines et étoiles de David (en marbre blanc). Un belvédère aménagé côté mer présente les plages du Débarquement et les plans de bataille avec une table d'orientation. Comptez une bonne demi-heure pour descendre à la plage et remonter par les escaliers.

Après votre visite, revenez au rond-point, et prenez la direction de **Saint-Laurent-sur-Mer** et de Grand Camp-Maisy par la D514. Suivez la D517 jusqu'au musée d'Omaha (véhicules militaires, armes, mannequins costumés), puis continuez vers **Vierville-sur-Mer**. La route longe le bord de mer : il y a beaucoup de vent! Poursuivez par la D514 vers Grand-Camp-Maisy.

Passez un manoir sur la droite, et continuez vers la **Pointe du Hoc.** Sur la falaise, vous pourrez visiter ce lieu historique bombardé le 6 juin 1944; un petit sentier relie les restes des blockhaus. Un monument commémoratif fut élevé sur l'ancien poste de tir.

Continuez toujours par la D514 vers **Grand Camp-Maisy**. La route s'élève à l'approche du village. Cette petite station balnéaire abrite un port de pêche et un port de plaisance. Si vous avez envie d'une baignade, voilà l'occasion rêvée. Pour quitter le village, suivez les panneaux pour le parc à huîtres. Roulez jusqu'à la jonction avec la D199a. Tournez à droite vers **Géfosse** et **Fontenay**. Passez devant une ferme, et prenez à gauche la D200 vers Osmanville et Isigny-sur-Mer.

À la jonction avec la D124, suivez la direction d'Isigny-sur-Mer et de Carentan. Roulez avec prudence pour entrer dans la ville. L'office de tourisme est situé sur la rue Victor-Hugo.

**Étape d'Isigny-sur-Mer à Coutances : 55 km**

La bourgade d'**Isigny-sur-Mer**, située dans la baie de Veys, fut bombardée et détuite à 60 %. Aujourd'hui, entourée de verts pâturages, elle est renommée pour son beurre et sa crème d'appellation d'origine controlée. Au petit déjeuner, demandez le meilleur!

RENSEIGNEMENTS GÉNÉRAUX SUR ISIGNY-SUR-MER

**Population**
3 500 habitants, les Isignais

**Office de tourisme** : 1, rue Victor-Hugo, 14230 Isigny-sur-mer, ☎ 02 31 21 46 00, ⇛ 02 31 22 90 21

**Boutiques de vélos**
Denis, 20 rue Delaunay, ☎ 02 31 22 06 10
Navarre, 24 place de Gaulle, ☎ 02 31 22 01 75

**Marché**
Le mercredi et le samedi

**Spécialités** : le beurre et le fromage d'appellation Isigny, le caramel

**Carte**
IGN n° 6

Cette étape traverse le **Parc régional des Marais du Cotentin**, domaine de grandes prairies et de tourbières. Pour éviter le gros de la circulation automobile, assurez-vous de sortir d'Isigny-sur-Mer par la D197A en direction de Carentan. Roulez pendant environ 2 km sur la route nationale, puis bifurquez sur la D444 vers **Montmartin-en-Graignes**.

Roulez à travers la vaste campagne en suivant la D44 jusqu'à l'intersection avec la N174. Traversez-la. Continuez tout droit par la D444 (pas de panneau indicateur). Passez la ferme **La Planque**, sur votre gauche. Ne prenez aucune route transversale. À la fourche, gardez la gauche vers le Ménage. À la fourche suivante, gardez la droite pour Saint-Nicolas. Passez devant la ferme le Petit Hameau, et continuez jusqu'au pont.

Poursuivez votre chemin par la D89 en direction de Ganges. La campagne est vallonneuse et offre un très beau panorama sur les marais. Entrez à **Graignes**, et traversez le village. Continuez par la D57 jusqu'à **Tribehou**. Un important hippodrome se trouve à la sortie du village. Ensuite, vous roulerez à travers une région de marais très pittoresque.

Sortez de Tribehou par la D29 vers Saint-Georges-de-Bohon et Carentan. Roulez jusqu'à la D57, puis tournez à gauche vers Auxais et Marchésieux. Une petite excursion de 2 km (aller-retour) vous est proposée à la Maison des Marais. Au carrefour, suivez le fléchage.

Située dans le marais Saint-Clair, la maison fut construite en 1773 et habitée jusqu'en 1953. Ses murs sont faits d'un mélange d'argile et de paille, et son toit est de chaume. Cette maison typique présente l'histoire et l'exploitation des marais du Cotentin. Vous pouvez profiter d'une pause en ce lieu charmant pour pique-niquer et reprendre des forces. Le parcours, dans sa dernière partie, se fait plus «sportif», et vous aurez à grimper de bonnes côtes. Consolez-vous, car les routes plus accidentées offrent de beaux panoramas!

Revenez au carrefour, et continuez toujours par la D57 jusqu'à **Feugères**. Puis, vous laisserez tranquillement les marais pour parcourir le bocage. Poursuivez votre chemin par la D57 vers **le Mesnilbus**. Remarquez la belle petite église romane. Au carrefour, continuez à rouler vers **Monthuchon**. Poursuivez jusqu'à **Coutances** par la D971. À l'approche de la ville, on aperçoit les flèches de sa merveilleuse cathédrale. La dernière montée est dure jusqu'au centre-ville. Accrochez-vous! L'office de tourisme se trouve sur la place Georges-Leclerc.

### Étape de Coutances à Granville : 50 km

Dominant le bocage du haut de son promontoire, **Coutances** ne manque pas d'intérêt avec sa cathédrale d'architecture gothique normande du plus pur style. Au musée, la collection est riche en céramiques normandes dont les plus anciennes datent de la Renaissance. Le quartier Saint-Pierre, avec son église d'époque Renaissance et ses vieilles demeures, offre une agréable promenade. Ne partez pas sans avoir vu le jardin des Plantes, l'un des plus beaux jardins de Basse-Normandie, où s'épanouissent plus de 47 000 plantes : parterre à la française, bosquets à l'anglaise, terrasses à l'italienne... tous illuminés les soirs d'été.

Pour sortir de Coutances, rendez-vous à l'office de tourisme. Descendez le long du jardin jusqu'au boulevard périphérique. Suivez la direction de Coutainville, de Saint-Malo-de-la-Lande et du château de

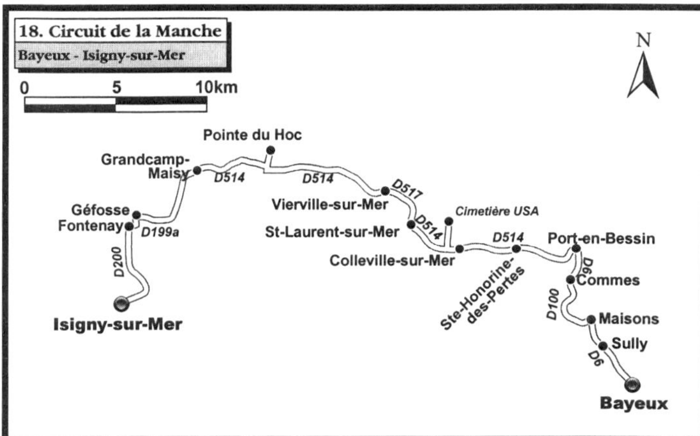
18. Circuit de la Manche
Bayeux - Isigny-sur-Mer
0
5
10km
N
Pointe du Hoc
Grandcamp-Maisy
D514
D514
Géfosse Fontenay
D199a
D200
Isigny-sur-Mer
Vierville-sur-Mer
D517
Cimetière USA
St-Laurent-sur-Mer
D514
Colleville-sur-Mer
D514
Port-en-Bessin
Ste-Honorine-des-Pertes
D6
Commes
D100
Maisons
Sully
D6
Bayeux

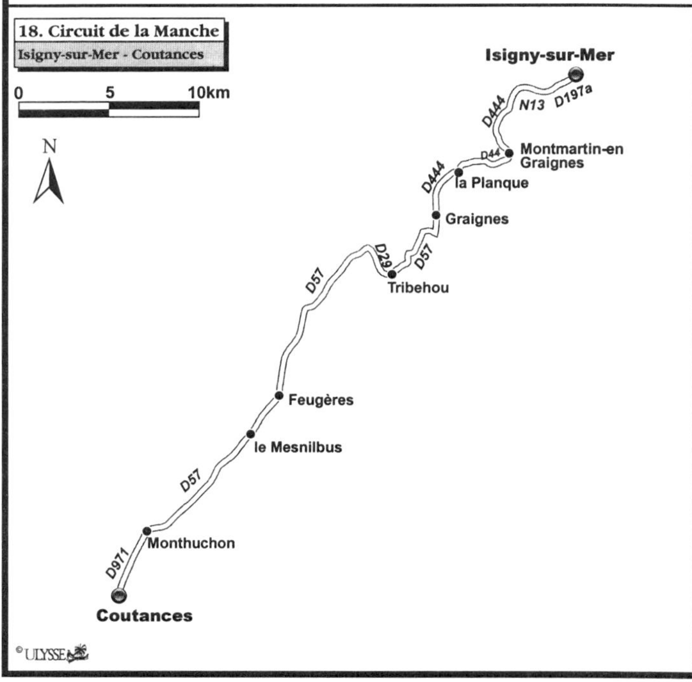
18. Circuit de la Manche
Isigny-sur-Mer - Coutances
0
5
10km
N
Isigny-sur-Mer
D197a
N13
D444
Montmartin-en Graignes
D44
D444
la Planque
Graignes
D29
D57
Tribehou
D57
Feugères
le Mesnilbus
D57
Monthuchon
D971
Coutances
© ULYSSE

Gratot. Assurez-vous de sortir de Coutances par la rue de Saint-Malo et la D44.

Pour visiter le **château de Gratot**, suivez le fléchage au rond-point. Ce château (XIVe siècle au XVIIIe siècle) a appartenu à la famille d'Argouges pendant cinq siècles. Depuis 1968, sa restauration est effectuée par une équipe de bénévoles. Laissez votre vélo au stationnement. Pour accéder à la cour, franchissez le petit pont sur les douves remplies d'eau.

### RENSEIGNEMENTS GÉNÉRAUX SUR COUTANCES

**Population**
9 715 habitants, les Coutançais

**Office de tourisme** : place Georges-Leclerc, 50200 Coutances, ☎ 02 33 45 17 79, ℻ 02 33 47 12 45

**Boutiques de vélos**
Lerouxel, 8 boul. Alsace-Loraine, ☎ 02 33 45 18 52
Le Guillois, 12 boul. Alsace-Loraine, ☎ 02 33 45 03 77

**Marché**
Le jeudi

**Principales manifestations** : Festival de jazz (Ascension); Festival Ciné-monument (août)

**Spécialités** : le fromage de Coutances, le Cosedia (gâteau)

**Carte**
IGN n° 16

Après votre visite, enfourchez votre vélo, et retournez sur la D44. À l'intersection avec la D57, prenez à gauche la direction de Pont-de-la-Roque et de Montmartin-sur-Mer. Continuez par la D20 jusqu'à **Pont-de-la-Roque**. Franchissez le pont sur la Sienne en direction de Montmartin. À la fourche, continuez par la D49 vers **Regnéville-sur-Mer**.

Cette station balnéaire vous charmera avec sa plage et son petit port de plaisance. Pour connaître l'histoire des activités maritimes du littoral de la Manche ainsi que le procédé de production de la chaux depuis

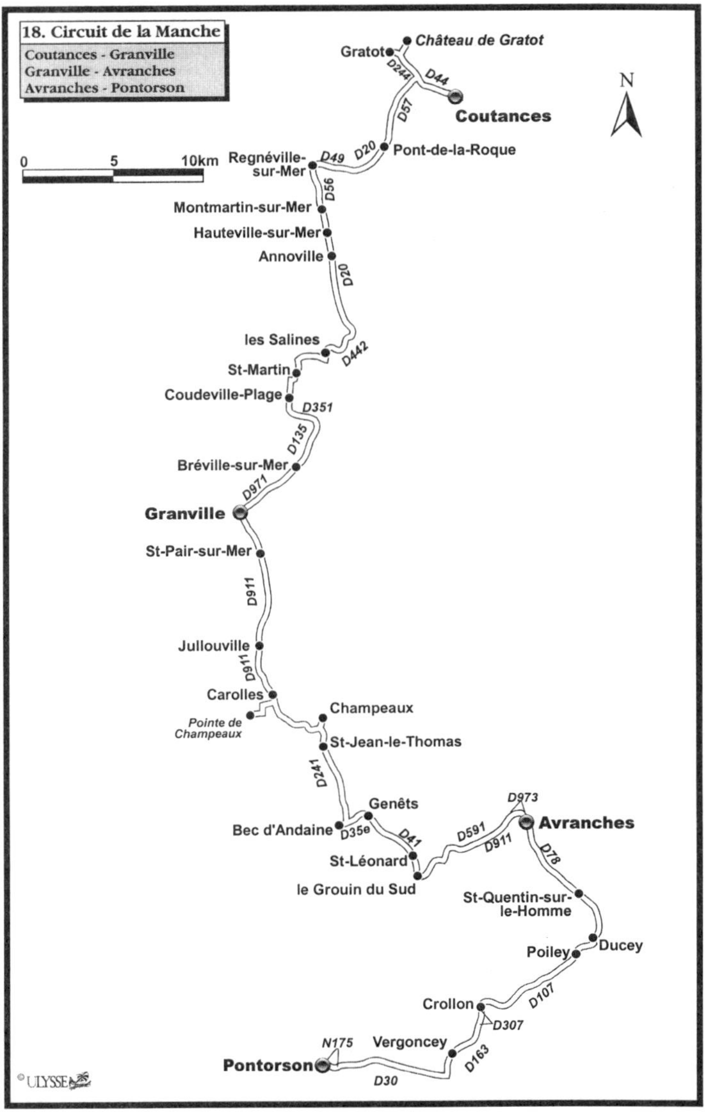
18. Circuit de la Manche
Coutances - Granville
Granville - Avranches
Avranches - Pontorson
0
5
10km
N
Château de Gratot
Gratot
D244
D44
Coutances
D57
D20
Pont-de-la-Roque
Regnéville-sur-Mer
D49
D56
Montmartin-sur-Mer
Hauteville-sur-Mer
Annoville
D20
les Salines
D442
St-Martin
Coudeville-Plage
D351
D135
Bréville-sur-Mer
D971
Granville
St-Pair-sur-Mer
D911
Jullouville
D911
Carolles
Pointe de Champeaux
Champeaux
St-Jean-le-Thomas
D241
Genêts
Bec d'Andaine
D35e
D41
St-Léonard
le Grouin du Sud
D591
D911
D973
Avranches
D78
St-Quentin-sur-le-Homme
Ducey
Poiley
D107
Crollon
D307
Vergoncey
D163
N175
Pontorson
D30
© ULYSSE

l'Antiquité, rendez-vous au Musée du Littoral et de la Chaux, à la sortie de la ville. La durée de la visite est d'environ 60 min.

Sortez de Regnéville-sur-Mer par la D49 vers **Montmartin-sur-Mer**. Gardez la droite, et longez la côte par la D156 vers Hauteville-sur-Mer. La route suit toujours le bord de mer. Des prés-salés broutent paisiblement dans les pâturages. Entrez à **Hauteville-sur-Mer**, puis traversez le village. S'il y a trop de vent pour le vélo, vous pouvez toujours troquer votre monture contre un char à voile, car la station est réputée pour ce sport.

Continuez par la D20 pour **Annoville** et Bréhal. Ce littoral est une zone de cultures potagères; on y fait pousser entre autres des carottes. Roulez sur une distance d'environ 5 km par la D20, puis prenez à droite la direction des Salines par la D442. Continuez toujours vers **les Salines** par la D135 puis la D442.

Faites attention! Cette route est submersible. Elle est impraticable pendant les hautes marées. Renseignez-vous auprès des habitants avant de vous y engager. Non loin du rivage, la mer est plantée de nombreux bouchots (ensemble de pieux d'un parc à moules). Un paysage inoubliable! À la marée basse, c'est la D375E qui vous mène au beau milieu des marais dans une zone protégée où paissent des moutons.

Poursuivez en direction de **Saint-Martin**. Longez le terrain de camping. Tournez à droite vers le village. Suivez le fléchage pour Granville en suivant toujours le bord de mer jusqu'à **Coudeville-plage**. Continuez en direction de Granville par la D351 puis par la D135 jusqu'à **Bréville-sur-Mer** (attention aux chemins sans issue vers la mer).

Tenez-vous prêt à affronter quelques bonnes côtes jusqu'à Granville. Sortez de Bréville-sur-Mer en empruntant la route qui monte jusqu'à la jonction avec la D971. Roulez avec prudence sur celle-ci pendant 5 km jusqu'à Granville. Encore une fois, vous serez soumis à rude épreuve pour entrer dans la ville; l'avenue de la Libération grimpe fortement sur le cap où fut bâtie la vieille ville. Un plan de la ville vous aidera dans vos déplacements, car, à Granville, il est difficile de s'orienter. L'office de tourisme se trouve dans la basse ville, sur le boulevard Cours Jonville.

**Étape de Granville à Avranches : 35 km**

Située dans la baie du Mont-Saint-Michel, **Granville** est une station balnéaire très animée avec son Centre régional de nautisme et son port de plaisance. Le célèbre couturier Christian Dior, né à Granville, y dessina un jardin de crête en 1920. Ce magnifique parc public est un bel exemple des jardins des demeures bourgeoises du début du siècle. Un bel endroit où contempler la mer et les îles Chaussey. Du parc, vous pouvez accéder à la plage bordée par une «digue-promenade».

La visite de la ville se termine par ses musées; le musée du Vieux Granville représente un beau témoignage de la vie maritime d'autrefois. À voir pour ceux qui aiment l'insolite : le musée des Coquillages, le palais des Minéraux et le jardin des Papillons.

RENSEIGNEMENTS GÉNÉRAUX SUR GRANVILLE

**Population**
12 800 habitants, les Granvillais

**Office de tourisme** : 4, cours Jonville, 50400 Granville, ☎ 02 33 91 30 03, ⇄ 02 33 91 30 19

**Boutiques de vélos**
Hall Moto Cycle, 40 rue du Vieux-Moulin, ☎ 02 33 50 11 61
Lecoulant, route de Coutances, ☎ 02 33 50 03 10

**Marché**
Le jeudi

**Principales manifestations** : Fête de la musique (21 juin); Grand Pardon de la mer (28 juillet)

**Carte**
IGN n° 16

Pour sortir de Granville, empruntez le boulevard des Amiraux-Granvillais vers le centre de nautisme. Suivez la direction de Saint-Pair-sur-Mer par la rue de la Crête. La rue s'élève fortement le long de la côte. Sortez de Granville par la D911. Une très belle vue s'offre à vous. Entrez à **Saint-Pair-sur-Mer**, et continuez à suivre la direction de **Jullouville** et de **Carolles** par la D911. Une plage de 5 km relie ces deux stations balnéaires. L'étape n'est pas longue; ainsi, vous pourrez profiter des randonnées pédestres proposées à Carolles-plage. Comptez environ une heure d'arrêt.

Suivez la direction de la vallée de Lude et d'Avranches. Faites attention! Vous devez attaquer une bonne montée où la circulation est parfois dense. Un sentier vous conduit aux falaises de **Champeaux**, d'où vous jouirez d'une belle vue sur le Mont-Saint-Michel; on a surnommé ce bout de chemin «le plus beau kilomètre de France». Ne le ratez pas!

Poursuivez jusqu'à **Saint-Jean-le-Thomas** dans une belle grande descente le long de la mer. Continuez par la D241 vers la plage et la cale Saint-Michel. Longez la côte. Au carrefour, suivez la route de Dragey et de Genêts pour sortir de Saint-Jean-le-Thomas. Suivez toujours la direction de Genêts, et roulez vers le **Bec d'Andaine** par la D35E. L'agréable plage de sable fin et de dunes invite à la flânerie. Profitez de l'extraordinaire vue sur la baie du Mont-Saint-Michel. Au Moyen Âge, les pèlerins, nommés «miquelots», traversaient à pied les grèves pour gagner le mont en coupant au court. En été, il est encore possible de revivre cette expédition de 6 km avec des guides compétents. Renseignez-vous à la maison de la Baie, au village de Genêts. On vous conseille de ne pas vous aventurer sur les grèves seul, la baie pouvant s'avérer dangereuse!

Reprenez la direction du village de Genêts par la D35E. Poursuivez par la D911 vers Vains et Avranches. À **Genêts**, suivez le fléchage pour la maison de la Baie. Ce petit bourg, niché au fond d'une anse, fut un port de ravitaillement pour le mont. Ce port a complètement disparu sous le sable. L'église de granit du XIe siècle est à voir. Suivez le bord de mer vers Jullovance par la D35E. Au grand carrefour, suivez la côte vers **Saint-Léonard**, et sortez de Genêts par la C9.

Poursuivez par la D41 vers la route côtière jusqu'à la pointe du **Grouin-du-Sud**. De cette belle route éventée, la vue s'étend sur le Mont-Saint-Michel et les pâturages où paissent des troupeaux de prés-salés : une vraie carte postale! Continuez par la D591 puis par la D911 vers Avranches. Traversez le pont sur la Cé, et entrez à Avranches par la D973. Au grand rond-point, suivez toujours Avranches par la rue nationale qui grimpe jusqu'au centre-ville. L'office de tourisme se trouve sur la rue du Général-de-Gaulle.

### Étape d'Avranches à Pontorson : 35 km

**Avranches** connut un passé aussi glorieux que tumultueux. Au cours de la dernière guerre, la ville a grandement été ravagée. Néanmoins, celle-ci conserve jalousement des trésors de sa grande époque monastique. L'église Saint-Gervais renferme la célèbre relique de saint Aubert, évêque d'Avranches au VIIIe siècle et fondateur du Mont-Saint-Michel. La bibliothèque du fonds ancien et le musée municipal abritent une collection des manuscrits de l'abbaye du Mont-Saint-Michel, héritage des moines du Mont-Saint-Michel (VIIe siècle au XVe siècle).

Avranches vous offre aussi deux magnifiques points de vue sur le mont : au fond du jardin des Plantes et depuis la plate-forme, emplacement de l'ancienne cathédrale (démolie en 1796) où Henri II de Plantagenêt fit amende honorable après le meurtre avoué de son ami Thomas Becket, évêque de Canterbury.

### RENSEIGNEMENTS GÉNÉRAUX SUR AVRANCHES

**Population**
10 000 habitants, les Avranchinais

**Office de tourisme** : 2, rue Général-de-Gaulle, 50300 Avranches, ☎ 02 33 58 00 22, ⇄ 02 33 68 13 29

**Marché**
Le samedi

**Principales manifestations** : Fête de la musique (juin); Musique en Baie (juillet); Fête des 3 Quartiers (septembre)

**Spécialités** : les prés-salés (moutons), les produits laitiers, les primeurs

**Carte**
IGN n° 16

Pour quitter la ville, à partir de l'office de tourisme continuez tout droit vers la rue de la Constitution en suivant la direction du Mont-Saint-Michel. Au grand rond-point, la place Patton (officiellement décrétée territoire américain), prenez la sortie de Saint-Quentin-sur-le-Homme. Sortez d'Avranches par la D78. La route comporte de grandes montées et de longues descentes. Roulez jusqu'à **Saint-Quentin-sur-le-Homme**. Au village, tout de suite après l'église, tournez à la D78 vers Ducey.

Poursuivez jusqu'à **Ducey**, situé sur la rive droite de la Sélune. Le château, en cours de restauration, fut bâti en 1624 par Gabriel II de

Montgomery. Arrivé à la N176, prenez la direction de Saint-James et d'Avranches. Franchissez le pont sur la Salune. Faites attention! Immédiatement après, tournez à gauche vers **Poiley** par la D107. La route serpente au beau milieu de grandes fermes où l'on élève des chevaux. Continuez jusqu'à **Crollon**. À l'église du village, continuez tout droit vers Vergoncey par la D307. Au carrefour, poursuivez par la D163 jusqu'à **Vergoncey**.

Continuez vers Pontorson par la D163. La route est assez vallonnée à cet endroit. À la jonction avec la D80, suivez toujours la direction de Pontorson. Immédiatement après, suivez la D30, et roulez jusqu'à Pontorson. Entrez par la N175 vers le centre-ville; l'office de tourisme est situé sur la place de la Mairie.

**Pontorson** est une ville carrefour aux confins de la Normandie et de la Bretagne, à seulement 10 km du Mont-Saint-Michel. Orson, chef normand, fit construire un pont sur la rivière Couesnon en 1031, d'où son nom. Guillaume le Conquérant a failli périr en traversant les eaux dangereuses de cette rivière. L'épisode est d'ailleurs illustré sur la fameuse tapisserie de Bayeux (voir p 161 pour les renseignements généraux sur Pontorson).

Vous pouvez continuer jusqu'à Saint-Malo en suivant le circuit de la Bretagne, soit l'étape de Pontorson à Saint-Malo via le Mont-Saint-Michel.

Si vous désirez prendre le TGV pour revenir à Paris, prenez, en sens inverse, la route de l'étape de Rennes à Pontorson du circuit de la Bretagne, ou prenez le train pour Rennes en vous assurant d'enregistrer votre vélo directement pour Paris.

# LA BRETAGNE

«Bretagne, terre de vélo», un simple titre et pourtant le début de toute une aventure! C'est une contrée authentique et mystique qui m'accueilla pour mon premier voyage à vélo en France. Voici pour vous, amoureux de la bicyclette, un grand tour de Bretagne vous permettant de parcourir les quatre départements de la région. À grandes «pédalées», vous pourrez explorer l'infinie variété de son riche patrimoine en suivant le millier de kilomètres de chemins en Armor, le pays de la mer, jusqu'à l'intérieur des terres, en Argoat, le pays des bois. Quel programme! Il y a là au moins trois belles semaines d'aventure. Si le temps vous y contraint, alors faites une seule partie du grand tour, soit au nord, soit au sud ou, encore mieux, un peu des deux. À vous de choisir!

Un premier parcours, nommé ici «Haute-Bretagne», débute à **Rennes**, la capitale. Ville d'art et d'histoire, dotée d'une architecture variée, Rennes se présente aujourd'hui comme une cité jeune, dynamique et animée. Avec ses 210 000 habitants, dont près d'un quart d'étudiants, ses universités et ses nombreuses écoles, cette grande métropole bretonne vous accueille et vous ouvre les portes à la découverte de sa fabuleuse région.

Vous voilà bien en selle pour découvrir un circuit où se succèdent les somptueux paysages marins de la baie du Mont-Saint-Michel, de la côte d'Émeraude et de la côte de Goëlo. Parcours obligé si vous avez lu *Mémoires d'outre-tombe* : le **château de Combourg** préserve le souvenir de l'écrivain François René Chateaubriand. Le «lac tranquille» et les marronniers séparent l'imposant château féodal du vieux village.

Puis, la route sillonne la campagne et vous conduit jusqu'à la mer, vers la baie imprégnée de sel et d'iode : sublime, le **Mont-Saint-Michel** surgit entre ciel et mer. À mesure que vous avancez, vous ne pourrez plus le quitter du regard. D'un simple oratoire au VII$^{e}$ siècle, le site devint un haut lieu de pèlerinage très fréquenté au Moyen Âge. Il prit alors le nom de «Mont-Saint-Michel-au-péril-de-la-mer». Merveille de l'architecture médiévale, rassemblé sur trois niveaux, le site est classé monument historique depuis 1874. La baie du Mont-Saint-Michel offre un paysage grandiose qu'on ne se lasse pas de contempler et de photographier!

En parcourant la côte d'Émeraude vers Saint-Malo, ne soyez pas surpris de croiser des chars à voile à l'approche de **Cherrueix**. Avec ses longues grèves aux quatre vents, cet endroit est tout désigné pour ce sport. Cet accueillant petit bourg vit de la pêche et de l'agriculture. Faites une pause au bar du village. Vous aurez peut-être la chance de discuter avec un des pêcheurs, une bolée de cidre à la main.

À **Saint-Malo**, posez votre vélo, car la cité des corsaires et des marins au long cours vous invite à mettre vos pas dans ceux de Jacques Cartier (Canada), de Robert Surcouf (Indes) et de Duguay-Trouin (Brésil). Ancien fief de riches armateurs, la ville a conservé ses maisons et ses hôtels particuliers de granit au toit pointu, enserrés dans de lourds remparts : un patrimoine restauré unique en son genre!

Depuis Saint-Malo, l'itinéraire remonte les rives escarpées de la Rance jusqu'à **Dinan**, au fond de l'estuaire. À l'arrivée, la vue sur les lieux est impressionnante : la cité fortifiée se dresse devant vous à 75 m au-dessus de la Rance. En contrebas, le long des berges, sont accostés des bateaux de plaisanciers et quelques barques de pêcheurs. Dinan connut la prospérité au moment de la colonisation du Nouveau Monde grâce à la fabrication du drap et de la toile. C'est de ce port qu'on livrait à Saint-Malo la toile à voile. Aujourd'hui, plusieurs cafés et restaurants vous permettent de flâner, de rêvasser et de vous restaurer.

L'itinéraire reprend la direction des côtes du Nord vers des sites naturels grandioses où le vent n'est pas aussi discret que le souhaite le cycliste... Par ailleurs, le paysage est tout à fait extraordinaire :

falaises et caps de grès rose, abris de milliers d'oiseaux marins, mer tonique et vivifiante, plages de sable fin et dunes dorées propices à la détente. En plus de ces merveilles de la nature, il y a la tradition, le patrimoine rural, les villages de pêcheurs aux maisons et aux églises de couleur rose. À cela, s'ajoutent quelques fiers châteaux. Ainsi, parmi les ajoncs et les bruyères de la lande sauvage du **Cap Fréhel**, vous découvrirez le fort La Latte, imposante forteresse rose surplombant la mer d'une soixantaine de mètres.

C'est aux **Sables-d'Or-les-Pins**, station balnéaire au nom évocateur (à mon avis la plus belle plage de tout le circuit) que le parcours tourne le dos au vent du large. Quelques coups de pédales, et vous allez pénétrer dans la Bretagne profonde loin de l'agitation côtière. Les villages ne manquent pas de pittoresque, et certains se tassent autour de leur enclos paroissial, espace sacré constitué d'une église, d'un cimetière et d'un calvaire. Cette forme d'art paroissial est propre à la Bretagne et s'épanouit de 1550 à 1650 environ. Des croix de carrefour, des chapelles de pèlerinage en pleine campagne, des églises aux vitraux iconographiques de la «Passion» ou de l'«Arbre de Jessé», autant d'héritages religieux ponctuent la route dans cette région de France si fortement marquée par la foi chrétienne.

Le circuit traverse de petites villes pétries d'histoire mouvementée. Au XII^e^ siècle, **Lamballe** fut la capitale du duché de Penthièvre, branche de la Maison de Bretagne. De nos jours, cette petite ville est associée à son haras national (établissement où l'on élève des chevaux), abritant jusqu'à 400 chevaux : postier breton, pur-sang, Connemara. **Moncontour** fut une importante place forte du duché de Penthièvre. La ville connut la prospérité au milieu du XVII^e^ siècle par la fabrication et le commerce des «berlingues», toiles de lin et de chanvre. Dans cette campagne vallonnée, la petite ville de caractère est un lieu magique pour reprendre des forces.

**Pontivy** ne manquera pas de vous plaire avec ses fêtes et son agitation de ville universitaire et commerçante dans cette dernière étape du parcours de Haute-Bretagne. Vieille cité d'Argoat, elle garde l'empreinte des ducs de Rohan avec son château d'architecture militaire du XV^e^ siècle. La ville étalée sur la rive gauche du Blavet a deux quartiers juxtaposés d'époques différentes. La vieille ville avec ses venelles sinueuses, ses maisons à pans de bois et sa basilique Notre-Dame-de-la-Joie, au cœur de la zone piétonne. Puis, Napoléonville se caractérise par son architecture impériale, ses rues à angle droit, ses grands boulevards et ses squares.

Le grand tour de Bretagne se poursuit au cœur de l'Argoat, contrée de rivières, de chaos granitiques, de forêts donnant lieu à de nombreuses légendes. La route passe par la magnifique **forêt de Pont-Callek**, dans la vallée du Scorff : hêtres, châtaigniers, sorbiers, ifs, etc., lieu de rendez-vous des promeneurs et des pêcheurs. Dans cette région, très accidentée entre les rivières Scorff et Ellé, le parcours devient plus «sportif». Selon une légende, les **Roches du Diable**, chaos de granit aux formes étranges sur la rivière Ellé, appartenaient au démon. Malgré son nom, ces rapides attirent en grand nombre les amateurs de canoë-kayak.

**Quimperlé**, «Cité des Trois Rivières», est une très jolie ville bâtie au confluent des rivières Ellé et Isole, qui se rejoignent pour former la rivière Laïta.

Le circuit de la **Côte-sud** débute en Cornouaille, le «Midi» de la Bretagne. **Quimper** s'étend le long de l'Odet. Les cafés étalés sur ses quais sont autant de lieux privilégiés où vous pourrez observer le va-et-vient des Quimperois tout en vous régalant de la gastronomie bretonne. Je ne parle pas ici de galettes de sarrasin ou de crêpes au froment, quoique le blé noir servi en crêpe avec une bolée de cidre reste le repas traditionnel des festivités et fait la grande joie des cyclistes végétariens. Je pense plutôt à la cotriade, une «chaudronnée» de poissons, le ragoût des prés-salés, l'andouille de Guéméné et bien sûr le homard à l'armoricaine. L'huître Belon se reproduit, s'élève et s'affine sur la côte sud (Belon) et sur la côte nord (Cancale). Malheureusement pour vous cycliste, la meilleure période pour la dégustation va de septembre à avril. Connaissez-vous la cervoise, la bière d'Astérix ou le chouchen, un alcool de miel des druides, ou encore la lambig, une eau-de-vie de cidre?

Laissons les délices du palais, et poursuivons pour le plaisir des yeux vers d'autres lieux enchanteurs. Le parcours suivant explore les charmants petits ports, les criques et les baies où sommeillent les voiliers. Il faut prendre le temps d'aller jusqu'au bout des chemins. C'est toute la vie de la Cornouaille que vous allez découvrir : **Sainte-Marine**, **Bénodet**, et la pointe de **Mousterlin**, avec sa plage sauvage de rochers ou de sable fin. L'endroit est idéal pour le pique-nique et offre un beau point de vue sur les îles de Glénan.

L'itinéraire sillonne toujours la côte vers la station balnéaire de **Beg-Meil**, avec ses plages de sable bordées de pins et de belles villas qui ont accueilli Marcel Proust, Sarah Bernhardt et biens d'autres illustres personnages. Le port de plaisance de **Forêt-Fouesnant**, le plus important de la région, anime le pittoresque bourg. Surtout ne partez pas sans avoir goûté au cidre parfumé, si réputé, du pays fouesnatais. Une magnifique région boisée vous sépare de **Concarneau**, grand port de pêche. La vue se porte ensuite sur la coquette petite ville close, cœur historique de Concarneau.

**Pont-Aven**, blottie dans la vallée de l'Aven, doit sa célébrité à Paul Gauguin et à ses amis, qui y séjournèrent à la fin du siècle dernier. Amateurs de Gauguin, prévoyez du temps pour une petite excursion dans le Bois d'Amour jusqu'à la **chapelle de Trémalo**. À l'intérieur, le Christ en bois de la nef a servi de modèle à son fameux *Christ jaune*, peint en 1889.

Suivant toujours la côte, l'itinéraire se prolonge dans le Morbihan (seul département à porter un nom breton) vers **Guidel-Plage**, située à l'embouchure de la Laïta. **Lorient** se développa grâce à la Compagnie des Indes, fondée par Louis XIV. Épices, tapis, porcelaines, soieries, etc. firent sa fortune. La cité fut détruite par les bombardements de la Deuxième Guerre mondiale. Aujourd'hui encore, l'intérêt de la ville se porte sur ses ports : commerce, pêche, guerre, plaisance. Lorient est le lieu d'embarquement pour l'**Île de Groix**.

**Sainte-Anne-d'Auray** est le lieu de pèlerinage le plus fréquenté de Bretagne. Sainte Anne, mère de Marie et patronne des Bretons, y est honorée depuis le VI$^{e}$ siècle. Elle apparut à un pieux laboureur en 1624 et en 1625. Le cloître, classé monument historique, conserve le trésor de Sainte-Anne-d'Auray, qui contient des *ex-voto*, c'est-à-dire des objets offerts par les pèlerins en signe de remerciement. Parmi ces innombrables objets, figure le maillot jaune de l'ancien coureur du Tour de France, Jean Robic!

Pour les gens fascinés par l'inconnu, une excursion s'impose vers **Carnac**, «le lieu où il y a des monticules de pierre», pour découvrir une région énigmatique, si dense en mégalithes. Des pierres brutes, inégales, dressées, alignées, couchées, jonchent le sol sur 4 km entre le **golfe du Morbihan** et la rivière Étel.

Le golfe est en fait une petite mer intérieure parsemée d'îlots, qui se prolonge à l'intérieur des terres en rivières. Le parcours le pénètre jusque dans la pointe de **Baden-Armor**, en passant par **Arradon**, exposée plein sud. Le climat est chaud; vous remarquerez les figuiers, les lauriers roses, les camélias et les mimosas. C'est à **Vannes**, sortie intacte de l'Histoire, que fut signée, le 13 août 1532 par Anne de Bretagne, la réunion du duché de Bretagne au royaume de France. Son vieux quartier, fermé de solides remparts, conserve jalousement les trésors de cette époque.

La route tortueuse vers **Muzillac** vous fera travailler un peu; pour oublier l'effort, profitez de la vue qu'elle offre sur l'étang de Pen-mur, domaine des martins-pêcheurs et des poules d'eau. À l'approche du pays de Loire, l'environnement change peu à peu. Le parcours reste côtier jusqu'à **Piriac-sur-Mer**. Ce bourg, avec son port de pêche artisanal et ses belles demeures, a charmé plusieurs écrivains au XIX$^{e}$ siècle : Flaubert, Daudet, Zola. Pour vous rafraîchir, à l'ouest du village, la jolie plage est facile d'accès.

ADRESSES UTILES

**Fédération française de cyclotourisme**
Ligue de Bretagne, La bouderie
35440 Dingé
☎ 02 99 45 00 86

**ABRI-Maison de la Randonnée (Gîtes d'étape)**
9, rue des Portes Mordelaises
35000 Rennes
☎ 02 99 31 59 44

Bateau pour l'Île de Groix
Renseignements auprès de la compagnie MN
☎ 02 97 64 77 64

Surnommée «Carcassonne bretonne», la cité médiévale de **Guérande**, entourée de remparts percés de quatre portes fortifiées, domine la région des marais salants à l'origine de sa prospérité. Honoré de Balzac l'a décrite comme *«un magnifique joyau de la féodalité»*. Avant de quitter le pays blanc, profitez d'un moment de farniente sur la Côte d'Amour et sa fameuse plage de 8 km.

Le **Parc régional de la Grande Brière**, espace unique, original et préservé, conserve un patrimoine exceptionnel. Si vous êtes amoureux de la nature, c'est en barque, poussée à la «pigouille», qu'il vous faut explorer la vraie Brière : roseaux, nénuphars, hérons cendrés, mésanges à moustaches et autres trésors du silencieux marais.

Depuis **Nantes**, au carrefour de trois provinces, l'exploration continue le long du plus long fleuve de France, dans la vallée de la Loire.

# GRAND TOUR DE BRETAGNE

Le grand tour de Bretagne (1 000 km, 17 étapes, niveau de difficulté très élevé) comprend le circuit de la Haute-Bretagne, les étapes reliant Pontivy à Quimperlé et Quimperlé à Quimper, ainsi que le circuit de la Côte-sud. Il est aussi possible de faire un tour de Bretagne plus court (800 km, 13 étapes, niveau de difficulté très élevé) en joignant Pont-Scorff depuis Quimperlé (voir p 174).

## 19. Circuit de la Haute-Bretagne

**Distance totale :** 355 km
**Nombre d'étapes :** 6
**Niveau de difficulté :** 🚲 🚲 🚲

**Schémas** pp 159, 167
**Cartes** A16-A17-A18

**Étape de Rennes à Pontorson : 65 km**

Ce circuit explore la côte nord de la Bretagne et l'intérieur du pays jusqu'à Pontivy. Le retour vers Paris peut se faire par le TGV via Vannes.

Si vous désirez éviter de rouler à bicyclette dans les rues plutôt encombrées de Rennes et sortir de la ville, où la circulation automobile risque de vous gêner sur une distance d'environ 20 km, vous pouvez prendre le train jusqu'à **Pontorson**. Faites quand même une étape à Rennes, ce qui vous permettra de visiter la ville. Vous pourrez ensuite prendre le train jusqu'à Pontorson, deux jours plus tard par exemple. Cependant, il est très important d'enregistrer votre vélo depuis la gare de Paris directement pour Pontorson et non pas à Rennes. Cela vous évitera d'attendre et, surtout, de l'expédier une deuxième fois en payant de nouveau le coût du transport.

À l'époque romaine, **Rennes** prospéra pendant trois siècles. Plus tard, on l'entoura de fortifications, et, avec ses maisons à pans de bois, la ville prit une allure très médiévale. En 1720, un incendie éclata dans l'atelier d'un menuisier et ravagea la ville. La reconstruction dura environ 12 ans. Le quartier de la cathédrale Saint-Pierre fut cependant épargné du feu. C'est dans un dédale de ruelles que de belles maisons médiévales y côtoient les hôtels particuliers du XVIe siècle au XVIIIe siècle. La porte Mordelaise est le seul vestige des remparts qui subsiste.

RENSEIGNEMENTS GÉNÉRAUX SUR RENNES

**Population** : 210 000 habitants, les Rennais

**Office de tourisme** : Pont de Nemours, 35000 Rennes,
☎ 02 99 79 01 98, ⇌ 02 99 79 31 38

**Boutiques de vélos**
Guédard, 13 boul. Beaumont, ☎ 02 99 30 43 78
Dubourg, 15 rue André-Rolault, ☎ 02 99 50 21 50

**Marché**
Le samedi

**Principales manifestations** : Feu de la Saint-Jean (24 juin); Festival de la Création bretonne «Les tombées de la nuit» (début juillet)

**Spécialités** : la Casse Rennaise (plat à base de tripes), la confiserie

**Accès** : par route depuis Paris : A11, Oceane; par train depuis Paris : TGV, gare de Montparnasse-Rennes

**Carte**
IGN n° 16

Vous pouvez aussi flâner du côté des quais de la Vilaine. Eh oui, saviez-vous qu'il y a une rivière qui coule au beau milieu de Rennes? On ne voit plus la Vilaine, car elle fut canalisée au XIXe siècle. Situé sur le quai Émile-Zola, le très riche Musée des beaux-arts et d'archéologie abrite, entre autres, une importante collection de peintures du XVIIe siècle. Au rez-de-chaussée, le musée de Bretagne est le prélude à votre voyage. Non loin, le jardin du Thabor s'étend sur 4 ha de verdure en plein centre-ville, aménagés en jardins à la française, en parcs à l'anglaise, agrémentés de serres, de roseraies, de sculptures, d'un romantique kiosque à musique et d'un bel escalier du XIXe siècle qui sert d'entrée au jardin sur la rue de Paris.

Pour sortir de Rennes, de la place de la Gare prenez l'avenue Jean-Janvier. Traversez le pont Pasteur, et longez les quais en suivant les grands boulevards en direction de Saint-Malo. Au grand carrefour et au feu de circulation, traversez le pont. Immédiatement après, prenez à droite la direction de Saint-Grégoire par la D82. Longez les murs du cimetière. Empruntez la bande cyclable. Au grand rond-point,

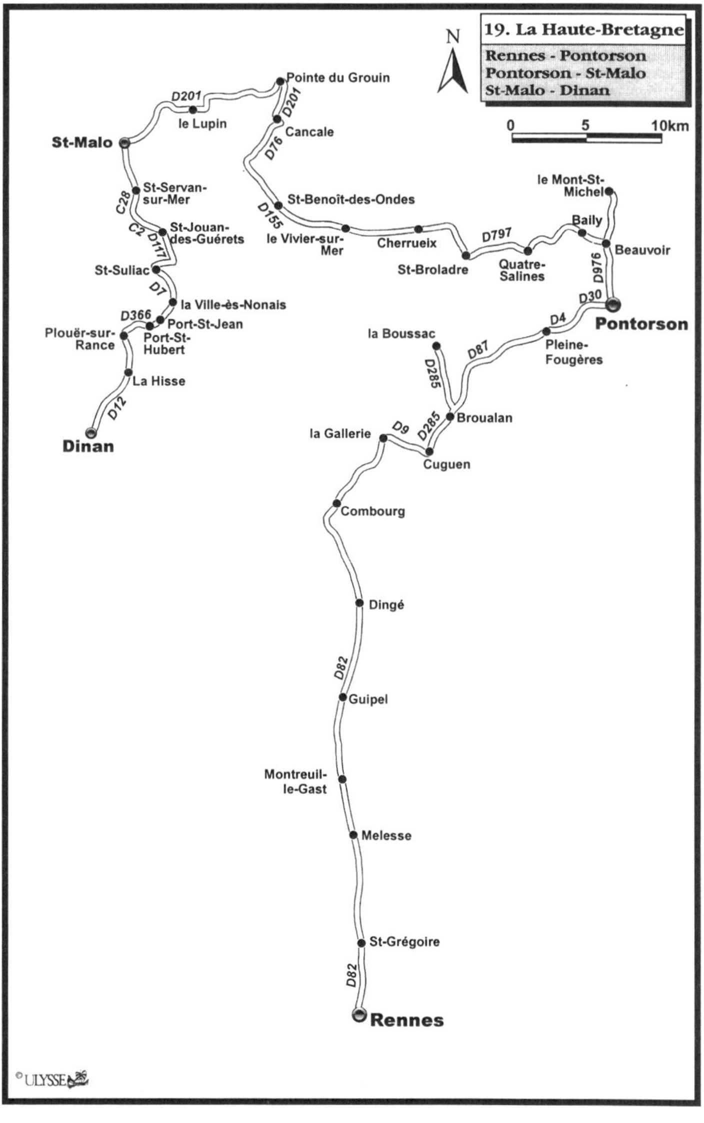
19. La Haute-Bretagne
Rennes - Pontorson
Pontorson - St-Malo
St-Malo - Dinan
N
0
5
10km
Pointe du Grouin
D201
le Lupin
D201
Cancale
St-Malo
D76
St-Servan-sur-Mer
C28
St-Benoît-des-Ondes
D155
le Mont-St-Michel
St-Jouan-des-Guérets
C2
D117
le Vivier-sur-Mer
Cherrueix
D797
Baily
Beauvoir
St-Suliac
St-Broladre
Quatre-Salines
D976
D7
la Ville-ès-Nonais
D30
D366
Port-St-Jean
D4
Pontorson
Plouër-sur-Rance
Port-St-Hubert
la Boussac
D87
Pleine-Fougères
La Hisse
D285
D12
Broualan
D285
la Gallerie
D9
Dinan
Cuguen
Combourg
Dingé
D82
Guipel
Montreuil-le-Gast
Melesse
St-Grégoire
D82
Rennes
© ULYSSE

suivez toujours la direction de Saint-Grégoire. Vous pouvez rouler sur la bande cyclable, longue de 3 km.

Entrez à **Saint-Grégoire**, et continuez par la D82 vers **Melesse**, **Montreuil-le-Gast** et Guipel. La route est vallonnée, et vous risquez de rencontrer une circulation automobile assez dense sur une vingtaine de kilomètres. Redoublez de prudence!

Poursuivez jusqu'à **Guipel**. La route devient plus tranquille. Traversez le canal d'Ille et la Rance. Continuez jusqu'à **Dingé**. Le parcours s'élève au milieu de grands champs cultivés. Poursuivez par la D82, qui descend longuement jusqu'à **Combourg**. Longez le vaste étang, et entrez en ville. Le château reste toujours la propriété des descendants du célèbre écrivain breton François René de Chateaubriand. On y visite les appartements, les meubles et accessoires ayant appartenu au jeune François René de Chateaubriand. Ouvert aux visiteurs tous les jours, sauf le mardi.

Sortez de Combourg en suivant la signalisation pour Fougères et Vitré. Faites attention! Surveillez bien sur la gauche : un petit panneau cloué sur le mur d'un bar indique Lourmais. Assurez-vous de sortir de Combourg par la V17. À la fourche (croix au milieu), gardez la droite, et roulez tout droit (ne prenez aucun chemin de traverse) jusqu'à **Lourmais**. À la sortie du bourg, vous arriverez à une intersection face à un champ. Tournez à gauche pour continuer vers le petit bourg de la Galerie (pas de panneau). À l'intersection avec la D9, tournez à droite vers Mon Idée; vous apercevrez sur le bord du chemin une borne indiquant la D9 une fois que vous aurez roulé quelques mètres. Continuez jusqu'au mignon petit village de **Cuguen**.

La route grimpe vers le centre du village. Suivez la direction de Pleine-Fougères par la D83. Puis, prenez à gauche la direction de **Broualan**. Faites une pause, et profitez de ce charmant bourg. Remarquez le calvaire sur la place. Des inscriptions en lettres gothiques y sont gravées. L'église du XV$^{e}$ siècle mérite votre attention.

Prenez ensuite la D87 en direction de la Boussac et de Dol-de-Bretagne. Poursuivez par la D285 vers Dol-de-Bretagne. Une grande descente vous mène à **la Boussac**. Au carrefour, à la sortie du village, bifurquez à droite sur la D87 (pas de panneau). Une vingtaine de mètres plus loin, à la croisée des chemins, continuez vers la ferme Pierre-Blanche en suivant le panneau marqué d'un logotype vert, le circuit du pays de Dol-de-Bretagne. Le parcours atteint les hauteurs et offre un joli panorama.

Continuez toujours par la D87. Traversez une grande route, et continuez tout droit en direction de **Saint-Broladre.** À la jonction avec la D4, continuez jusqu'à Pleine-Fougères. Poursuivez par la D4 ainsi que par la D30 jusqu'à Pontorson. Continuez vers le centre-ville et l'office de tourisme, situé sur la place de la Mairie.

### Étape de Pontorson à Saint-Malo (via le Mont-Saint-Michel) : 70 km

**Pontorson** est une ville carrefour aux confins de la Normandie et de la Bretagne. Orson, chef normand, fit construire un pont sur la rivière Couesnon en 1031, d'où son nom. L'église fut édifiée sur la demande de Guillaume le Conquérant après qu'il eut été sauvé des eaux de la dangereuse rivière.

RENSEIGNEMENTS GÉNÉRAUX SUR PONTORSON

**Population**
3 400 habitants, les Pontorsonnais

**Office de tourisme** : place de la Mairie, 50170 Pontorson,
☎ 02 33 60 20 65

**Marché**
Le mercredi

**Spécialités** : l'omelette traditionnelle, les prés-salés (moutons), le saumon de la Baie, les fruits de mer

**Carte**
IGN n° 16

Sortez de Pontorson en direction du Mont-Saint-Michel et de Beauvoir en suivant la D19. Passez devant l'auberge de jeunesse. Au rond-point, prenez la D976 vers le **Mont-Saint-Michel**. En sortant de Beauvoir, on commence à apercevoir le clocher de l'église abbatiale, pièce maîtresse des constructions du mont. Rapporté par la légende, un énorme raz de marée isola le mont Tombe du continent. Une digue insubmersible de 1 800 m (construite en 1877) vous mène au site.

Jetez un coup d'œil du côté du stationnement; il m'est difficile de ne pas vous parler du million de visiteurs qui se bousculent ici chaque année; le Mont-Saint-Michel est un des sites les plus visités de France!

Continuez jusqu'à l'entrée. Cadenassez votre vélo à un endroit bien en vue. Chaussez-vous convenablement, car l'unique rue de la petite ville grimpe raide au flanc de la colline jusqu'à l'abbaye. Les visites, d'une heure environ, se font sous la conduite d'un guide. Si vous désirez tout voir du site, c'est-à-dire la Grande-Rue, l'abbaye, les musées et le tour des remparts, votre visite durera environ trois heures, et il vous faudra prévoir une étape plus courte, en dormant à Cancale par exemple (étape de 50 km).

Après votre visite, revenez vers **Beauvoir**. Suivez la signalisation pour le *polder panorama* et la rive du Couesnon. Ce tout petit chemin, le long des fermes et des terres maraîchères, ne porte pas de numéro. La vue sur le mont, les grèves et les pâturages des prés-salés est magnifique. Continuez toujours tout droit en suivant Dely, Lahaie et Foucault. Juste après la maison de ferme, vous faites face à un cul-de-sac. Tournez à gauche. Une fois au carrefour, prenez à droite vers les **Quatre-Salines**. Suivez toujours cette direction ainsi que celle de Saint-Malo. À la jonction avec la D797, roulez vers **La Poultière** et Saint-Malo. L'étroite route est valonnée, et la circulation automobile est assez dense.

Continuez toujours par la D797 vers **Saint-Broladre**. Au village, suivez la direction de Cancale et de Saint-Malo par la côte. Roulez environ 10 m, tournez à droite sur une petite route, et continuez vers le bord de la mer. À la fourche, bifurquez à droite en direction de l'Angle (petit logotype vert). Cette petite route, le long du rivage, traverse une mosaïque de terres cultivées (carottes, pommes de terre, laitues, etc.) jusqu'au village de **Cherrueix**.

Sortez de Cherrueix. Continuez par la D155 vers **le Vivier-sur-Mer**. Une balade à bord d'un bateau amphibie, *la Sirène-de-la-Baie*, est l'occasion de mieux découvrir la beauté des paysages de la baie tout en dégustant des moules élevées sur place. Sur la rue principale du village, il y a aussi des comptoirs où l'on peut acheter des moules et des huîtres.

Ensuite, on commence à apercevoir la pointe de Cancale. Poursuivez par la D155 jusqu'à **Saint-Benoît-des-Ondes**. Continuez par la D76 en suivant toujours la direction de Saint-Malo par la côte. Le vent souffle fort! En entrant à **Cancale**, prenez la route panoramique sur la droite. Différents points de vue se succèdent sur le port et sur la pointe du Hoc. Entrez à Cancale par le port de la Houle. Depuis longtemps, Cancale est renommée pour ses huîtres plates. Elles se retrouvaient autrefois sur la table du roi deux fois par semaine! À marée basse, on peut voir les parcs à huîtres dans la baie.

Sortez de Cancale par la D201 en direction de la Pointe du Grouin et de Saint-Malo par la route touristique. Continuez tout droit vers la **Pointe du Grouin**. Vous pouvez laisser votre vélo au stationnement, près du sémaphore, et faire une balade sur le sentier pédestre. Il y a beaucoup de vent à cet endroit : couvrez-vous. On y observe des oiseaux marins de l'île de Landes.

Poursuivez par la côte et la D201 vers Paramé et Saint-Malo. Le panorama est magnifique. La route, battue par le vent, descend dans de beaux virages. Des sentiers pédestres mènent à de belles plages de sable. Le chemin surplombe de nouveau la mer le long de la falaise. Faites attention! Les petits sentiers qui descendent vers les plages mènent à des campings et sont sans issue. Vous allez devoir remonter ces côtes abruptes pour continuer par la route principale.

En arrivant au havre de **le Lupin**, on a un beau point de vue sur la presqu'île et les jolis voiliers ancrés dans l'anse. La route passe devant une ancienne malouinière (demeure bourgeoise de campagne).

Le Manoir Jacques-Cartier se trouve dans le quartier de Rothéneuf, à l'entrée de Saint-Malo. Vous devez vous rendre d'abord à la place du Canada, au centre de Rothéneuf. Suivez ensuite la rue David-MacDonald-Stewart. Installé dans la malouinière restaurée, ce musée évoque la vie quotidienne et les voyages du découvreur du Canada. Visites guidées tous les jours en été.

Pour entrer à Saint-Malo, revenez au boulevard de Rothéneuf, la D201. Suivez la direction du centre-ville *intra-muros*. Longez les boulevards et la digue. Lors des grandes marées, la mer peut vous éclabousser! Continuez jusqu'au port et la porte Saint-Vincent. L'office de tourisme se trouve sur votre gauche.

### Étape de Saint-Malo à Dinan : 35 km

**Saint-Malo**, ville close, fut reconstruite fidèlement à l'original après les bombardements de 1944. Un circuit fléché (de la place Chateaubriand) permet de parcourir ses rues sans rien manquer. Le tour des remparts est un classique; vous profiterez de la vue qu'offre cette intéressante balade. Au lever du jour ou au coucher du soleil, c'est encore plus féerique. Prenez les escaliers à la porte Saint-Vincent. À marée basse, il est possible de vous rendre à l'îlot Grand-Bé jusqu'au tombeau de l'écrivain François René de Chateaubriand ou au Fort national, construit par Vauban au XVII$^{e}$ siècle pour doubler la protection de Saint-Malo.

RENSEIGNEMENTS GÉNÉRAUX SUR SAINT-MALO

**Population** : 50 000 habitants, les Maloins

**Office de tourisme** : Port des Yachts, 35400 Saint-Malo,
☎ 02 99 56 64 48, ⇄ 02 99 40 93 13

**Boutiques de vélos**
M'road, 2 place de la Grande Hermine, ☎ 02 99 40 13 15
Cycle Le Bourg, 76 rue de la Marne, Saint-Servan,
☎ 02 99 81 74 13
Cycle Diazo, 47 Quai Dugay-Trouin, ☎ 02 99 40 31 63

**Marché**
Tous les jours, sauf le dimanche

**Spécialités** : la Patate de Saint-Malo (pâte d'amande), les Craquelins

**Principales manifestations** : Saint-Malo Folklore du Monde (début juillet); Fête du Clos Poulet (mi-juillet); Festival de Musique sacrée (mi-juillet à mi-août)

**Carte**
IGN n° 16

Pour visiter **Dinard**, une élégante station balnéaire au charme rétro,c'est mieux de traverser en bateau. Au départ du port de Saint-Malo, vous profiterez d'un autre superbe point de vue sur la vieille cité corsaire, puis vous éviterez la dangereuse (pour un cycliste) traversée du pont menant à Dinard.

Pour sortir de Saint-Malo, rendez-vous au port et à l'office de tourisme. Traversez le pont. Suivez la piste cyclable. Au grand rond-point, face à la gare, prenez «toutes directions» et **Saint-Servan-sur-Mer**. Puis, suivez la signalisation pour le barrage de la Rance, Dinard et Bellevue. À l'autre rond-point, suivez toujours le barrage de la Rance, la Lorette et la Madeleine. Prenez immédiatement à droite, et continuez vers le barrage et Dinard. Passez devant le panneau «La Goëletterie». Sortez de Saint-Malo par la D201, passez sous le viaduc, et suivez la direction de la Passagère. Prenez tout de suite la C28 vers le château du Bos et la Passagère. Continuez tout droit vers **Saint-Jouan-des-Guérets**, et entrez au village par la C2. Continuez vers Saint-Suliac par la D117. Jolie vue sur la Rance. Entrez à **Saint-Suliac**. Prenez la rue principale, qui descend vers le port. En revenant, faites une pause à l'église du XIII$^{e}$

siècle. Sortez en direction de Châteauneuf par la D7. Surveillez bien sur la droite le menhir appelé «la dent de Gargantua». À la fourche, gardez la droite vers **la Ville-ès-Nonais**. La route grimpe. Profitez du panorama qu'elle offre.

Continuez ensuite vers Port-Saint-Jean et Plouër-sur-Rance par la D366. Passez au-dessus de la N176, et entrez à **Port-Saint-Jean**. Franchissez le pont suspendu au-dessus de la Rance. Une bonne côte vous mène au village de **Port-Saint-Hubert**. Continuez jusqu'à **Plouër-sur-Rance** par la D366.

Prenez la D12 à gauche en direction de La Hisse et de Dinan. Contournez l'église du village, et descendez jusqu'à la D12. Laissez-vous glisser dans la belle grande descente. Ne prenez aucune route de traverse, et continuez toujours tout droit jusqu'à **La Hisse**. La route jusqu'à Dinan comporte de bonnes montées. Courage pour le dernier kilomètre, car la côte qui mène au centre-ville représente un vrai défi! Suivez le fléchage pour l'office de tourisme, situé sur la rue de l'Horloge.

### Étape de Dinan aux Sables-d'Or-les-Pins : 60 km

**Dinan**, ravissante ville médiévale, vous séduira à coup sûr. Elle renferme un très riche patrimoine architectural, très bien conservé, dont un grand nombre de maisons à pans de bois (on en dénombre 80). Ses remparts, avec leurs 14 tours et leurs quatre portes monumentales, sont les plus anciens et les plus importants de Bretagne. Prenez le temps d'en faire le tour. Le château des ducs de Bretagne et son donjon du XIV$^{e}$ siècle abritent aujourd'hui le musée d'Art et d'Histoire du pays de Dinan. Il y a tellement à voir à Dinan; offrez-vous une visite guidée de la ville à pied d'une durée d'environ 90 min. Si vous êtes à Dinan le jeudi matin, ne manquez pas l'important marché sur les places des Champs et du Guesclin.

La petite station balnéaire de Sables-d'Or-les-Pins a un bureau d'information touristique sur la plage ouvert seulement en été. Elle compte quand même plusieurs hôtels. Vous pouvez obtenir la liste dans le guide des lieux d'hébergement des Côtes d'Armor, distribué à l'office de tourisme de Dinan. En saison estivale, il serait prudent de réserver une chambre.

Quittez le centre-ville de Dinan en suivant les boulevards vers la gare. Devant la mairie et la poste, prenez «toutes directions», Saint-Malo,

RENSEIGNEMENTS GÉNÉRAUX SUR DINAN

**Population**
13 000 habitants, les Dinannais

**Office de tourisme** : 6, rue de l'Horloge -BP 261, 22105 Dinan Cedex, ☎ 02 96 39 75 40, ⇌ 02 96 39 01 64

**Boutique de vélos**
Cycle Scardin, 30 rue Carnot, ☎ 02 96 39 21 94

**Marché**
Le jeudi

**Spécialités** : les Corbelets (chocolats), les Gavottes (crêpes-dentelles)

**Principales manifestations** : Rencontres internationales de harpe celtique (juillet); Fête des Remparts (bisannuelle en septembre)

**Carte**
IGN n° 16

Dinard et la gare. Puis, suivez la direction de Quévert. Traversez le quartier de la gare et les voies ferrées. Au rond-point, prenez la D68 vers Quévert. À la sortie de la ville, une bonne montée vous attend. Roulez jusqu'à **Quévert**. Cette petite commune vous accueille avec des fleurs. Le courtil des Senteurs («courtil» signifie «jardin» en vieux français) est composé de plus de 5 000 plantes aromatiques et d'un bassin de plantes aquatiques. Humez profondément au passage! Prenez la C4 pour sortir du village vers **Languenan**. À la fourche, tournez à gauche (pas de panneau). Vous roulerez pendant 6 km toujours tout droit jusqu'au bourg de Languenan par la D26.

Continuez par la D26 vers **Plessix-Balisson** et Saint-Jacut-de-la-mer. La route valonnée serpente au milieu de grands champs et de troupeaux de vaches. Passez devant la jolie petite église romane. Au rond-point, suivez toujours la direction de Saint-Jacut. On aperçoit le village au loin. **Saint-Jacut-de-la-Mer** s'étend sur une presqu'île. Dans cette station balnéaire et ce village de pêcheurs, le maquereau fut longtemps une denrée importante pour les habitants du village. La Grande-rue vous mène à la plage de l'abbaye. Un stationnement permet d'y laisser votre vélo, et un escalier vous mène à la mer. Plusieurs autres plages encerclent la presqu'île.

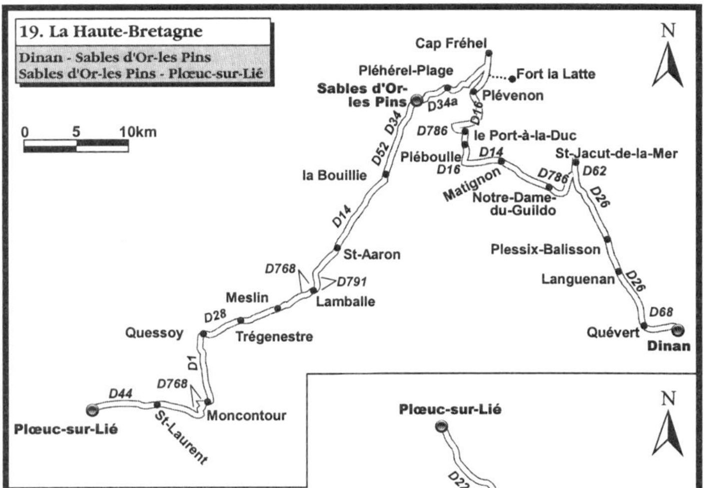
19. La Haute-Bretagne
Dinan - Sables d'Or-les Pins
Sables d'Or-les Pins - Plœuc-sur-Lié
N
0 5 10km
Cap Fréhel
Fort la Latte
Pléhérel-Plage
Sables d'Or-les Pins
D34a
Plévenon
D16
D786
le Port-à-la-Duc
D34
D52
Pléboulle
D14
D16
St-Jacut-de-la-Mer
D62
la Bouillie
Matignon
D786
Notre-Dame-du-Guildo
D26
D14
St-Aaron
Plessix-Balisson
D768
D791
Languenan
D26
Meslin
Lamballe
D28
D68
Quessoy
Trégenestre
Quévert
Dinan
D1
D768
D44
Moncontour
Plœuc-sur-Lié
St-Laurent

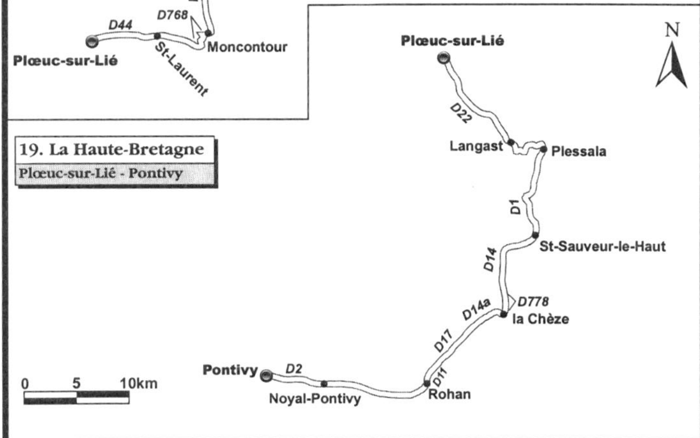
Plœuc-sur-Lié
N
D22
Langast
Plessala
19. La Haute-Bretagne
Plœuc-sur-Lié - Pontivy
D1
St-Sauveur-le-Haut
D14
D778
D14a
la Chèze
D17
Pontivy
D2
D11
0 5 10km
Noyal-Pontivy
Rohan

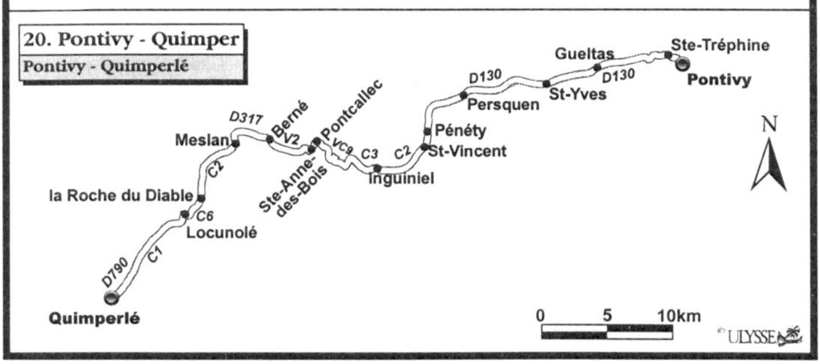
20. Pontivy - Quimper
Pontivy - Quimperlé
Gueltas
Ste-Tréphine
D130
D130
Pontivy
Persquen
St-Yves
D317
Berné
Pontcallec
Pénéty
Meslan
V2
VC9
C3
C2
St-Vincent
N
C2
Inguiniel
Ste-Anne-des-Bois
la Roche du Diable
C6
Locunolé
D790
C1
Quimperlé
0 5 10km
© ULYSSE

Quittez Saint-Jacut par la D62 en direction de Matignon et de Notre-Dame-du-Guildé. À la jonction avec la D786, prenez la direction de Matignon. Entrez à **Le Guildo**. Franchissez la rivière. Entrez à **Notre-Dame-du-Guildo**.

Continuez en direction de Matignon. L'ascension est dure et longue. Au rond-point, prenez la route de **Saint-Pôtan**, et tournez immédiatement sur la droite dans une rue sans nom (un panneau routier indique «interdiction aux véhicules de plus de 3,5 tonnes»). Roulez sur ce petit chemin à travers champs jusqu'à **Matignon**.

Entrez au centre du village, et suivez la D14 vers Montbran. Attention à la descente abrupte. À la croisée des chemins, prenez la D16 vers Pléboulle et Cap Fréhel.

Grimpez à **Pléboulle**. Poursuivez par la D16 vers Cap Fréhel jusqu'à la D786. Continuez vers **le Port-à-la-Duc**. De ce village blotti au fond de la baie de la Fresnaye, on découvre une belle vue sur les falaises qui l'entourent. Faites attention, car une bonne grimpette vous entraîne dans une courbe de la D786. Continuez par la D16 vers **Plévenon** et Cap Fréhel. Le panorama est magnifique tout au long de la route tortueuse sur la rive gauche de la baie.

Une petite route sur la droite vous conduit au **fort La Latte**. Dans ce site exceptionnel, au gré de la visite guidée (environ 45 min), vous verrez un pont-levis, un corps de garde, un logis intérieur, une chapelle, un donjon et des remparts. Cette magnifique excursion jusqu'au fort La Latte fait 6 km aller-retour.

Continuez droit devant pour Cap Fréhel et le phare. Écoutez le cri des mouettes qui se débattent dans le vent. Ce cap de grès rose surplombe la mer de 70 m. Un sentier de corniche est aménagé pour l'observation des oiseaux marins venus des mers boréales tels que le cormoran huppé, la mouette tridactyle, le guillemot de Troil, le pingouin torda et l'huîtrier-pie. Puis, cramponnez-vous à votre guidon, baissez la tête, et foncez dans le vent!

Suivez toujours la côte par la D34a vers Sables-d'Or-les-Pins. Dans la descente, on aperçoit les belles plages de sable. Entrez à Pléhérel-Plage. Poursuivez toujours par la D34a jusqu'à **Sables-d'Or-les-Pins**. Coup de cœur pour ce lieu d'une beauté magique! Avec ses 2 km de plage de sable blond, ses dunes boisées et sa pinède, la plage de Sables-d'Or-les-Pins est sûrement la plus belle de tout le circuit.

RENSEIGNEMENTS GÉNÉRAUX SUR SABLES-D'OR-LES-PINS

**Office de tourisme** : sur la plage (de mi-juin à mi-septembre), 22240 Sables-d'Or-les-Pins, ☎ 02 96 41 51 97

**Étape de Sables-d'Or-les-Pins à Plœuc-sur-Lié : 55 km**

Avant de partir, prenez le temps de bien nettoyer la chaîne et le dérailleur, car du sable peut s'y être collé durant les derniers jours!

Quittez Sables-d'Or-les-Pins par la D34. Suivez ensuite la direction de Lamballe par la D786. Tournez tout de suite à gauche sur la D52 vers la Bouillie. La route descend bien au milieu du bois. Entrez à **la Bouillie**, un joli village de grès rose. Continuez en direction de **Lamballe**. À l'intersection, prenez la D14 pour **Saint-Aaron**. La route serpente au milieu d'une riche région agricole où paissent vaches et moutons. Continuez jusqu'à Lamballe par la D14, puis entrez à Lamballe-centre par la D791. Avis aux intéressés : une boutique de vélos se trouve juste à l'entrée de la ville.

Le musée du Vieux Lamballe et du Penthièvre, ainsi que le musée Mathurin Méheut (peintures de la Bretagne traditionnelle), sont logés à l'intérieur de la Maison du Bourreau (fin XIV^e siècle début XV^e siècle), située sur la place du Martray. La maison abrite aussi l'office de tourisme. Ne quittez pas la ville sans avoir visité la collégiale Notre-Dame de Grande Puissance. Ancienne chapelle du château, elle est devenue église forteresse puis, en 1435, une collégiale. Enfin pour les amoureux des chevaux, sur la place du Champ-de-Foire, un haras national est ouvert au public. Ce haras créé en 1825 est le deuxième de France en importance. On peut visiter les écuries (jusqu'à 400 chevaux) ainsi que l'ensemble de la propriété.

Pour sortir de Lamballe, de l'hôtel de ville suivez la direction de Moncontour et de Loudéac par la D768. La route s'élève fortement à la sortie. Prenez ensuite sur la droite la D28 vers Meslin et Quessoy. Roulez sur la petite route vallonnée jusqu'à **Meslin**. Poursuivez vers Quessoy. Un vaste panorama s'étend sous vos yeux. Arrivé au bourg de **Trégenestre**, roulez jusqu'à l'église pour suivre la direction de Quessoy par la D28. La commune de **Quessoy** abrite trois manoirs : le manoir de la fontaine Saint-Père du XVIII^e siècle, le manoir de la Planche du XVII^e siècle et le château La Houssaye du XVIII^e siècle.

RENSEIGNEMENTS GÉNÉRAUX SUR PLŒUC-SUR-LIÉ

**Population**
3 000 habitants, les Plœucois

**Office de tourisme** : Mairie, place Louis-Morel, 22150 Plœuc-sur-Lié, ☎ 02 96 42 10 33, ⇛ 02 96 42 86 83

**Boutique de vélos**
Cycle Mazé, rue de l'Église, ☎ 02 96 42 10 62

**Marché**
Le jeudi

**Principales manifestations** : Course épique du 14 Juillet; foire des Retrouvailles (1er jeudi d'août)

**Carte**
IGN n° 14

Sortez de Quessoy, et roulez jusqu'à la jonction avec la D1. Continuez en direction de **Moncontour.** Une grande descente en zigzag vous mène au pied des remparts du bourg médiéval. Un parc est aménagé pour la détente et le pique-nique. Suivez le fléchage pour le centre-ville. L'ascension est difficile.

Laissez votre monture sur la place de la Carrière, et flânez à l'ombre de ces charmantes ruelles bordées de maisons à pans de bois, d'hôtels particuliers, ornés de balcons en fer forgé. Procurez-vous le petit guide de Moncontour et de sa région à l'office de tourisme (ouvert en juillet et en août dans la Maison de la Chouannerie et de la Révolution) ou à la mairie. Ne quittez pas Moncontour sans avoir vu les vitraux du XVIe siècle qui ornent l'église Saint-Mathurin. Le lundi matin, c'est le jour de marché sur la place.

Quittez Moncontour par la D768 en direction de Plouguenast. Vous reprendrez alors la même rue par laquelle vous êtes venu. En sortant du village, tournez à gauche (pas de panneau). Grimpez la D768, et passez dans le quartier Gare-de-Moncontour. Suivez la D35 puis la D44 vers Plœuc-sur-Lié. Entrez à **Saint-Laurent** par la D44. Continuez toujours par la D44 jusqu'à **Plœuc-sur-Lié.** Suivez le fléchage pour le centre-ville et la mairie, sur la place du Marché.

**Étape de Plœuc-sur-Lié à Pontivy : 70 km**

La côte des Halles de Plœuc-sur-Lié accueille les sportifs en leur offrant la possibilité de pratiquer l'escalade, le parapente ou le deltaplane, et de parcourir des sentiers pédestres, et organise aussi des cross équestres. Information à la mairie de Plœuc-sur-Lié.

Sortez de Plœuc-sur-Lié de la place du Marché, et suivez la D44 en direction de Moncontour. Tournez immédiatement sur la droite par la D22 en direction de Plouguenast et de Langast. La sortie du villagevous offre une belle descente. Continuez toujours par la D22 jusqu'à la jonction avec la D768. Prenez à gauche et immédiatement à droite pour continuer par la D22.

Entrez à **Langast**. Remarquez l'église Saint-Gal de forme rectangulaire; elle conserve le vitrail le plus ancien de la contrée (1508) et de magnifiques fresques romanes (IXe siècle) récemment restaurées. Avec sa maçonnerie en «arêtes de poisson» d'époque mérovingienne, cette église, qu'on classe parmi les trois plus anciennes de France, mérite absolument une visite. Continuez vers **Plessala.** Prenez ensuite la D1 vers Plémet.

La route tortueuse oscille à travers champs. Franchissez le pont sur la Lié. Suivez la rivière à l'orée de la forêt de Loudéac. Passez près du barrage. À la fourche, gardez la gauche pour continuer à suivre la D1 en direction de Plémet et de La Chèze. Après le bourg de **Saint-Sauveur**, continuez par la D14 vers La Chèze. Le chemin en hauteur dévoile un vaste panorama.

Entrez à **la Chèze** par la D778. Au centre du bourg se dressent les ruines du château bâti au XIIe siècle et démantelé au XVIIIe siècle. Non loin, le musée régional des Métiers présente les professions d'antan : sabotier, maréchal-ferrant, forgeron, ardoisier, menuisier, vannier, etc. Vous pouvez pique-niquer ou tout simplement vous reposer le long de la rivière, juste en face.

Pour quitter le village, passez devant la mairie, traversez le pont de nouveau, et continuez par la D14a en direction de Rohan. Ce chemin, très vallonné, sillonne dans une vaste campagne jusqu'à **Rohan**, aux portes du département du Morbihan. Franchissez le pont sur la rivière. Suivez les indications pour Pontivy par la D11.

Rohan, petit village de villégiature traversé par l'Oust, fut pendant près de cinq siècles le chef-lieu de la vicomté de Rohan. Le château n'est plus, mais l'église Notre-Dame de Bonne Encontre, élevée pour le compte de Jean II de Rohan en 1510, témoigne de ce prestigieux passé. Un jardin public et un petit port de plaisance sur le canal de Nantes à Brest agrémentent la visite du bourg.

Sortez de Rohan vers Pontivy par la D2. Soyez vigilant, car la circulation automobile risque de vous gêner. La mairie de **Noyal-Pontivy** occupe un manoir de granit, ancienne propriété des Rohan. L'église porte un élégant clocher du XV$^{e}$ siècle. Continuez de rouler jusqu'à Pontivy par la D2. Suivez le fléchage pour le centre-ville. Tournez à droite pour le château et l'office de tourisme.

Pour le retour vers Paris, vous pouvez prendre le train jusqu'à Vannes puis le TGV jusqu'à Paris-Montparnasse.

## 20. Circuit de Pontivy à Quimper

**Distance totale :** 120 km
**Nombre d'étapes :** 3
**Niveau de difficulté :** 🚲 🚲 🚲

**Schémas** pp 167, 177
**Cartes** A19-A20

**Étape de Pontivy à Quimperlé : 65 km**

Faites des échauffements et des étirements, car vous allez devoir gravir une montée de 6 km dès la sortie du centre-ville. Veillez à ne pas manquer de provisions et d'eau, car il y a peu de villages d'importance au cours de cette étape. Quittez Pontivy par la rue du Pont, au cœur de la ville médiévale. Tournez à gauche sur le Quai Presbourg. Longez le Blavet jusqu'au pont du Quartier. Franchissez la rivière, et prenez à gauche la rue du 2$^{e}$ Chasseur à Cheval en direction de Persquen et de Sainte-Tréphine par la D130.

Faites une pause à la **chapelle Sainte-Tréphine**. La vie de la sainte est évoquée sur neuf tableaux du XVIII$^{e}$ siècle. La légende de Sainte-Tréphine fait beaucoup penser à l'histoire de Barbe-Bleue. Le vieux village garde un cachet rural avec ses fermes et ses fours à pain. Continuez dans la montée jusqu'à **Gueltas**. Poursuivez par la D130 vers Persquen. Le chemin tranquille comporte des montées et des descentes dans un parcours tortueux à travers de petits bois. Traversez le hameau de Penvern (château du XVIII$^{e}$ siècle).

Suivez la direction d'Inguiniel par la D130 sans prendre aucun chemin de traverse. Le parcours sillonne toujours des collines boisées quasi

RENSEIGNEMENTS GÉNÉRAUX SUR PONTIVY

**Population**
14 500 habitants, les Pontivyens

**Office de tourisme** : 61, rue du Général-de-Gaulle, 56300 Pontivy, ☎02 97 25 04 10, ⇄ 02 97 27 87 09

**Boutiques de vélos**
Cycle du Blavet, 5 rue Albert-de-Mun, ☎ 02 97 25 36 38
Lamouric, 39 Quai Arcole, ☎ 02 97 25 03 46

**Marché**
Le lundi

**Spécialité** : Pavé noir du Château (chocolat fourré)

**Principale manifestation** : Festival de musique (juin à août)

**Carte**
IGN n° 15

sauvages. Entrez à **Pénéty** par la C7. La chapelle édifiée en 1600 préserve des *ex-voto* appartenant à l'art naïf. Entrez-y pour les voir.

Gardez toujours cette direction. Suivez le fléchage pour **Saint-Vincent** et **Kershého**. Suivez la C2 jusqu'à **Inguiniel**. Entrez au village. Devant l'église, prenez la route de Kernascléden par la C3. Faites attention! Suivez la direction de Pont-Calleck sur la gauche par la VC9 (un gros panneau blanc annonce une auberge). Continuez toujours tout droit.

Arrivé à la croisée des chemins, traversez la D178. Poursuivez vers Pont-Calleck. Traversez le pont sur le Scorff, et tournez à droite. Si vous désirez aller à l'auberge, tournez à gauche. Revenez ensuite au pont pour continuer. La route longe la rivière dans la forêt de Pont-Callek. Ce site est idéal pour les pique-niques.

Le parcours quitte la rivière, et la route s'élève. À la fourche, devant une vieille chapelle, suivez la direction de Berné par la V2. Roulez toujours dans la forêt jusqu'au carrefour de **Sainte-Anne-des-Bois**. Vous pouvez jeter un coup d'œil du côté du château de Pont-Callek, qui abrite aujourd'hui un orphelinat, propriété des religieuses dominicaines. Les cinéphiles seront peut-être intéressés de savoir que ce château appartenait au marquis de Pont-Calleck, dont une partie de sa malheureuse histoire est racontée dans le film de Bertrand Tavernier *Que la fête commence*.

À la jonction avec la D110, tournez à droite, et roulez quelques mètres jusqu'aux grilles du château. Ce domaine est privé, et vous ne pouvez visiter que le jardin. Revenez au carrefour, et prenez la V2 vers Berné. À la Croix Verte, gardez la gauche vers Berné par la VC2. Gardez cette direction, et roulez toujours tout droit. Traversez la route principale pour continuer vers Berné.

Entrez à **Berné** par la D109. Profitez des possibilités qu'offre ce village pour refaire vos provisions. Dirigez-vous devant l'église, et prenez la direction de **Meslan** par la D317. Traversez le village. L'église a conservé de belles boiseries du XVI$^{e}$ siècle. Prenez la direction de Plouay par la D769. Tournez tout de suite à droite vers Locunolé et le site des Roches du Diable par la C2. Traversez la route nationale avec prudence. Une aire de stationnement est aménagée tout près du site de la **Roche du Diable**.

Le parcours continue au milieu des bois. Suivez la C6 vers le bourg de Locunolé. Franchissez le pont sur la rivière. Passez au petit plateau si vous ne l'êtes pas déjà, car l'heure est venue pour la «grimpette du jour». Entrez à **Locunolé**. Continuez ensuite vers Quimperlé par la C1. Faites attention à la descente! À la jonction avec la D790, tournez vers Quimperlé. Soyez vigilant, car ça roule! Entrez à **Quimperlé**, et suivez la signalisation pour le centre-ville et l'office de tourisme.

Ceux qui veulent raccourcir le grand tour de Bretagne peuvent rejoindre **Pont-Scorff** en empruntant la route directe de Quimperlé, c'est-à-dire la D62 puis la D26. La distance est de 17 km. À Pont-Scorff, continuez à suivre le descriptif vers Auray (étape Lorient-Auray). Le tour Rennes-Nantes via Pont-Scorff totalise 800 km.

RENSEIGNEMENTS GÉNÉRAUX SUR QUIMPERLÉ

**Population**
11 400 habitants, les Quimperlois

**Office de tourisme** : Le Bourgneuf, 29300 Quimperlé,
☎ 02 98 96 04 32, ⇄ 02 98 96 16 12

**Boutique de vélos**
Cycle Nicolas, 5 rue de la Tour d'Auvergne, ☎ 02 98 96 05 18

**Marché**
Le vendredi

**Spécialités** : l'andouille de Baye, le Chouchen (miel fermenté)

**Principale manifestation** : Festival de musique (mi-juillet)

**Carte**
IGN n° 15

**Étape de Quimperlé à Quimper : 55 km**

**Quimperlé** est formée de deux quartiers. D'une part, il y a la haute-ville sur la colline Saint-Michel, avec son parc, ses belles vues sur les environs et son église Notre-Dame-de l'Assomption, d'origine gothique. On y accède par la rue piétonne, une artère commerçante à très forte pente! D'autre part, il y a la basse-ville, le quartier historique aux ruelles médiévales avec ses quais, ses belles demeures et son église romane Sainte-Croix de plan circulaire.

Pour sortir de Quimperlé, dirigez-vous vers l'office de tourisme. Traversez le pont. Suivez la D765 en direction de Bannalec. La montée est d'environ 2,5 km. Puis, prenez sur la droite la route de **Mellac**. Au village, devant l'église, suivez la direction de Saint-Thurien. Au carrefour de la D6, prenez à gauche pour revenir à la D765. Tournez à droite, et roulez jusqu'à Bannalec (pas de panneau). Prenez ensuite la D4 en direction de Scaër.

Surveillez, sur la gauche, une route vers la chapelle Saint-Mathieu. Entrez à **Loretta**. La petite route est tortueuse. À la jonction avec la D2,

RENSEIGNEMENTS GÉNÉRAUX SUR QUIMPER

**Population**
60 000 habitants, les Quimperois

**Office de tourisme** : place de la Résistance, 29000 Quimper, ☎ 02 98 53 04 05, ⇄ 02 98 53 31 33

**Boutiques de vélos**
Cycles Lennez, 13 rue A.-Briand, ☎ 02 98 90 14 81
Torch V.T.T., 58 rue Providence ☎ 02 98 53 84 41

**Marché**
Le mercredi, le samedi et le dimanche

**Spécialités** : la Torchette (biscuit), les crêpes dentelles

**Principales manifestations** : Festival de Cornouaillle (fin juillet); Semaine musicale (août)

**Accès** : par route depuis Paris : A11 Rennes, CD765; par train depuis Paris : TGV, gare de Montparnasse-Quimper

**Carte**
IGN n° 13

prenez la direction de Kernével. Entrez à **Kernével**, et continuez ensuite vers Rosporden. Entrez à **Rosporden** par la D765. Passez devant le petit étang. Suivez la direction de la gare et de Quimper. Puis, prenez la route vers Elliant par la D150. Faites le rond-point toujours en vous dirigeant vers Elliant.

Entrez à **Elliant**, et suivez la direction de Quimper par la D115. Traversez la rivière. Vous devez gravir une bonne côte pour sortir du village. Le parcours continue ensuite en hauteur au milieu de champs où broutent quelques troupeaux de vaches. Puis, la route comporte de longues montées et de longues descentes. À l'approche de Quimper, la circulation automobile se fait plus dense. Prudence!

Entrez à **Quimper** par la D15. Faites attention! Au rond-point, il est très important de suivre la direction de Quimper-centre. Puis, suivez le fléchage pour l'office de tourisme, situé sur la place de la Résistance, en face des grands parcs de stationnement automobile.

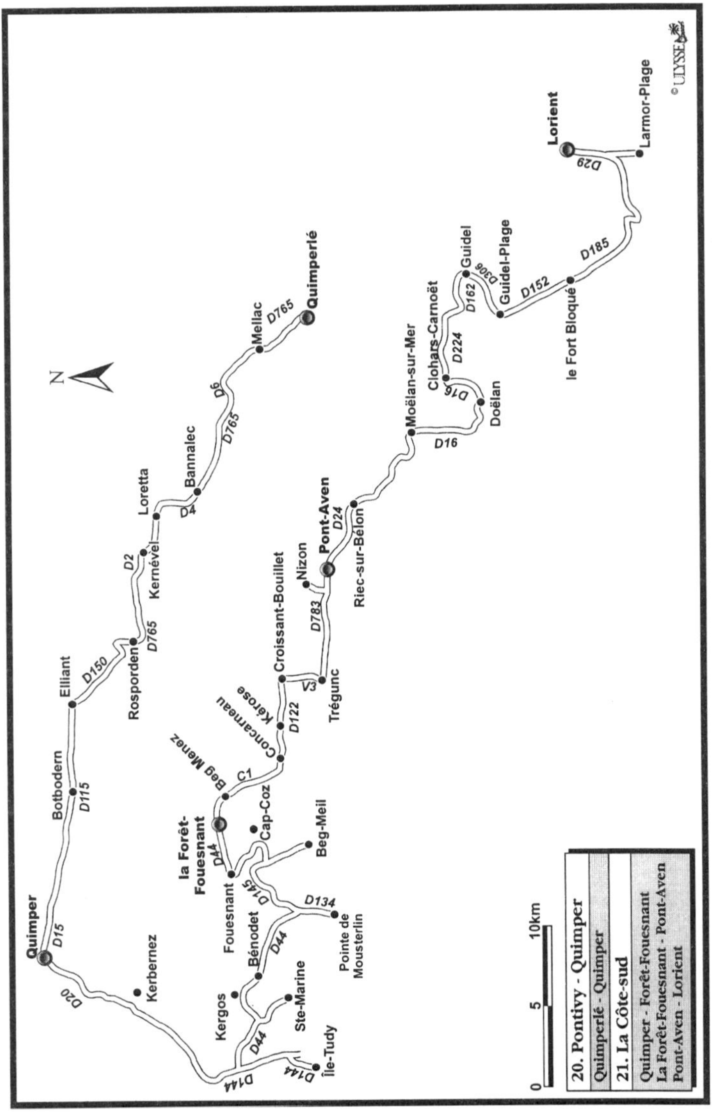
N
Quimper
D15
Botbodern
D115
Elliant
D150
Rosporden
D765
D2
Kernével
Loretta
D4
Bannalec
D765
D6
Mellac
D765
Quimperlé
D20
Kerbernez
D144
Kergos
D44
Ste-Marine
Île-Tudy
D144
Bénodet
D44
Fouesnant
D145
D134
Pointe de Mousterlin
la Forêt-Fouesnant
D44
Cap-Coz
Beg-Meil
Beg Menez
C1
Concarneau
Kérose
D122
Croissant-Bouillet
V3
Trégunc
D783
Nizon
Pont-Aven
D24
Riec-sur-Belon
Moëlan-sur-Mer
D16
Doëlan
D16
Clohars-Carnoët
D224
D162
Guidel
D306
Guidel-Plage
D152
le Fort Bloqué
D185
D29
Lorient
Larmor-Plage
© ULYSSE
0
5
10km
20. Pontivy - Quimper
Quimperlé - Quimper
21. La Côte-sud
Quimper - Forêt-Fouesnant
La Forêt-Fouesnant - Pont-Aven
Pont-Aven - Lorient

## 21. Circuit de la Côte-sud

**Distance totale :** 525 km
**Nombre d'étapes :** 9
**Niveau de difficulté :** 🚲 🚲

**Schémas** pp 177, 185, 189
**Cartes** A20 à A23

### Étape de Quimper à la Forêt-Fouesnant : 65 km

Quimper préserve avec fierté sa cathédrale Saint-Corentin, édifiée au XIII$^e$ siècle, avec ses hautes flèches de pierre qui dominent la ville. Il aura fallu trois siècles pour l'édifier. Elle est une des plus anciennes cathédrales gothiques de Bretagne. Les flèches furent financées par les paroissiens qui ont versé «un sou par an pendant cinq ans». La rue Kéreon fait aussi partie des joyaux architecturaux de la ville.

Le Musée des beaux-arts abrite une collection de peintures anciennes (des écoles flamande, italienne, hollandaise et française), une importante collection, grand format, de peintures à thèmes breton et symboliste du XIX$^e$ siècle, et des œuvres majeures de l'École de Pont-Aven. Ce musée vaut certainement le déplacement. Si vous le désirez, un guide qualifié vous fera découvrir les quartiers anciens, la cathédrale et l'histoire lors d'une visite à pied de la ville. Rendez-vous à l'office de tourisme, tous les jours sauf le dimanche, pour connaître l'horaire.

Traversez le pont Max-Jacob, en face de l'office de tourisme, et quittez Quimper par le quai de l'Odet en direction de Pont-l'Abbé. La rue se rétrécit. Au bout de 2 km, vous arriverez à un grand rond-point. Faites pratiquement le tour complet, et sortez par la route des châteaux, la D20. Empruntez la bande cyclable.

Prenez à gauche la direction de Plomelin par la route des châteaux. Continuez tout droit par la D20. Surveillez bien, sur la gauche, le chemin qui mène au château de **Kerbernez**. Cette propriété appartenait à Alexandre Massé, un industriel né à Quimper et inventeur du bouton à quatre trous! Aujourd'hui, le château abrite une école d'horticulture.

Le parcours sillonne la campagne; les montées et les descentes se succèdent en vous faisant découvrir de beaux points de vue sur l'Odet. À l'intersection, prenez la direction de Bénodet et d'Île-Tudy par la D144. Au rond-point, sortez vers Île-Tudy par la D44. Empruntez la bande cyclable. Suivez le fléchage pour la plage. **Île-Tudy** est un charmant village de pêcheurs sur une presqu'île avec un port de plaisance. Cette commune aux maisons blanches fut longtemps désertée chaque année pendant des mois par ses hommes, partis en mer pour pêcher la sardine. Un bac pour piétons traverse à Loctudy du lundi au vendredi aux heures, moins fréquemment le samedi et le dimanche.

Pour continuer, sortez d'Île-Tudy par la D144, et empruntez la bande cyclable. Prenez à droite la rue qui mène à la chapelle Notre-Dame de la Clarté et à Menez. À la bifurcation, gardez la droite. À l'intersection avec la D44, tournez à droite vers Sainte-Marine et Bénodet (pas de panneau). Empruntez la bande cyclable.

Prenez le temps d'aller jusqu'à **Sainte-Marine**, car cette balade de 3 km vaut franchement la peine; port de pêche, voiliers accostés aux pontons, chapelle du XVIe siècle, château rose et petits cafés agrémenteront votre visite. Revenez sur la D44, et franchissez le pont sur l'Odet. Empruntez le trottoir. Chargez votre appareil photo, car la vue est magnifique! Le pittoresque de la vallée de l'Odet a inspiré poètes et peintres.

Continuez à suivre la bande cyclable de l'autre côté du pont. Au carrefour, suivez la direction de Bénodet, Fouesnant et Concarneau. Si les châteaux vous intéressent, empruntez la D34 en direction de Quimper, et tournez à gauche au premier chemin vers le château de **Kergos**. Ce manoir du XVIe siècle a accueilli Winston Churchill, venu, dit-on, pour faire de l'aquarelle.

Entrez à Bénodet par la D34. Suivez le rond-point, et continuez toujours en direction de Fouesnant par la D44. Au rond-point suivant, sortez vers la **pointe de Mousterlin** par la D134. Au carrefour, continuez vers la pointe. Après votre visite, revenez sur la D134. Roulez jusqu'à la fourche, et continuez tout droit vers Beg-Meil et Fouesnant par la D145. À la jonction avec la D45, continuez vers Beg-Meil et Cap-Coz. Empruntez la bande cyclable. Roulez jusqu'à **Beg-Meil**, une station balnéaire très animée en été.

Sortez en direction de Fouesnant et de Cap-Coz par la D45. Empruntez la bande cyclable. Prenez la route de **Cap-Coz** sur la droite. Entrez au port. Sur la baie de la Forêt, où flottent les bateaux, la vue est magnifique. Quittez le port pour le centre. Une bonne côte vous mène à Fouesnant, perché à 60 m au-dessus de la mer. Continuez par la D44 vers la Forêt-Fouesnant. Une belle descente vous mène jusqu'au village. L'office de tourisme se trouve sur la rue du Vieux-Port.

RENSEIGNEMENTS GÉNÉRAUX SUR LA FORÊT-FOUESNANT

**Population**
2 400 habitants, les Forestois

**Office de tourisme** : 2, rue du Vieux-Port, 29 940 Forêt-Fouesnant, ☎ 02 98 56 94 09, ≠ 02 98 51 42 07

**Marché**
Le dimanche

**Spécialités** : le Campagne aux pommes (pâté chez Barillec), le cidre

**Principales manifestations** : Feu de la Saint-Jean; Soirées folkloriques (été)

**Carte**
IGN n° 13

**Étape de la Forêt-Fouesnant à Pont-Aven : 30 km**

Remarquez, juste en face de l'office de tourisme de **la Forêt-Fouesnant**, le calvaire du XVI$^{e}$ siècle et l'église Notre-Dame de style gothique flamboyant. Au bout de la rue, exposée plein sud, la plage de Kerleven s'étend sur 1 km à marée basse. Port-la-Forêt est le plus important port de plaisance du sud du Finistère. Ses activités animent le bourg.

Pour sortir de la Forêt-Fouesnant, rendez-vous à l'église, et descendez la route du Cranic jusqu'au rond-point. Suivez la direction de Concarneau par la côte. La route s'élève fortement. Empruntez la bande cyclable. Poursuivez jusqu'à **Beg Menez**. Continuez à rouler vers Concarneau par la C1. Faites attention! La descente est très abrupte. Le parcours serpente à travers un cadre boisé, site protégé. Les bonnes montées se succèdent. À **Concarneau**, une grande descente vous mène au bord de la mer découvrant ainsi une magnifique vue. Suivez la route le long de la mer jusqu'aux enceintes de la ville close.

Pour visiter la vieille ville, vous seriez plus à l'aise sans votre vélo pour circuler; la rue Vauban est étroite et toujours bondée en saison estivale. Trouvez un endroit bien à la vue pour le cadenasser. Concarneau est le premier port de pêche thonier français; on y débarque toute l'année bien d'autres poissons et crustacés. Au début du siècle, des artistes organisèrent une fête de bienfaisance pour aider les pêcheurs qui connurent la misère à la suite de la disparition des bancs de sardines. Depuis ce temps, la fête des Filets bleus, célébrée l'avant-dernier dimanche d'août, fait partie de la tradition à Concarneau.

Pour sortir de la ville, faites dos à l'office de tourisme, et tournez à droite sur la rue Quai Carnot, la rue des halles. Au rond-point, prenez la D322a «autres directions», laissant ainsi la zone portuaire. Franchissez le pont. Suivez la direction de Trégunc et de Quimperlé. Prenez ensuite sur la gauche la D22 vers Melgven, route de Kérose. À la fourche, dans la commune de Lanriec, gardez la droite pour suivre le fléchage vers la route express et la D122. Entrez à **Croissant-Bouillet**. Puis, bifurquez à droite vers Trégunc par la V3. Surveillez sur la gauche le menhir de Kérangallou (7,2 m de haut). En entrant à **Trégunc**, sur la rue de la gare, suivez la direction de Pont-Aven.

Continuez vers Pont-Aven par la D783. N'oubliez pas de vous arrêter à **Nizon**, sur la gauche de la route, à environ 3 km avant Pont-Aven. Le calvaire de l'église, édifié afin de conjurer la peste, a servi de modèle à Paul Gauguin pour le *Christ vert* ou le *Calvaire breton*, exécuté en 1889. L'église restaurée préserve de nombreuses statues naïves en bois. Poursuivez par la D783 jusqu'à Pont-Aven. Suivez le fléchage pour le centre-ville.

### Étape de Pont-Aven à Lorient : 60 km

**Pont-Aven** ne manque pas de galeries d'art et attire les peintres et les artistes, certains venus en pèlerinage en ce lieu «consacré». D'ailleurs, il existe un petit dépliant sur «la route des peintres en Cornouaille», que vous pouvez vous procurer à l'office de tourisme. La fête des Fleurs d'Ajoncs anime le village au début du mois d'août. Surtout, ne partez pas de la petite ville cornouaillaise avant d'avoir croqué un célèbre biscuit au beurre de baratte, dénommé «galette de Pont-Aven».

Une certaine partie de ce parcours suit des routes un peu plus achalandées. Roulez avec vigilance. Quittez Pont-Aven par le pont, et suivez la D783 vers Quimperlé et Riec-sur-Bélon. La route s'élève fortement pour entrer à **Riec-sur-Bélon**. Prenez ensuite la direction de **Moëlan-sur-Mer** par la D24, et roulez le long de la rivière Belon. La fameuse huître plate de **Belon**, à la saveur de noisette si particulière, est élevée dans les eaux saumâtres le long de la rivière.

Continuez à suivre la direction de Lorient par la D24. En quittant Moëlan-sur-Mer, sur la droite vous pourrez admirer la belle chapelle

Saint-Philibert-et-Saint-Roch, datant du XVI^e^ siècle, avec son calvaire et sa fontaine. Elle fut dédiée aux deux saints pour protéger les fidèles contre la lèpre et la peste. Sur la gauche, vous trouverez une allée couverte et des alignements de menhirs.

Au rond-point, suivez toujours la direction de Lorient. Puis, prenez tout de suite sur la droite la D16 vers **Doëlan** (rive droite). Traversez le petit port de pêche et le charmant village. Au deuxième «stop», tournez à gauche vers le pont. Suivez le fléchage pour Doëlan (rive gauche). Traversez le pont, et suivez «toutes directions». Roulez jusqu'à **Clohars-Carnoët** par la D16. Au rond-point, suivez la D24 vers Quimperlé. Immédiatement après, à la fourche, prenez la direction de Lorient et de Guidel par la D224. Après la longue descente, traversez le pont de Saint-Maurice sur la Laïta (belle vue), et empruntez le trottoir. À la sortie du pont, vous entrerez dans le département du Morbihan. Suivez la D224 jusqu'à **Guidel**.

Sortez de Guidel par la D306 vers **Guidel-Plage**. Ce village de vacances possède une jolie plage de sable fin et de dunes. Si vous avez envie d'une baignade, voilà l'occasion. Continuez le long de la mer par la route côtière, qui offre une vue magnifique sur les plages et les petites criques. Roulez vers **le Fort Bloqué**. Cette plage, orientée plein ouest, est réputée pour la planche à voile et le surf. Continuez à suivre la direction de Lorient par la D152. Suivez toujours la côte et **Larmor-Plage** par la D185. Cette grande station balnéaire, avec son immense plage, sa base nautique et son église datant du XII^e^ siècle à deux pas de la mer, est reconnue pour ses deux grands pardons du 24 juin et du 2 juillet, une tradition encore bien vivante à Larmor.

Continuez jusqu'à Lorient par la D29. Empruntez la bande cyclable. Traversez le pont, et suivez la direction de Lorient-centre et de la zone portuaire. Entrez en ville par la N465. Passez devant le port de pêche. Roulez toujours sur la bande cyclable. Suivez le fléchage pour l'office de tourisme, situé au port de plaisance, sur le quai de Rohan.

Depuis Lorient, vous pouvez faire une excursion à l'**Île de Groix**. Rendez-vous à la gare maritime, située sur le boulevard Auguste-Pierre, à proximité du port de plaisance. La durée de la traversée est de 45 min. Le tour de l'île à bicyclette s'effectue facilement en un jour. Comptez quand même deux jours pour prendre le temps de vous délasser sur ses magnifiques plages adossées à de hautes falaises et pour découvrir les autres beautés de l'île.

RENSEIGNEMENTS GÉNÉRAUX SUR LORIENT

**Population**
59 300 habitants, les Lorientais

**Office de tourisme** : Maison de la Mer, Quai de Rohan, 56100 Lorient, ☎ 02 97 21 07 84, ℻ 02 97 21 99 44

**Boutique de vélos**
Évasion Sarl, 55 rue Monistrol, ☎ 02 97 83 47 71

**Marché**
Le samedi

**Principales manifestations** : Festival les Océanes (mi-juillet); Festival interceltique (début août)

**Carte**
IGN n° 15

## Étape de Lorient à Auray : 65 km

Pendant la Deuxième Guerre mondiale, **Lorient** fut transformée en champs de ruines. La place Alsace-Lorraine est le centre de la cité neuve. La marine nationale, la Royale, est l'employeur numéro un de la région. La rue de l'Assemblée-Nationale, commerçante et piétonne, mène à la rue du Port, dont le pavage représente un immense jeu d'échecs.

Pour sortir de Lorient, dirigez-vous à la gare par le boulevard Cours de Chazelle. Roulez vers les berges de la rivière Scorff par le boulevard Laënnec. Puis, suivez le boulevard du Scorff, et passez sous le pont Saint-Christophe. Empruntez la bande cyclable (étroite) le long du boulevard et de la rivière Scorff. Entrez à **Kerdual** par la C5. Vous voici dans la belle campagne juste à quelques coups de pédales du centre de Lorient. Passez au-dessus de l'autoroute.

Grimpez la côte vers **Kervégant**. Suivez la direction de Pont-Scorff. Au carrefour, continuez tout droit. Passez devant l'entrée du zoo. À la jonction avec la D6, continuez vers Pont-Scorff. Entrez à **Pont-Scorff**.

Remarquez, sur la place, le siège du conseil municipal, installé dans la maison des Rohan-Guéméné (1511).

Sortez de Pont-Scorff en direction de Hennebont et de Caudan par la D26. Traversez le pont, et quittez tout de suite la D26 en tournant à droite en direction de Caudan. Les montées et les descentes se succèdent dans la verdoyante vallée. Entrez à **Caudan**. Sur la rue Jean-Moulin, tournez à droite. Au croisement, continuez tout droit par l'Allée-des-Pins. Au feu de circulation, tournez à gauche en direction de Plouay. Montez dans le village de Caudan vers l'église. Suivez la direction de le Trescouet Poteau Rouge par la rue du 10 Mai. Sortez du village par la C13, et roulez vers **le Trescouet Poteau Rouge**. Continuez ensuite jusqu'à Hennebont par la D769.

**Hennebont** doit son nom au pont sur le Blavet («Hen Pont» signifiant «vieux pont»), une voie de passage stratégique. Offrez-vous une pause dans cette plaisante ville de la vallée du Blavet, qui a beaucoup souffert des bombardements de 1944-1945. Elle conserve les vestiges de la muraille du château fort (1250) construit sur la rive droite de la rivière. Vous pouvez accéder à la ville close par la porte Broerëc, flanquée de deux tours massives qui servirent de prisons et qui abritent aujourd'hui le musée de la ville. Pour profiter d'un beau point de vue, montez jusqu'au chemin de ronde par les escaliers sur la gauche.

Un haras national est installé depuis 1857 dans l'ancien monastère des cistériens, dans un parc de 25 ha. On visite les écuries (étalons postiers bretons et chevaux de labour) de juillet à septembre.

Pour sortir d'Hennebont, roulez le long de la basilique Notre-Dame-du-Paradis (XV^e siècle), et suivez «autres directions». Au rond-point, suivez la direction de Brandérion. Sortez de la ville par la D765. Prenez tout de suite à droite la D164 en direction de Nostang.

Le parcours, ponctué de vieux bourgs et de chapelles, suit des chemins qui serpentent au milieu de grands champs. Entrez à **Nostang**, située au nord de la rivière d'Étel. Continuez vers Landévant par la D33. Remarquez la chapelle de Locmaria, datant du XII^e siècle. Puis, non loin, l'élégante chapelle de Légevin, toute en granit, date du XVI^e siècle. Continuez jusqu'à **Landévant**. En entrant au village, bifurquez à droite, passez à côté de l'église, et suivez la direction de Landaul et de Sainte-Anne-d'Auray par la D33. Traversez la route principale (D765) vers **Pluvigner**, puis tournez immédiatement en direction de Landaul et de Locmaria. Admirez la chapelle de Locmaria-er-Hoët, qui servit d'étape aux pèlerins de Sainte-Anne-d'Auray.

Laissez-vous glisser dans la descente. Entrez à **Landaul**. Prenez la D19 vers **Tréavec**. Surveillez sur la gauche une fontaine du XVII^e siècle et

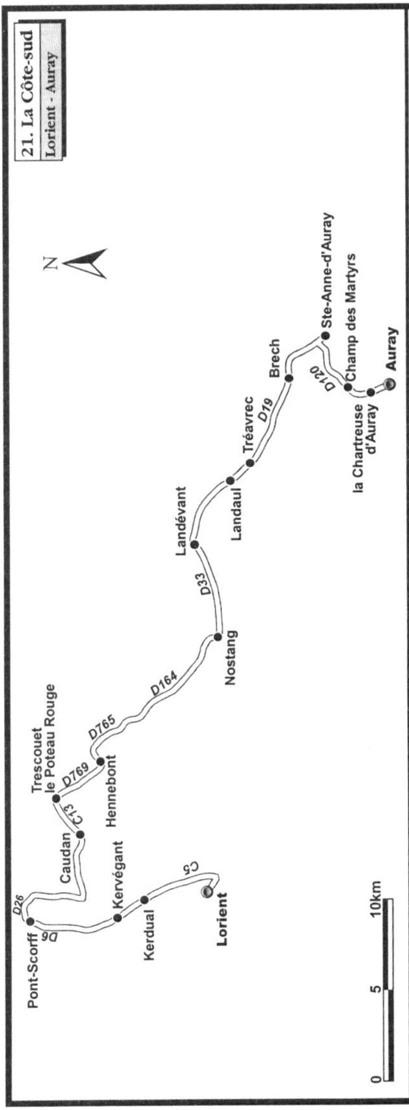
21. La Côte-sud
Lorient - Auray
N
Lorient
C5
Kerdual
Kervégant
Pont-Scorff
D6
D26
Caudan
C13
Trescouet
le Poteau Rouge
D769
Hennebont
D765
D164
Nostang
D33
Landévant
Landaul
Tréavrec
D19
Brech
Ste-Anne-d'Auray
D120
Champ des Martyrs
la Chartreuse
d'Auray
Auray
0
5
10km

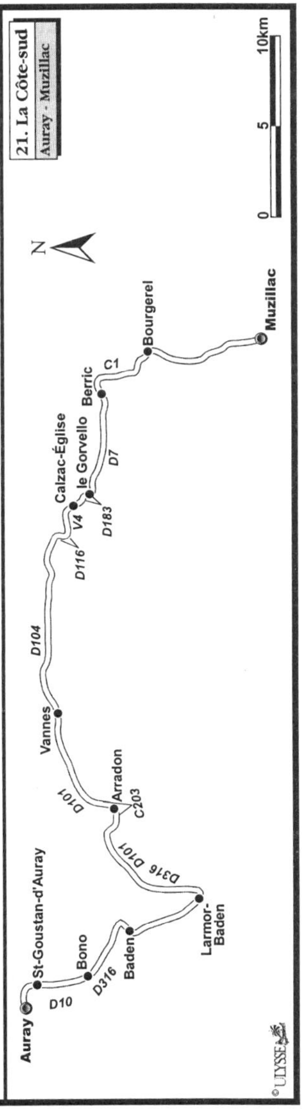
21. La Côte-sud
Auray - Muzillac
N
Auray
D10
St-Goustan-d'Auray
Bono
D316
Baden
Larmor-
Baden
D316 D101
Arradon
C203
D101
Vannes
D104
D116
V4
Calzac-Église
le Gorvello
D183
D7
Berric
C1
Bourgerel
Muzillac
0
5
10km
© ULYSSE

sa chapelle ornée de sculpture de la Renaissance. Prenez le temps de flâner dans le bourg très pittoresque de Brech. Puis, reprenez votre vélo pour rouler jusqu'à Sainte-Anne-d'Auray par la D19.

Après ce circuit aux nombreuses chapelles, une halte à **Sainte-Anne-d'Auray** s'impose afin de mieux connaître cette région si marquée par la chrétienté. Le grand pardon des 25 et 26 juillet attire les fidèles de toute l'Europe. À l'occasion de la venue du pape Jean-Paul II à Sainte-Anne-d'Auray, on a décrété 1996 «année du patrimoine religieux» en Bretagne.

Pour sortir de Sainte-Anne-d'Auray, suivez la direction d'Auray par la Chartreuse. Passez devant le Mémorial de la guerre 1914-1918 et le cimetière belge. Sortez du village par la D120 vers le Champ des Martyrs et la vallée de Tréauray. La route descend, puis longe les marais de Kerzo. Une grande allée conduit au Champ des Martyrs, où une chapelle expiatoire, en forme de temple grec, fut érigée en mémoire des 952 prisonniers émigrés et chouans (paysans contre-révolutionnaires) exécutés en 1795.

Continuez vers **Auray**. Pour voir la Chartreuse et le mausolée (des chouans et des émigrés), traversez la route (D768) droit devant vous. Enfin, remontez en selle, puis roulez jusqu'à Auray par la D768. Suivez le fléchage pour le centre-ville. L'office de tourisme est situé sur la rue du Lait.

Je vous propose de faire une excursion d'une journée vers **Carnac**, «le lieu où il y a des monticules de pierre», pour découvrir une région très dense de mystérieux menhirs et dolmens : le tumulus Saint-Michel, les alignements de Kerlescan, de Kermario et du Ménec, et enfin le secteur du Petit-Ménec.

### Étape d'Auray à Muzillac : 65 km

Le port de **Saint-Goustan d'Auray** connut une grande activité commerciale sous Napoléon III, et ce jusqu'à la venue du train. De nos jours, le port de plaisance, le pont de pierre (XVII$^{e}$ siècle) et le vieux quartier Saint-Goustan, au pied de la ville, font le charme d'Auray. Plongez dans l'histoire en déambulant dans les rues en pente raide bordées de maisons avec balcons en encorbellement. Enfin, reposez-vous dans son quartier de la rive droite, dans la splendide église Saint-Guildas de style Renaissance et baroque.

RENSEIGNEMENTS GÉNÉRAUX SUR AURAY

**Population**
10 000 habitants, les Alréens

**Office de tourisme** : 20 rue du Lait, 56400 Auray,
☎ 02 97 24 09 75, ⇄ 02 97 50 80 75

**Boutique de vélos**
Espace Loisirs, 108 av. Gén.-de-Gaulle, ☎ 02 97 56 29 87

**Marché**
Le lundi

**Principales manifestations** : Festival international d'Auray (juillet), le Pardon de Sainte-Anne-d'Auray (25 et 26 juillet)

**Carte**
IGN n° 15

Sortez d'Auray en direction de Vannes et de Bono. Prenez tout de suite à droite la rue qui descend dans le quartier Saint-Goustan. Traversez le pont de pierre. Suivez la direction de Bono et «toutes directions», puis gardez la droite vers Bono par la D101. Passez devant le minuscule port de **Bono**. Poursuivez par la D101 vers Arradon et Baden. Filez toujours tout droit jusqu'à la sortie de Larmor-Baden et de **Baden**. Faites attention! Si vous empruntez les chemins sur la droite avant cette sortie, vous allez vous retrouver dans un labyrinthe de chemins à travers les lotissements.

Sortez à la D316, et roulez jusqu'à Larmor-Baden. Continuez tout droit vers le village et en direction de Vannes. Le petit bourg, au beau milieu du golfe du Morbihan, propose des croisières dans les nombreuses îles à bord d'une vedette. Les mordus de préhistoire ne voudront pas manquer la visite de l'**Île de Gravinis**, célèbre pour son vaste cairn (tumulus funéraire) très bien conservé. Larmor-Baden est le seul point d'embarquement pour l'île. Il est recommandé de réserver, car les visites sont limitées à 20 personnes à la fois. Information, ☎ 02 97 42 63 44.

À la fourche, prenez la direction d'Arradon par la D101. Roulez jusqu'à la jonction avec la C203, puis jusqu'au bourg d'Arradon, une banlieue résidentielle de Vannes. Sortez d'Arradon en direction de Vannes. À la jonction avec la D101, filez vers **Vannes**, et empruntez la bande cyclable. Suivez toujours la direction du centre-ville et du port.

Redoublez de prudence à l'entrée et à la sortie de la ville! Si vous avez l'intention de la contourner, vous allez vous retrouver coincé dans tout un réseau d'autoroutes et de voies express.

Pour vous reposer, profitez des terrasses des cafés et des restaurants à la place Gambetta, exposée en plein sud et située face au port de plaisance. Si vous avez peu de temps à consacrer à l'ancienne place forte des duchés de Bretagne, jetez un coup d'œil sur le quartier piétonnier de la cathédrale Saint-Pierre. Samedi est jour de marché à Vannes.

Pour sortir de la ville, depuis le port roulez vers les remparts par les rues Francis-Deckeren et Maréchal-Leclerc en suivant la direction de Nantes. Au feu de circulation de la place Bir Hakeim, continuez par l'avenue de Verdun vers la zone du Prat. Passez devant le bâtiment de la troupe de Marine. Au prochain feu de circulation, tournez à droite sur la rue Alain-Gerbault. Suivez la direction de la zone industrielle du Prat. Vous longerez la voie ferrée. Au rond-point, prenez la rue Édouard-Michelin, et sortez de Vannes par la D104. Passez au-dessus de la route nationale, et continuez tout droit.

Au bout de 5 km environ, vous roulerez de nouveau dans la paisible campagne. Continuez par la D116 en direction de Theix. Puis, immédiatement sur la gauche, prenez la route de **Calzac-Église** par la V4. Continuez ensuite vers **le Gorvello** par la D183. Ce mignon village fleuri compte plusieurs demeures classées. Ancien lieu de pèlerinage important, l'église Saint-Jean-Baptiste fut remaniée au XVI^e^ siècle. Le bourg mérite votre attention. Poursuivez par la D7 vers Berric. Le château de Trémohar des XVI^e^ et XVII^e^ siècles est fermé aux visiteurs (privé). Roulez jusqu'à **Berric**.

Sortez du village vers Questembert. Prenez à droite la route de Noyal-Muzillac par la C1. Le chemin traverse une campagne boisée. Une petite rivière coule paisiblement, et quelques moutons broutent tranquillement. À la croisée des chemins, continuez vers Muzillac. Roulez jusqu'au centre du village. L'office de tourisme se trouve sur la place de l'Hôtel-de-Ville.

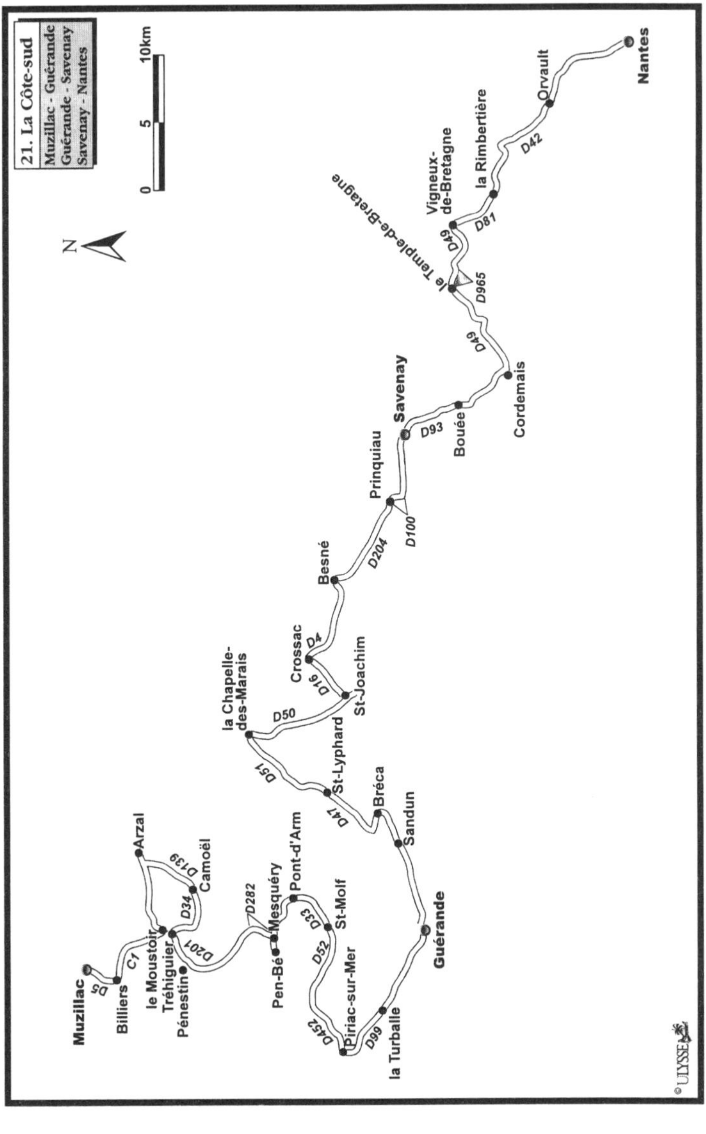
21. La Côte-sud
Muzillac - Guérande
Guérande - Savenay
Savenay - Nantes
0
5
10km
N
Muzillac
D5
Billiers
C1
le Moustoir
Tréhiguier
Pénestin
Arzal
D139
Camoël
D34
D201
D282
Mesquéry
Pen-Bé
Pont-d'Arm
D33
St-Molf
D52
D452
Piriac-sur-Mer
D99
la Turballe
Guérande
Sandun
Bréca
D47
St-Lyphard
D51
la Chapelle-
des-Marais
D50
St-Joachim
D16
Crossac
D4
Besné
D204
Prinquiau
D100
Savenay
D93
Bouée
Cordemais
D49
D965
le Temple-de-Bretagne
D49
Vigneux-
de-Bretagne
D81
la Rimbertière
D42
Orvault
Nantes
© ULYSSE

RENSEIGNEMENTS GÉNÉRAUX SUR MUZILLAC

**Population**
4 000 habitants, les Muzillacais

**Office de tourisme** : place de l'Hôtel-de-Ville, 56190 Muzillac,
☎ 02 97 41 53 04, ℻ 02 97 41 65 42

**Boutique de vélos**
Cycles Flohic, 25 av. Gén.-de-Gaulle, ☎ 02 97 41 66 40

**Marché**
Le vendredi

**Spécialité** : les fruits de mer

**Carte**
IGN n° 15

**Étape de Muzillac à Guérande : 70 km**

**Muzillac** attire les amants de la nature à son étang de Pen Mur aménagé en parc. Un moulin fabrique du papier de façon artisanale traditionnelle à partir de chiffons de lin et de coton. C'est une visite fort instructive dans un bel environnement. Muzillac s'anime le vendredi matin lors de son marché hebdomadaire.

Sortez de Muzillac en direction de Billiers et de Roche-Bernard. Suivez la bande cyclable jusqu'à **Billiers**. Cette petite commune entre les marais et la mer accueille les bateaux de pêche et de plaisance. À l'ancienne abbaye cistercienne, la chapelle abrite le tombeau de Jean Ier, duc de Bretagne, de sa femme Isabeau de Castille ainsi que de Jeanne d'Angleterre.

Sortez du village vers Arzal par la C1. Suivez la route de la pointe de **le Moustoir**. On aperçoit, en face, le village de Tréhiguier. Continuez par ce petit chemin jusqu'à **Arzal**. Au rond-point, devant l'église, prenez la D139 vers le barrage d'Arzal. Roulez vers le port de plaisance (le passage des écluses est un spectacle amusant). Traversez le pont de la Vilaine, et continuez vers **Camoël** par la D139 puis par la D34.

Sortez de Camoël par la D34. Prenez ensuite sur la droite la route de Tréhiguier par la route côtière. Entrez au port de **Tréhiguier**, et continuez jusqu'à **Penestin**. La mytiliculture est la principale activité de la région (élevage de moules). La plage de la Mine d'Or est adossée à des falaises de couleur ocre rouge. N'oubliez pas de faire le détour.

Continuez le long de la côte par la D201 puis par la D282 jusqu'à **Pen-Bé**. Faites le tour de la pointe de Pen-Bé, et revenez à **Mesquéry** pour continuer vers Pont-d'Armes. Une zone de marais se trouve à votre droite. La route aboutit à une rangée d'arbres. Tournez à droite (pas de panneau). Entrez à **Pont-d'Arm**. Continuez tout droit au milieu des marais salants vers **Saint-Molf** (un saint irlandais). Prenez ensuite la direction de Piriac-sur-Mer et de Turballe. À la fourche, bifurquez vers la D52. Continuez par la côte, et longez la mer par la D452 jusqu'à **Piriac-sur-Mer**. Offrez-vous un moment d'exotisme dans ce village aux maisons peintes en blanc qui rappellent la Grèce.

Sortez de Piriac vers Guérande et **la Turballe** (important port de pêche) par la côte. Poursuivez jusqu'à **Guérande** par la D99. L'office de tourisme se trouve à la porte Saint-Michel.

Je vous invite à faire une excursion d'une journée pour découvrir la Côte d'Amour et sa fameuse plage de 8 km de la Baule-les-Pins. Voici un parcours intéressant : sortez de Guérande par la D774 jusqu'à **Saillé**, un bourg paludier à ne pas manquer. Après la visite des marais salants, continuez jusqu'au **Croisic**, un charmant port. Puis, suivez la D45, qui longe la côte jusqu'à **la Baule-les-Pins** et **Pornichet**. Vous pouvez ensuite revenir à Guérande par l'intérieur en passant par **Brais**, **Saint-André** et **Belle Étoile**. Ce parcours est un circuit d'environ 60 km.

### Étape de Guérande à Savenay : 65 km

Le tour des remparts de **Guérande** est l'occasion de voir l'ensemble de ses rues étroites, bordées de maisons en pierres grises décorées de vieilles enseignes. Cette charmante cité close a inspiré Balzac dans *Un drame au bord de l'eau*.

Quittez Guérande en direction de Saint-Lyphard et de Saint-André-des-Eaux. Au rond-point, suivez la direction de l'étang de **Sandun**. Au croisement, continuez à suivre l'étang de Sandun et Kergourdin. Traversez un petit pont. Continuez vers l'étang et Bréca. Traversez la route principale, et suivez toujours la direction de Bréca. Le parcours traverse une région boisée, puis atteint les marais où des chevaux se prêtent volontiers à des séances de photos. Roulez jusqu'à **Bréca**. Remarquez au passage les petites chaumières briéronnes.

RENSEIGNEMENTS GÉNÉRAUX SUR GUÉRANDE

**Population**
12 000 habitants, les Guérandais

**Office de tourisme** : 5, place du Marché-au-Bois, 44350 Guérande, ☎ 02 40 24 96 71, ⇄ 02 40 62 04 24

**Boutique de vélos**
Cycles Belgrand, 7 faubourg Saint-Michel, ☎ 02 40 24 91 44

**Marché**
Le samedi

**Spécialités** : le sel de mer, l'anguille, le canard

**Carte**
IGN n° 24

On vous propose ici la visite du **Parc régional de la Grande Brière**, pays d'eau qui abrite des oiseaux de marais. Vous pouvez explorer le parc, le long des canaux, avec un accompagnateur à bord d'une barque.

Continuez à suivre le petit chemin en direction de **Saint-Lyphard**. Au village, le clocher de l'église donne l'occasion, à celui qui a envie de gravir les 135 marches, de contempler un superbe panorama de la Brière. À la jonction avec la D47, tournez à droite. Au rond-point, continuez vers la Chapelle-des-Marais par la D51. À l'autre carrefour, suivez toujours la direction de la Chapelle-des-Marais et de Pontchâteau par la D33. À l'entrée du bourg, l'office de tourisme occupe la maison du Sabotier, ancien métier breton. Dans l'escalier de la mairie, vous pouvez voir un arbre fossile (*morta*) sorti des marais en 1969.

Sortez de la Chapelle-des-Marais en direction de Saint-Joachim par la D50. Roulez à travers le Parc régional de la Grande Brière. Entrez à Saint-Joachim. Au cœur des marais, la commune de Saint-Joachim est formée d'un groupe de sept îles.

Continuez par la D16 vers **Crossac** et Pontchâteau. Puis, au carrefour, prenez la direction de Donges par la D4. Remarquez le dolmen à la sortie de Crossac. Prenez ensuite à gauche la D204 jusqu'au village de **Besné**.

Continuez toujours par la D204 vers Prinquiau et Savenay. Passez devant le vieux moulin. Au village de **Prinquiau**, suivez la direction de Donges et de Saint-Nazaire par la D100. Passez au-dessus de l'autoroute, et prenez immédiatement à gauche la route parallèle à celle-ci. Vous roulerez alors le long de la voie ferrée. Passez dans le petit tunnel, et prenez tout de suite la direction de Savenay. Passez devant la gare, et surveillez, sur votre gauche, le fléchage pour le centre-ville. Vous devrez monter une bonne côte; cela fait longtemps, n'est-ce pas?

## Étape de Savenay à Nantes : 45 km

La petite ville de Savenay, au centre d'une région agricole, niche à 100 m au-dessus de la vallée de la Loire. Il n'y a pas d'office de tourisme à Savenay.

Sortez de la ville en passant devant les halles, et descendez la rue. Prenez la D17 en direction de Saint-Étienne. Surveillez, sur la droite, la sortie pour **Bouée** et **Cordemais** par la D93.

Sortez de Cordemais pour vous diriger vers le Temple-de-Bretagne par la D49. Montez la longue côte. Le parcours traverse une verte campagne. On peut apercevoir quelques chevaux broutant paisiblement. Entrez au **Temple-de-Bretagne** (siège des templiers au XII$^{e}$ siècle), et prenez la direction de Vigneux-de-Bretagne par la D965, puis immédiatement la D49. Roulez jusqu'à **Vigneux-de-Bretagne**. Le château du Buron appartenait à la marquise de Sévigné au XVII$^{e}$ siècle. Continuez par la D81 en direction de Sautron. Ensuite, bifurquez à gauche vers la petite route annoncée par un panneau blanc comportant la liste de tous les villages.

Roulez à travers champs jusqu'à la D42. Prenez à droite la direction de Nantes et d'Orvault. Traversez **Orvault**, une banlieue résidentielle de Nantes. Au rond-point, continuez vers Nantes. Entrez à Orvault-Granval. Suivez la direction du centre-ville de **Nantes**. Passez devant le grand jardin. Montez la grande côte, et continuez tout droit pour le centre-ville et l'office de tourisme, situé sur la place du Commerce.

## RENSEIGNEMENTS GÉNÉRAUX SUR NANTES

**Population**
245 000 habitants, les Nantais

**Office de tourisme** : place du Commerce, 44000 Nantes,
☎ 02 40 47 04 51, ⇄ 02 40 89 11 99

**Boutiques de vélos**
Seguin, 38 rue des Allouettes, ☎ 02 40 46 56 32
Cycles Alkar, boul. Ernest Dalby, ☎ 02 40 49 34 24

**Marché**
Le mercredi, le samedi et le dimanche

**Principales manifestations** : Printemps des Arts (fin mai), Festival international d'été (début juillet), les Rendez-vous de l'Erdre (début septembre)

**Spécialités** : les poissons, les vins (muscadet, gros-plant, pineau), les biscuits «LU Petit-Beurre», le gâteau nantais au rhum, les berlingots (bonbons)

**Accès** : par la route depuis Paris : A11, l'Océane; par train depuis Paris : TGV, gare de Montparnasse-Nantes

**Carte**
IGN n° 24

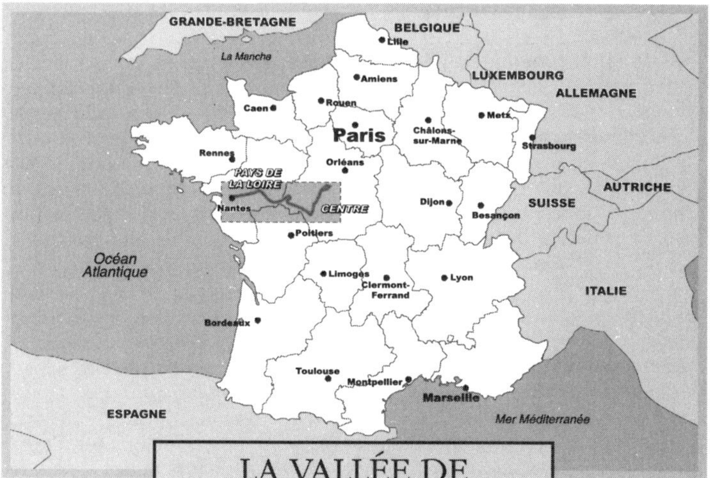


# LA VALLÉE DE LA LOIRE

La vallée de la Loire réunit à la fois l'histoire, la littérature, l'architecture, la gastronomie et le vin. À vous de les découvrir en sillonnant, de part et d'autre, ce fleuve royal et ses nombreux affluents.

Le circuit remonte la Loire à partir de **Nantes**, traverse ensuite l'Anjou, puis se termine en Touraine, au cœur du Val de Loire. Sur son parcours, le fleuve coule le long de grandes cités chargées d'histoire, de vieux villages fleuris, d'habitations troglodytiques, de champs vallonnés, d'exploitations maraîchères et fruitières, de forêts et de vignobles séculaires.

Ces régions, où règne la douceur de vivre (et la douceur de pédaler), produisent une grande variété de vins; les versants des vallées portent les vignobles. Parmi les différents crus du pays nantais, le muscadet, vin blanc, jeune et sec, caractérise la gaieté des vins de la Loire. L'Anjou et la Touraine produisent une vaste gamme de vins blancs secs ou moelleux, mais aussi des rosés légers et des rouges au parfum de violette et de framboise. Vous apprécierez, après une journée d'efforts, tous ces vins légers ou encore les rouges plus riches de Chinon et les crémants de Saumur, élaborés de façon traditionnelle.

Ce circuit débute donc au Pays de la Loire, à Nantes, ancienne capitale de Bretagne, ville d'art et d'histoire. Le château des Ducs est un imposant édifice gothique et Renaissance. À l'époque des colonies, la ville connut la prospérité grâce au commerce maritime. Jules Verne vit le jour dans une maison de l'île Feydeau, anciennement au cœur de Nantes. Le quai de la Fosse et ses grandes goélettes, ainsi que la femme d'un marin disparu qui lui apprit à lire, ont influencé l'adolescent alors passionné de la mer. Le musée Jules Verne vous plongera dans les *Voyages Extraordinaires* de l'écrivain nantais.

Pour le relief, c'est l'**Anjou** qui vous fera sûrement le plus travailler, mais vous serez infiniment récompensé par les séduisants paysages et les points de vue magnifiques sur la Loire. Ce coin de pays a inspiré Joachim du Bellay, poète de la Pléiade : *«Heureux qui comme Ulysse a fait un beau voyage...»*. L'un des comtes d'Anjou, Geoffroy Foulques, aimait porter sur son chapeau une branche de genêt (petites fleurs jaunes), d'où le surnom de la dynastie angevine Plantagenêt, lignée de comtes héréditaires.

**Angers**, prochaine ville étape, est arrosée par la Maine. Sa forteresse, élevée au XIII$^{e}$ siècle, associe le schiste sombre, le grès et le granit en bandes régulières dans ses tours décapitées. Cette majestueuse citadelle avec ses 20 000 m$^2$ d'enceinte, flanquée de 17 grosses tours, représente un magnifique spécimen de l'architecture militaire. Plus au sud, le **château de Brissac** se dresse dans un magnifique parc, près de la rivière Aubance, dans une région célèbre pour ses vins dorés liquoreux. Ce château fut reconstruit entre deux grosses tours rondes du XIV$^{e}$ siècle, au moment de son acquisition par le comte de Brissac. Il est encore habité par ses descendants; l'actuel propriétaire est le douzième duc de Brissac.

Vous découvrirez, entre Angers et Montsoreau, des maisons de pierre de tuffeau blond s'alignant le long du fleuve. L'église Notre-Dame du village de **Cunault**, chef-d'œuvre d'art roman en pierre de tuffeau, est remarquable par ses 223 chapiteaux magnifiquement ouvragés. Des maisons troglodytiques se retrouvent également le long des falaises près de Saumur.

Dans d'immenses galeries souterraines, creusées pour en extraire le tuffeau, on cultive des champignons de couche. Sous le règne de Louis XIV, les anciennes catacombes de Paris furent aussi utilisées à cette fin. À partir de 1850, cette culture devint plus en vogue et se développa dans la vallée de la Loire, mais garda le nom de «champignons de Paris». La visite d'une champignonnière est fort inusitée et agréablement rafraîchissante par temps chaud. Vous y verrez des champignons de Paris, mais aussi des pieds-bleus, des pleurottes (jaunes, roses,communes) et des *shii takés*.

**Saumur** s'épanouit au milieu de ses vignobles sur la rive sud de la Loire. Le château des ducs d'Anjou, dressé au-dessus de ville, attire le regard par sa blancheur éclatante et l'élégance de son architecture. Ville d'écuyers et capitale française du cheval, Saumur doit sa renommée à son École de cavalerie. Elle fut créée au début du XIX<sup>e</sup> siècle sous la Restauration. L'école a formé des générations d'officiers jusqu'en 1969.

De Louis XI à François I<sup>er</sup>, les rois de France ont beaucoup aimé le Val de Loire, qui se distingue par ses châteaux Renaissance à travers lesquels il est encore possible de reconstituer plusieurs pages d'histoire. François I<sup>er</sup> appréciait la proximité de grandes forêts où il pouvait chasser. Plusieurs châteaux furent construits sous son règne. La vallée de la Loire est un classique du cyclotourisme en Europe. En effet, à la belle saison, le Val de Loire accueille un très grand nombre de cyclistes. D'ailleurs, à l'entrée de chaque château, les hôtes ont pris le soin d'aménager un coin pour garer les bicyclettes.

La **Touraine**, région agricole riche, appelée aussi le «jardin de France», fut annexée au Royaume en 1259. Au carrefour Anjou-Poitou-Touraine, le château de **Montsoreau**, rendu célèbre par Alexandre Dumas dans *La dame de Montsoreau*, est l'expression de deux époques, mi-forteresse, mi-résidence, avec son splendide escalier d'honneur Renaissance. L'extraordinaire épopée de Jeanne d'Arc a commencé en 1429 au château de **Chinon**, lorsque, se sentant investie d'une «mission céleste», elle s'est présentée devant le dauphin, Charles VII, pour une audience capitale. Celui-ci a fini par lui confier la mission qu'elle réclamait : *«Je suis envoyée par Dieu pour bouter les Anglais hors de France»*. Chinon fut la capitale de l'Angleterre au XII<sup>e</sup> siècle; le château était la demeure favorite des rois Plantagenêt. Puis, Chinon devint la capitale de la France au XV<sup>e</sup> siècle ainsi que le berceau de l'écrivain Rabelais, «père» de Gargantua.

L'architecture remarquable, la haute silhouette blanche et le site magnifique du **château d'Ussé** inspirèrent sûrement Charles Perrault pour son conte de *La Belle au bois dormant*. La duchesse Anne, qui avait hérité de la couronne de Bretagne à 11 ans, célébra ses noces avec Charles VII au **château de Langeais**, et annexa, par ce mariage, le duché de Bretagne au royaume de France. Édifié au XV<sup>e</sup> siècle, sur ordre de Louis XI, le château nous apparaît puissant et d'allure sévère.

Totalement différent, le **château de Villandry**, de style Renaissance, doit sa renommée à l'ensemble de ses jardins, patiemment reconstitués tels qu'ils étaient au XVI$^{e}$ siècle. Ces jardins sont uniques en Europe : le jardin de légumes (potager décoratif), le jardin d'ornement et, au-dessus, le jardin d'eau. Jardiniers amateurs, c'est à voir absolument!

À la lisière de la Touraine, la **citadelle de Loches**, élevée à coup de guerres et d'emprisonnements, se dresse sur un promontoire dans la **vallée de l'Indre**. Loches garde le souvenir de deux femmes exceptionnelles entièrement dévouées à leur roi. La «Dame de Beauté», Anne Sorel, fut la première femme à être reconnue officiellement maîtresse d'un roi de France. Jeanne d'Arc, par ailleurs, persuada le dauphin, Charles VII, de se faire sacrer à Reims.

Le **château d'Azay-le-Rideau** est un des plus célèbres châteaux de la Renaissance tourangelle. Construite sur un îlot de l'Indre, la demeure du financier Berthelot, édifiée de 1518 à 1523, apparaît dans toute sa blancheur. Cet élégant château incarne tout le raffinement de la Renaissance : lignes harmonieuses et escalier d'honneur à rampe droite somptueusement décoré de médaillons et de frises. Le **château de Chenonceaux**, aussi nommé «le château des six femmes», fut construit en 1515 par un riche bourgeois, Thomas Bohier, intendant des finances de François I$^{er}$. Il confia les travaux à sa femme, Catherine Briçonnet, première des six châtelaines à avoir habité cette demeure originale construite sur le Cher.

Le logis royal du **château d'Amboise** fut remanié par des artistes et artisans qui accompagnaient Charles VIII à son retour d'Italie. Celui-ci meurt tragiquement, laissant ainsi le soin à ses successeurs de parachever sa demeure. Ce château est le premier du Val de Loire à subir l'influence de la Renaissance italienne. **Chambord**, le plus grandiose et le plus féerique château de la Loire, fut quant à lui érigé en pleine forêt giboyeuse par un roi qui aimait la chasse. Pendant plus des 25 ans que dura sa construction, François I$^{er}$ trouva toujours l'or nécessaire pour les travaux. Chambord comporte 440 pièces, 83 escaliers, dont 16 importants, 800 chapiteaux et environ 365 cheminées!

Enfin, le **château de Cheverny**, d'ordonnance classique, servit de modèle pour les dessins du château de Moulinsart du capitaine Haddock, dans les aventures de Tintin. La chasse à courre fait toujours partie des grandes traditions de Cheverny. **Blois**, dernière étape du circuit, est une ville d'une rare beauté où les œuvres d'architecture ont été très bien conservées et restaurées. Le château de Blois, célèbre par son escalier François Ier, témoigne de plusieurs siècles d'histoire et représente un fabuleux résumé de l'architecture du Val de Loire entre les XIIIe et XVIIe siècles.

Il y a beaucoup à voir et à visiter tout au long de ce circuit féerique. Un conseil, évitez la «surdose» de châteaux, et limitez-vous à un ou deux par jour. Visitez ceux de différentes époques, donc de styles différents. Admirez les autres de l'extérieur. N'oubliez pas de prévoir un budget adapté, car les droits d'entrée peuvent varier de 30 FF à 55 FF, la moyenne se situant autour de 40 FF.

## 22. CIRCUIT DE LA VALLÉE DE LA LOIRE

**Distance totale :** 490 km
**Nombre d'étapes :** 9
**Niveau de difficulté :** 🚲 🚲

**Schémas** pp 201, 207, 215, 220
**Cartes** A24 à A28

**Étape de Nantes à Saint-Florent-le-Vieil : 55 km**

Ancienne capitale de Bretagne de 1213 à 1524, **Nantes** connut une grande prospérité au XVe siècle sous les règnes de Jean V et de François II. La construction du château des Ducs, ceinturé de remparts et de douves, commença à partir de 1466 sous le règne de François II; les travaux se poursuivirent avec la duchesse Anne, et le château fut remanié plusieurs fois par la suite. Par ses nombreux prisonniers célèbres (Barbe-Bleue, le marquis de Pont-Calleck, la duchesse de Berry, etc.), il est entré dans la légende. Cette ancienne forteresse abrite aujourd'hui le musée d'Art populaire régional, le musée des Arts décoratifs et le musée de Salorges. La cathédrale Saint-Pierre-et-Saint-Paul, de style gothique flamboyant, renferme le tombeau de François II et de Marguerite de Foix. Il est agréable d'arpenter les vieux quartiers piétonniers de la ville, compris entre la cathédrale, l'église Sainte-Croix et la place du Bouffay (voir p 194 pour renseignements généraux sur Nantes).

Le passage Pommeraye, superbe et couvert, fut inauguré en 1843. Il était destiné à relier la rue Crébillon et la rue de la Fosse pour embellir le quartier, et faire déménager les «filles» qui y vivaient. Dans la galerie marchande qui descend par paliers jusqu'à la Bourse, vous pouvez admirer les anciennes enseignes des commerces. Au niveau supérieur court une galerie périphérique, décorée de statues d'adolescents, œuvre de Jean Debay. Dans la pénombre des ruelles et des bistrots du quai de la Fosse serait né le mouvement surréaliste.

Les amateurs de peintures ne voudront pas manquer le Musée des beaux-arts, l'un des plus riches de France. À proximité de la gare, le Jardin des Plantes, créé en 1806, fait partie des «musts» de la ville.

Nantes est la septième ville de France en importance et le chef-lieu du Pays de la Loire. Malgré son importante circulation automobile, vous n'avez pas trop à craindre de sortir de la ville à vélo, car le parcours emprunte des rues avec une voie réservée aux cyclistes, et ce, sur une distance de 9 km. Ainsi, en roulant prudemment à l'intérieur de ces bandes, vous pourrez quitter Nantes aisément.

Il y a peu d'hôtels à Saint-Florent-le-Vieil; il est donc recommandé de préparer cette étape avant de partir de Nantes. Pour sortir de la ville, rendez-vous à la gare Nord. Dos à celle-ci, tournez à droite, et suivez le boulevard Ernest Dalby en direction du Jardin des Plantes et de Doulon. Longez la voie ferrée, traversez le passage à niveau, et continuez toujours tout droit (marchand de vélos). Empruntez la bande cyclable. Suivez la direction de Sainte-Luce-sur-Loire (marchand de vélos). Sortez de Nantes par la D68.

Entrez à **Sainte-Luce-sur-Loire**. Continuez toujours par la bande cyclable. Suivez la direction de **Thouaré-sur-Loire**. Devant l'église du village, faites le tour du rond-point, et suivez la direction de Saint-Julien-de-Concelles. Franchissez immédiatement le pont sur la Loire. À la sortie, suivez la direction de Champtoceaux par la D751. Continuez par la route touristique du vignoble d'Anjou, le long de la Loire. Entrez à **la Varenne** par la D751. Le bourg, juché sur un plateau, possède un château entouré d'un joli parc. Profitez de la vue qu'il offre sur l'étroite vallée.

Continuez par la route touristique du vignoble d'Anjou. La route grimpe doucement au-dessus du fleuve et traverse les vignes. Puis, une bonne descente à virages serrés vous ramène au niveau du fleuve. Suivez toujours la D751 vers **Champtoceaux**. Une côte abrupte vous conduit jusqu'au village. L'office de tourisme est installé dans le jardin de Champalud, lieu agréable de promenade et «balcon» sur le Val de Loire. Par sa situation stratégique, cette ancienne place forte fut le témoin de nombreuses luttes. Au Moyen Âge, Bretons et Angevins se la disputaient. La citadelle fut complètement rasée par Jean de Bretagne. Un village fut alors reconstruit plus à l'est. Un parcours historique est aménagé autour des vestiges de la citadelle. Champtoceaux est également réputée pour ses vins blancs.

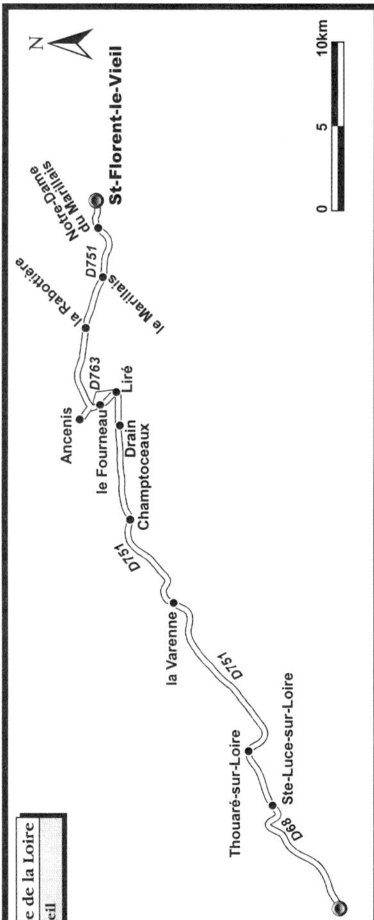
22. Circuit de la vallée de la Loire
Nantes - St-Florent-le-Vieil
N
0
5
10km
Nantes
D68
Ste-Luce-sur-Loire
Thouaré-sur-Loire
D751
la Varenne
D751
Champtoceaux
Drain
le Fourneau
Liré
Ancenis
D763
la Rabottière
le Marillais
D751
Notre-Dame du Marillais
St-Florent-le-Vieil

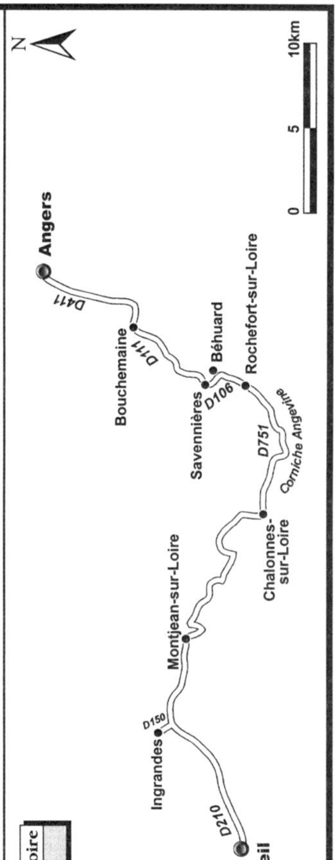
22. Circuit de la vallée de la Loire
St-Florent-le-Vieil - Angers
N
0
5
10km
St-Florent-le-Vieil
D210
Ingrandes
D150
Montjean-sur-Loire
Chalonnes-sur-Loire
D751
Corniche Angevine
Rochefort-sur-Loire
Béhuard
D106
Savennières
D111
Bouchemaine
D411
Angers
© ULYSSE

Continuez par la D751 vers **Drain** et Liré. La descente offre un beau point de vue. Au lieu-dit «le Cul du Moulin», vous pouvez voir, au bord du fleuve, les restes de deux arches d'un barrage datant du XIIIe siècle. Cette construction servait de péage fluvial. Les bateaux étaient obligés de passer sous les arches. Un petit escalier permettait de descendre pour y acquitter la taxe.

Entrez à **Liré**, ville natale de Joachim du Bellay, poète de la Renaissance du groupe de la Pléiade. Pour les mélancoliques, un musée aménagé dans une authentique demeure du XVIe siècle, sur la rue Grand-Logis, renferme des gravures, des dessins originaux et des reproductions de ses œuvres. Suivez la direction d'Ancenis par la D763. Traversez un petit bois. Entrez à **le Fourneau.** Ne traversez pas le pont vers Ancenis; prenez plutôt à droite la petite route le long de la Loire en direction de **la Rabottière**, ancien port marinier. Si vous le désirez, allez jeter un coup d'œil sur les ruines du château d'**Ancenis** et sur la statue de Joachim du Bellay, sur la rive droite de la Loire.

RENSEIGNEMENTS GÉNÉRAUX SUR ANCENIS

**Population**
7 300 habitants, les Ancenois

**Office de tourisme** : place du Millénaire, 44150 Ancenis, ☎ 02 40 83 07 44

**Boutiques de vélos**
Chauvigné, rue du Château, ☎ 02 40 98 88 70
Évasion 2000, 207 rue Genhogran, ☎ 02 40 83 33 93

**Marché**
Le jeudi

**Spécialité** : les vins d'Anjou

**Carte**
IGN n° 25

Revenez sur la rive gauche au carrefour; continuez à longer la Loire vers Notre-Dame-du-Marillais. À la fourche, gardez la gauche (pas de panneau). Vous apercevrez le clocher de l'église de Marillais. Continuez jusqu'au village. Poursuivez par la D751 vers **Notre-Dame-du-Marillais**. Traversez le pont, entrez au village, et continuez jusqu'à Saint-Florent-le-Vieil.

**Étape de Saint-Florent-le-Vieil à Angers : 65 km**

**Saint-Florent-le-Vieil** surplombe la Loire de 45 m au sommet du mont Glonne. Sur votre gauche, en entrant au village, l'esplanade de l'abbaye s'étend sur un parcours pédestre de 1 km. De ce belvédère, on découvre un panorama sur les îles Moquart et Batailleuse, ainsi que sur le coteau de Varades, en face. L'église abbatiale date du XVIII$^{e}$ siècle. La ferme abbatiale des Coteaux, anciennement fortifiée, abrite le Centre permanent d'initiation à l'environnement.

RENSEIGNEMENTS GÉNÉRAUX SUR SAINT-FLORENT-LE-VIEIL

**Office de tourisme** : place de la Mairie BP 54, 49410 Saint-Florent-le-Vieil, ☎ 02 41 72 62 32

Descendez vers la vieille ville, et suivez le fléchage pour l'office de tourisme, situé sur la place de la Mairie. Le bourg a conservé ses maisons anciennes. Prudence dans ses ruelles tortueuses qui descendent en pente raide vers les quais.

Pour sortir de Saint-Florent-le-Vieil, descendez dans la basse-ville jusqu'au carrefour. Suivez la direction de Le Mesnil-en-Vallée, Chalonnes et la Corniche Angevine par la D751. Prenez ensuite la D210 vers Ingrandes et Montjean-sur-Loire. De la route, on a une vue sur le village d'**Ingrandes**, en face. Celui-ci était un port important aux XVII$^{e}$ et XVIII$^{e}$ siècles. Ce vieux bourg vaut un petit détour.

Passez devant le terrain de camping. Longez toujours le fleuve jusqu'à **Montjean-sur-Loire**. On aperçoit l'église perchée sur son promontoire. Ne traversez pas le pont suspendu sur la Loire. Continuez tout droit dans l'ancien quartier des mariniers. Passez devant l'office de tourisme. Franchissez le Pont-de-l'Île. Suivez la direction de Chalonnes-sur-Loire. Ce chemin de l'île, véritablement tranquille, serpente au milieu de grands champs. Sur environ 6 km, vous ne croiserez aucun hameau; seulement quelques vaches y broutent. Au bout de l'île, tournez à droite sur le pont vers **Chalonnes-sur-Loire**. Prenez immédiatement la route de la Corniche Angevine, soit la D751 vers Rochefort-sur-Loire.

L'ascension débute sur une route sinueuse, taillée à flanc de coteau. La montée est d'environ 4 km. Prenez votre temps, et faites une pause en cours de route à la chapelle Sainte-Barbe-des-Mines, qui fut élevée pour des mineurs et leurs familles; le hameau a aujourd'hui disparu. La route atteint finalement un plateau au milieu d'un grand vignoble. À la Haie-Longue, un monument est élevé en mémoire de l'aviateur René Gasnier, qui effectua ses premiers vols en 1908. Une table d'orientation vous permet de découvrir le superbe panorama de la vallée. La distance totale de la route de la Corniche Angevine est de 10 km jusqu'à **Rochefort-sur-Loire**. Ce village, aux maisons anciennes, se situe le long d'un bras de la Loire nommé «le Louet». On produit ici des vins blancs des coteaux du Layon.

Surveillez bien la signalisation sur la gauche pour Savennières, et prenez la D106. Traversez le Louet, puis, sur le pont franchissant la Loire, prenez la D106, pour visiter **Béhuard**, une minuscule île où se trouve un séduisant village aux maisons des XV$^{e}$ et XVI$^{e}$ siècles. Prenez le temps d'en faire le tour. Revenez à la D106 et roulez jusqu'à **Savennières**. L'église du village est une des plus anciennes d'Anjou (X$^{e}$ et XIe siècles). Surplombant la Loire, avec une exposition exceptionnelle, le vignoble produit un excellent vin blanc issu d'un cépage chenin; le vin de Savennières est le fleuron des vins d'Angers.

Sortez du village par la D111 vers Épiré. La route quitte la voie ferrée, et, tout de suite, une route grimpe vers le domaine de La Roche aux Moines, vignoble de la Coulée de Serrant. Pour l'amateur de vin, cette boucle de 3 km, dans le vignoble, ne manquera pas de vous intéresser. La route vous ramène ensuite à la D111. La coulée de Serrant constitue à elle seule une appellation contrôlée, propriété exclusive de la famille Joly. Depuis 1985, le vignoble est entièrement cultivé en biodynamie (excluant l'utilisation d'engrais chimique, pesticides ou de produits chimiques de synthèse d'aucune sorte).

Continuez jusqu'à **Épiré**. Une bonne montée d'environ 1 km vous conduit au village. Poursuivez vers **Bouchemaine**. Au rond-point du pont, traversez la Maine par la D112 en direction de Ponts-de-Cé. Puis, au premier carrefour, prenez à gauche la direction d'Angers. Suivez la D411 jusqu'à **Angers**. Au rond-point, continuez tout droit en direction du Lycée David. Au feu de circulation, continuez toujours tout droit. Entrez en ville, et roulez droit devant. Faites attention! Ne suivez jamais les panneaux verts pour Angers-Centre. Ceux-ci vous mènent sur des voies rapides. Prenez la rue Eblé jusqu'à l'angle des rues Évin et Du-Petit-Thouars, et tournez à gauche vers la gare. Depuis la gare, suivez le fléchage pour le centre-ville et l'office de tourisme, situé sur le boulevard du Roi-René, en face du château.

**Étape d'Angers à Saumur : 70 km**

Vous pouvez vous balader librement à l'intérieur de la forteresse d'Angers pour y admirer le Châtelet, la chapelle gothique, le Logis royal, la Grande Galerie. Celle-ci renferme un précieux joyau artistique médiéval : *l'Apocalypse*, prestigieuse tenture de 103 m de long illustrant le texte de l'apôtre saint Jean. Vous pouvez achever votre visite par le chemin de ronde et la tour du Moulin pour profiter du point de vue qu'elle offre sur la ville.

L'amateur d'art gothique ne voudra pas manquer de voir la nef de la cathédrale Saint-Maurice, modèle du style Plantagenêt (ou style Angevin), caractérisé par l'étonnante légèreté de ses voûtes. La salle des malades de l'hôpital Saint-Jean, autre chef-d'œuvre du style Plantagenêt, abrite les 10 tentures de Jean Lurçat, *le Chant du monde*, réplique contemporaine de *l'Apocalypse* du château.

RENSEIGNEMENTS GÉNÉRAUX SUR ANGERS

**Population**
146 163 habitants, les Angevins

**Office de tourisme** : place Kennedy BP 5157, 49051 Angers Cedex 02, ☎ 02 41 23 51 11, ⇛ 02 41 23 51 10

**Boutiques de vélos**
Cycles Bernard, 42 rue Boisnet, ☎ 02 41 87 59 56
Pineau G., 36 bis boul. Ayrault, ☎ 02 41 88 30 47
Renault M., 107 av. Pasteur, ☎ 02 41 43 43 61

**Marché**
Le samedi

**Principales manifestations** : Festival d'Anjou (juillet); Angers l'été (juillet et août)

**Spécialités** : le Rillaud (charcuterie), les Quernons d'Ardoise (chocolats bleus), les vins de Savennières, les vins du Layon, le Cointreau

**Carte**
IGN n° 25

Procurez-vous, à l'office de tourisme, le guide *Promenades historiques* pour découvrir les quartiers d'Angers de part et d'autre de la Maine. On vous y propose trois circuits fléchés : la cité et ses abords, les façades et les jardins, et le quartier de la Doutre, sur la rive droite. Amateur de vin, n'oubliez pas de faire une visite à la Maison du Vin de l'Anjou, près du château. Au XIX$^{e}$ siècle a commencé la saga de l'une des plus anciennes entreprises angevines : la commercialisation du Cointreau.

Sortez d'Angers par le boulevard du Roi-René. Au rond-point, prenez la direction de Cholet par la rue Rabelais et l'avenue de Lattre-de-Tassigny. Au feu de circulation, continuez tout droit vers les Ponts-de-Cé. Au rond-point suivant, prenez la direction du château de Brissac. Laissez la N160 pour bifurquer sur la droite vers **les Ponts-de-Cé**. Traversez la ville, toujours tout droit (elle fait 3 km de long). Franchissez le pont sur le bras de Saint-Aubin. Au rond-point, suivez la direction de **Saint-Maurille** et de **Mûrs-Érigné**. Traversez un deuxième pont sur la Loire et le pont sur le Louet.

Continuez ensuite par la D120 vers Soulaines. Au feu de circulation, suivez la direction de Brissac-Quincé. Prenez immédiatement à droite la direction de Soulaines. Sortez de Mûrs-Érigné par la D120. La route descend avec quelques virages serrés jusqu'à la rivière Aubance. Entrez à **Soulaines**.

Poursuivez vers Brissac-Quincé par la D123. Entrez à **Saint-Melaine-sur-Aubance**. Continuez toujours par la D123 dans la vallée de l'Aubance jusqu'à **Brissac-Quincé**. Des troupeaux de bœufs et de vaches broutent dans les grands champs. Les coteaux sont couverts de vignes. Puis vous apparaît le château de Brissac. Entrez au village par la D55.

Le château, acquis par René de Cossé et encore habité par ses descendants, vous étonnera par sa hauteur. Toutes les pièces (ouvertes aux visiteurs) sont meublées de collections privées Brissac. Il est possible de déguster les vins de la propriété dans les celliers. Le parc de 28 ha est ouvert à la promenade. La visite guidée est de 45 min.

Les «fans» de Gérard Depardieu seront peut-être intéressés de savoir que le comédien possède un vignoble à 15 km au sud de Brissac. Le domaine se trouve à Tigné, un village de 800 habitants. Pour vous y rendre, prenez la D748 jusqu'à Martigné-Briand, puis la D167 jusqu'au château de Tigné.

Au bas du bourg de Brissac-Quincé, suivez la direction des Ponts-de-Cé, puis tournez à droite vers Saint-Mathurin par la D55. Passez devant la ferme, le moulin et le château du Bois-Brainson. Le parcours sillonne une région couverte de vergers. Poursuivez toujours

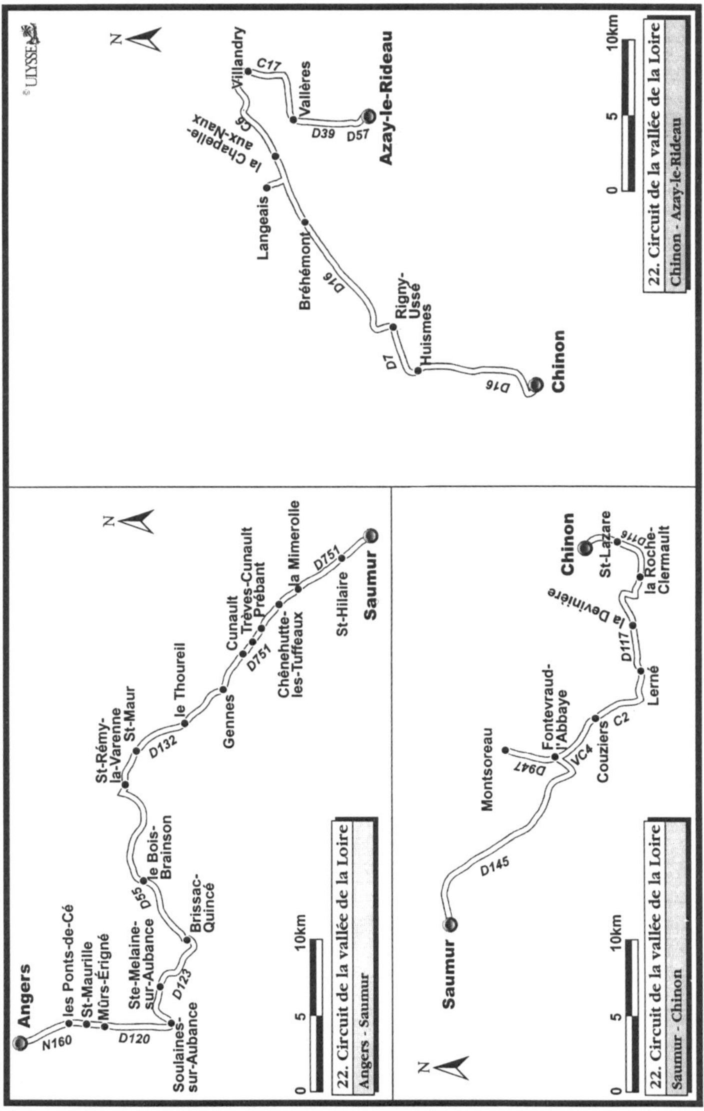
© ULYSSE
N
22. Circuit de la vallée de la Loire
Angers - Saumur
0
5
10km
Angers
N160
les Ponts-de-Cé
St-Maurille
Mûrs-Érigné
D120
Soulaines-sur-Aubance
Ste-Melaine-sur-Aubance
D123
Brissac-Quincé
D55
le Bois-Brainson
St-Rémy-la-Varenne
St-Maur
D132
le Thoureil
Gennes
Cunault
D751
Trèves-Cunault
Prébant
Chênehutte-les-Tuffeaux
la Mimerolle
D751
St-Hilaire
Saumur
22. Circuit de la vallée de la Loire
Saumur - Chinon
Saumur
D145
Montsoreau
D947
Fontevraud-l'Abbaye
VC4
Couziers
C2
Lerné
D117
la Devinière
la Roche-Clermault
D116
St-Lazare
Chinon
22. Circuit de la vallée de la Loire
Chinon - Azay-le-Rideau
Chinon
D16
Huismes
D7
Rigny-Ussé
D16
Bréhémont
Langeais
la Chapelle-aux-Naux
C6
Villandry
C17
Vallères
D39
D57
Azay-le-Rideau

vers Saint-Mathurin. Surveillez bien, dans le vignoble sur votre droite, juste avant le bourg de Dion, un panneau indiquant un dolmen.

Ne traversez pas le pont vers Saint-Mathurin. Tournez juste avant vers **Saint-Rémy-la-Varenne**. Le village possède une église, une chapelle et un logis du Prieuré qui méritent votre attention. Longez la Loire par la D132 jusqu'à **Saint-Maur**. La fondation du monastère Saint-Maur-de-Glanfeuil remonte à 543. Le monastère, construction classique, abrite aujourd'hui un centre d'accueil œcuménique.

Continuez vers Gennes. Traversez le village de **le Thoureil**. De cet ancien port fluvial, on transportait les pommes et les vins du pays. À l'intérieur de l'église, vous pouvez admirer les statuettes des 12 apôtres provenant de l'abbaye de Saint-Maur. Profitez de ce charmant bourg des bords de la Loire pour faire une pause. Suivez la route le long du fleuve. Remarquez les jolis bassins de nénuphars.

Entrez à **Gennes**. L'amphithéâtre gallo-romain, au sud du village, est assez bien conservé. Il pouvait contenir jusqu'à 10 000 spectateurs vers la fin du Ier siècle. Vous pouvez admirer les vestiges retrouvés sur le site au musée archéologique, tout près.

Continuez en direction de Saumur et de Cunault par la D751. Remarquez l'immense grève de sable blond des bords de la Loire. **Cunault** fut un lieu de pèlerinage et de foires de grande importance au Moyen Âge. Le village est bâti autour de son immense église Notre-Dame. Descendez de votre vélo pour admirer de plus près la plus belle église romane du département. En face, le Logis du Prieur fut construit au XVIe siècle.

Continuez vers **Trèves**. Cunault et Trèves étaient d'anciens ports fluviaux spécialisés dans l'expédition du tuffeau. La tour du XIe siècle est le seul vestige du château de Trèves. Roulez ensuite vers **Prébant** et **Chênehutte-les-Tuffeaux**. À la Cave aux Moines, vous pouvez découvrir, dans des galeries creusées dans le tuffeau, des élevages d'escargots et une champignonnière, et déguster les vins de la Loire. Remarquez le superbe clocher de l'église romane de Chênehutte. Le parcours traverse ensuite une série de charmants villages, tous construits en pierre de tuffeau, où pratiquement chaque famille possède son jardin potager.

Roulez à travers le hameau de **la Mimerolle**. Poursuivez toujours par la D751 vers **Saint-Hilaire**. Le Musée du Champignon vous présente des cultures en caves, avec champignons de Paris, pieds-bleus, *shii takés*, pleurotes, ainsi que plus de 200 espèces de champignons de forêts, des comestibles aux plus dangereux, dans une habitation troglodytique. Vous pouvez aussi déguster des champignons sur le gril, préparés à toutes les sauces. Planifiez votre horaire en vue de cette visite fort instructive. Couvrez-vous, car c'est froid et humide à l'intérieur des galeries.

Continuez jusqu'à Saumur. De chaque côté de la route, caves, chais et maisons de vin proposent des dégustations. Au rond-point, suivez la direction de Bagneux. Au feu de circulation, roulez vers le château et le centre-ville de Saumur. Je vous propose un petit détour jusqu'à Bagneux, où se trouve un grand dolmen, majestueux monument mégalithique d'Anjou. Continuez vers Saumur en empruntant la bande réservée pour les vélos. Traversez le Thouet par le pont Fouchard. Continuez jusqu'à l'office de tourisme, situé sur la place Bilange.

RENSEIGNEMENTS GÉNÉRAUX SUR SAUMUR

**Population**
32 000 habitants, les Saumurois

**Office de tourisme** : place de la Bilange BP 241, 49418 Saumur Cedex, ☎ 02 41 40 20 60, ⇌ 02 41 67 89 51

**Boutiques de vélos**
Cycle DMD, 57 quai Mayaud, ☎ 02 41 67 68 32
Cyclepro, 93 route de Rouen, ☎ 02 41 67 76 63
Cycles Peugeot, 19 av. du G.-de-Gaulle, ☎ 02 41 67 36 86

**Marché**
Le samedi

**Principales manifestations** : Fête de la Loire et Salon des vins de Saumur (mai); Festival international des Géants (fin mai); Carrousel de Saumur (fin juillet)

**Spécialités** : les champignons, les pâtés aux prunes (gâteaux), les fouets (pains), les vins de Saumur

**Carte**
IGN n° 25

### Étape de Saumur à Chinon : 45 km

**Saumur** a conservé dans son vieux quartier d'étroites rues, de belles maisons anciennes aux murs de tuffeau et au toit d'ardoise, ainsi que son église Saint-Pierre, édifiée au XIIe siècle. Le musée de la Cavalerie intéressera tous les passionnés de tradition équestre. D'ailleurs, plusieurs manifestations équestres se tiennent à Saumur durant l'été (juillet et août). Enfin, la Maison du Vin vous donne toute l'information sur les vins de Saumur, grandes richesses de la ville.

Pour sortir de Saumur, montez au château par la rue Docteur-Péton. La côte est abrupte jusqu'au haut de la ville. Pour visiter le château, cadenassez votre vélo au stationnement aménagé pour les bicyclettes.

La visite du château comprend la présentation historique du site. La visite du musée du Cheval, le musée d'Arts décoratifs et la promenade dans les jardins se font librement. À ne pas manquer, la vue splendide depuis la tour du guet qui s'étend sur plusieurs kilomètres. Ouvert tous les jours sauf le mardi.

Après votre visite, sortez du château, tournez à gauche, et continuez à monter par la rue des Moulins (au siècle dernier, nombre de moulins à vent y tournaient). La vue est superbe du haut de ce plateau. À la jonction avec la D45, roulez vers Champigny (fameux vin de Saumur). Sortez de Saumur par la D145. La route serpente à travers les vignes. Continuez vers Fontevraud-l'Abbaye. Roulez ensuite sur une route de forêt sur environ 4 km. Ne soyez pas surpris de rencontrer des militaires en pleine manœuvre, service oblige!

Entrez à **Fontevraud-l'Abbaye**. Suivez le fléchage pour l'abbaye et le centre du village. Montez dans le village, et passez sous l'arche pour entrer dans la cour. Un abri pour les vélos se trouve sur votre gauche.

Dans les murs de l'abbaye sommeillent les gisants de Richard Cœur de Lion, d'Aliénor d'Aquitaine, d'Henri II de Plantagenêt et d'Isabelle d'Angoulême. Fondée par un ermite, Robert d'Arbrissel, vers 1100, la cité monastique comprenait cinq prieurés distincts. L'abbaye mixte fut dirigée par des abbesses dont plusieurs de sang royal. Fontrevraud fut un haut lieu de la chrétienté. Avant de devenir un monument historique, la cité monastique fut une prison pendant 150 ans. Ouvert aux visiteurs tous les jours de l'année.

Avant de quitter Fontevraud, faites une visite à l'office de tourisme. De l'église Saint-Michel (fondée par Henri II de Plantagenêt), prenez l'allée de tilleuls; l'office de tourisme est situé dans la chapelle Sainte-Catherine, datant du XIIIe siècle. Cette ancienne chapelle funéraire est surmontée d'une lanterne des morts de style Plantagenêt. Durant la dernière guerre, elle servit de local pour réparer les vélos!

Retournez en direction de l'abbaye, et tournez à gauche vers Montsoreau. Au rond-point, prenez la D947, et continuez jusqu'au village de **Montsoreau**. Au carrefour, suivez le fléchage pour la champignonnière. Si vous avez raté la visite du Musée du Champignon, la champignonnière, plus petite, ne manquera pas de vous intéresser.

Continuez tout droit en direction de Chinon vers le château de Montsoreau, situé sur le bord de la Loire. Remarquez les habitations troglodytiques. Le château, construit au XV$^{e}$ siècle, baignait autrefois dans le fleuve. Il abrite aujourd'hui le musée des Goums Marocains, unités de cavaliers recrutés au Maroc. Fermé le mardi.

Le village fait partie «des plus beaux villages de France». Il faut prendre le temps de flâner dans ses ruelles à flanc de coteau et sur la promenade bordée de demeures anciennes qui vous conduit du château à l'église Candes-Saint-Martin.

Après votre visite, revenez à Fontevraud par la D947. Prenez la route de Couziers, et suivez le circuit de Moustier, la VC4. Il peut y avoir des manœuvres militaires. Entrez à **Couziers**. À l'intersection avec la C2, prenez la direction de Chinon. À la fourche, bifurquez à droite vers Lerné. Le parcours est très agréable et traverse de vastes champs.

Roulez ensuite sur la D117 vers Lerné par le circuit de Moustier. La route traverse de grandes terres agricoles et de petits bois jusqu'à la ferme et le château de Chevigny, propriété privée. Entrez à **Lerné**. Ce village est tout de tuffeau blond. Passez devant la chapelle, et continuez par la D117 vers Chinon. Gardez la gauche vers l'**abbaye de Seuilly**. Montez derrière le village. Tournez à droite en direction de la Devinière par la D117. Le **musée de la Devinière** est la maison natale (XV$^{e}$ siècle) de l'écrivain à la verve truculente François Rabelais (*Gargantua et Pantagruel*). À voir : le mobilier régional et les imprimés sur Rabelais et son œuvre.

Tournez à gauche en sortant de la Devinière. Poursuivez par la D117 dans les hauteurs. Au carrefour avec la D24, continuez vers la Roche-Clermault et Chinon. À la jonction avec la D759, prenez la direction de **la Roche-Clermault**. Entrez au village. Traversez le passage à niveau, et suivez la route des remparts. Montez vers le haut du vieux bourg. Passez devant la chapelle de pèlerinage. La grimpette est difficile; par contre, le panorama est superbe. Remarquez les habitations troglodytiques. Suivez le chemin étroit qui mène à Chinon. Puis, la route grimpe dans le bois. Face aux vignes, tournez à gauche (pas

RENSEIGNEMENTS GÉNÉRAUX SUR CHINON

**Population**
9 000 habitants, les Chinonais

**Office de tourisme** : 12 rue Voltaire BP 141, 37501 Chinon,
☎ 02 47 93 17 85, ⇒ 02 47 93 93 05

**Boutiques de vélos**
Chinon Cycles, 31 rue du Commerce, ☎ 02 47 98 41 19
Espace ICM, Route de Tours, ☎ 02 47 93 01 07

**Marché**
Le jeudi et le dimanche

**Principales manifestations** : Fête de la musique (21 juin); Festival de Théâtre musical en Touraine (mi-juillet); Marché Rabelais (1re fin-de semaine d'août); Marché à l'ancienne (3e samedi d'août)

**Spécialités** : les vins de Chinon, la confiture de Vin (Claude Fleurisson)

**Carte**
IGN n° 25

de panneau). Enfin, amorcez la grande descente qui conduit à Chinon-Parilly.

Entrez à **Saint-Lazare**. Suivez la direction du centre-ville et le château. Empruntez la bande cyclable le long de l'allée de gros platanes. Franchissez le pont sur la Vienne, et continuez jusqu'au centre de Chinon.

## Étape de Chinon à Azay-le-Rideau : 50 km

La forteresse de **Chinon** était une puissante place de guerre enveloppée d'une vaste enceinte et composée de trois châteaux séparés de fossés. Les ruines imposantes sur la colline dominant le village sont chargées d'histoire. De la salle du trône, où Jeanne d'Arc reconnut le Dauphin, il ne reste que le pignon ouest et la cheminée. Dans le vieux Chinon, l'ambiance est encore médiévale, particulièrement l'ensemble architectural du «Grand Carroi». Procurez-vous le guide touristique pour une visite auto-guidée de cette adorable ville sur les bords de la Vienne. Connaissez-vous le Quernon d'ardoise, spécialité de Chinon? Ce chocolat imite dans sa forme et sa couleur bleu un morceau d'ardoise d'Anjou appelé «quernon».

Situé sur l'Indre, entre Chinon et Tours, le village d'Azay-le-Rideau, très animé, accueille un flot de visiteurs en période estivale. Prévoyez faire des réservations d'hôtel.

Sortez de Chinon en montant vers le château. Au rond-point, prenez la direction de Tours et d'Huismes par la D751. Puis, prenez tout de suite la D16 en direction du château de Langeais, du château d'Ussé et d'Huismes. Passez devant le vignoble du château de la Grille. Le parcours, légèrement vallonné, serpente au milieu de grandes terres cultivées. Entrez à **Huismes.** L'église comporte une belle tourelle coiffée d'une poivrière. Continuez vers Ussé. À la jonction avec la D7, continuez à descendre vers Rigny-Ussé.

Suivez la signalisation pour le château d'**Ussé.** La construction du château, aux XVe et XVIe siècles, est l'œuvre de la grande famille de Bueil. Depuis, le château n'a cessé d'être remanié par de nombreuses familles qui s'y sont succédé. Chaque saison, on présente une exposition de costumes d'époque. La durée de la visite accompagnée est d'environ 45 min.

Revenez au pont. Traversez l'Indre. Admirez la très belle vue sur le château derrière vous. Continuez vers Bréhémont et Langeais par la D16. Longez la rive gauche de la Loire. Le parcours, très facile, est agrémenté de jolis petits vignobles. Entrez à **Bréhémont**. Continuez à suivre la D16. Pour visiter le château de Langeais, au grand carrefour, franchissez la Loire, et roulez jusqu'au village. **Langeais** fait partie des derniers châteaux forts construits dans le Val de Loire. On admire les appartements, très bien meublés, et une collection de tapisseries de style gothique et Renaissance, véritable joyau du château. Des personnages en cire évoquent le mariage d'Anne de Bretagne avec Charles VII. Ouvert tous les jours.

Revenez sur la rive gauche, et roulez en direction de **la Chapelle-aux-Naux** par la C6, toujours le long de la Loire. Passez sous le viaduc; la route bifurque ensuite sur la gauche vers Villandry. Passez le lieu-dit la Tuilerie. On aperçoit le château au loin. À la croix de pierre, quittez ce chemin pour entrer à **Villandry**. Suivez le fléchage pour le château. Laissez votre vélo au parc de stationnement.

Le château de Villandry fut le dernier des grands châteaux bâtis au bord de la Loire à la Renaissance. Il faut compter au moins 45 min pour la visite inoubliable de ses jardins uniques. Ils se composent de trois niveaux : le jardin d'eau, le jardin décoratif d'agrément et le jardin potager d'ornement.

Sortez du château en vous dirigeant vers la gauche. Prenez la première route sur la gauche en direction de Druye par la D121. Montez la côte vers l'église du village. Au carrefour, continuez vers Vallérès par la C17. La petite route est plaisante; des troupeaux de moutons paissent dans les champs. Une descente tortueuse vous entraîne à travers vergers et vignes. Entrez à **Vallères**. Continuez par la D39 vers Azay-le-Rideau. À la jonction avec la D751, prenez la direction d'Azay-le-Rideau. Roulez avec vigilance sur cette route achalandée! Suivez la D57 vers le château et le village.

RENSEIGNEMENTS GÉNÉRAUX SUR AZAY-LE-RIDEAU

**Population**
3 053 habitants, les Ridellois

**Office de tourisme** : place de l'Europe 37190, Azay-le-Rideau, ☎ 02 47 45 44 40

**Étape d'Azay-le-Rideau à Loches : 50 km**

Laissez votre vélo au parc de stationnement du château. **Azay-le-Rideau** est entouré de magnifiques paysage d'eau et de verdure. Ses appartements et chambres y sont richement meublés. On y admire une collection de tapisseries flamandes et françaises des XVI$^{e}$ et XVII$^{e}$ siècles. La visite libre et guidée dure environ une heure. Tous les soirs, on présente un spectacle son et lumière.

Pour quitter Azay-le-Rideau, à partir du château tournez à droite en direction d'Artannes-sur-Indre par la D84. Un plan d'eau est aménagé sur l'Indre, et de beaux points de vue s'y succèdent. À la jonction avec la D17, continuez vers **Artannes-sur-Indre**. Roulez en direction de Montbazon. Au village de **Monts**, descendez vers le centre, et continuez en direction de Montbazon par la D17. Passez sous le viaduc. Entrez à **Vontes**. Surveillez bien maintenant la rue de la Gargousserie. Prenez-là sur la droite (devant la centrale atomique). À la première fourche, bifurquez vers la gauche par la rue des Trois-Cheminées. Passez au-dessus de l'autoroute. Juste avant Montbazon, remarquez sur votre gauche un étroit chemin qui mène au

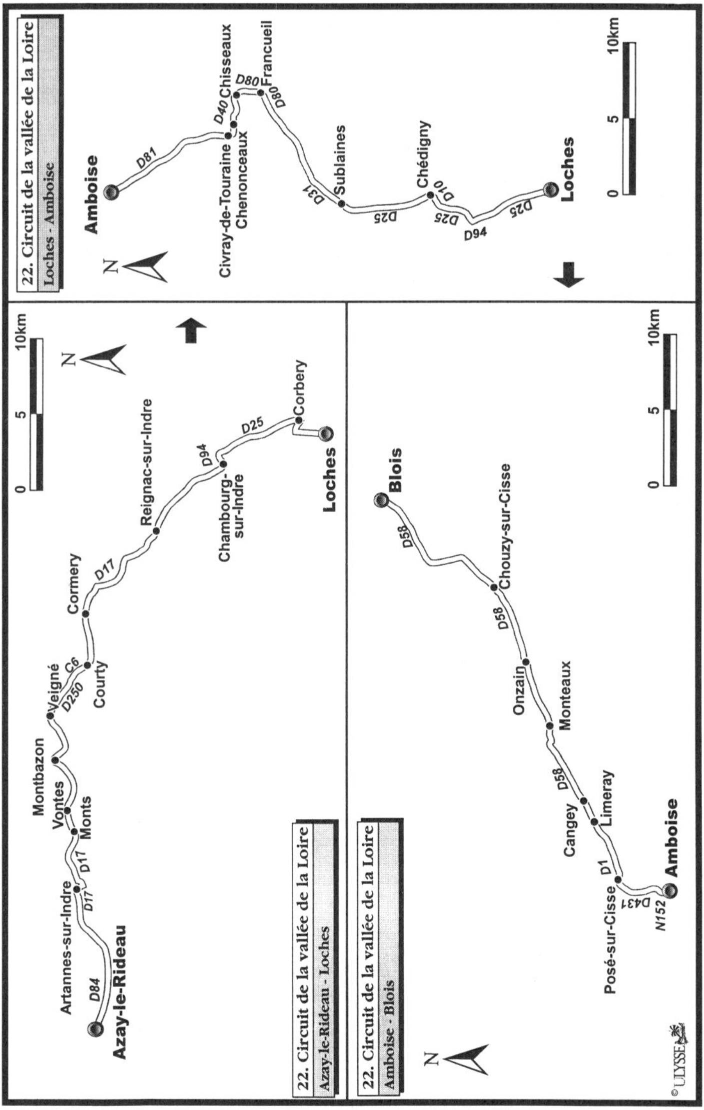
22. Circuit de la vallée de la Loire
Loches - Amboise
Amboise
D81
Civray-de-Touraine
Chenonceaux
D40
Chisseaux
D80
Francueil
D80
Sublaines
D31
D25
Chédigny
D10
D25
D94
D25
Loches
0
5
10km
N
22. Circuit de la vallée de la Loire
Azay-le-Rideau - Loches
Azay-le-Rideau
D84
Artannes-sur-Indre
D17
D17
Monts
Vontes
Montbazon
Veigné
D250
C6
Courty
Cormery
D17
Reignac-sur-Indre
Chambourg-sur-Indre
D94
D25
Corbery
Loches
22. Circuit de la vallée de la Loire
Amboise - Blois
Amboise
N152
D431
Posé-sur-Cisse
D1
Cangey
Limeray
D58
Monteaux
Onzain
D58
Chouzy-sur-Cisse
D58
Blois
© ULYSSE

château d'Artigny (Relais & Châteaux), ancienne demeure du célèbre parfumeur Coty.

Descendez à **Montbazon**. À la jonction avec la N10, tournez à droite. Prenez ensuite la rue de Moulin, juste avant le pont sur l'Indre. Ne traversez pas la rivière. Sortez de Montbazon par la D250. Continuez toujours tout droit en ne prenant aucune autre direction. Sortez de **Veigné** par la C6. Roulez jusqu'à **Courty**. Suivez la direction de Veneuil. Le parcours serpente au milieu de grands champs de céréales. Entrez à **Cormery**, puis tournez à gauche vers le village. L'abbaye bénédictine fut fondée en 791; faites un tour de ville pour voir les vestiges de ce qu'était cet important bâtiment. Profitez-en pour goûter aux macarons, spécialité de la ville.

Suivez la vallée de l'Indre vers Courçay et Reignac-sur-Indre par la D17. Le parcours suit la rivière et traverse une belle région boisée. Poursuivez jusqu'à **Chambourg-sur-Indre** toujours par la D17. À l'église du village, suivez le fléchage pour Chédigny par la D94. Traversez l'Indre. Continuez tout droit jusqu'à l'intersection avec la D25 en direction de Loches et de Beaulieu. Roulez jusqu'au pont de Corbery, que vous franchirez. Au rond-point, suivez la direction de Loches. L'office de tourisme se trouve sur la place de Wermelskirchen.

### Étape de Loches à Amboise : 45 km

Prévoyez du temps pour la visite extrêmement intéressante de **Loches**, cité médiévale. Vous pourrez déambuler librement à l'intérieur de la citadelle et choisir de visiter à votre guise la Porte Royale, l'église romane Saint-Ours, le Logis Royal et le Donjon, et faire le tour des remparts. Le village de Loches est réputé pour ses produits du terroir : charcuterie, fromage de brebis ou de chèvre, miel, pain d'épice, etc. Profitez-en pour faire des provisions. Les mercredis et samedis sont jours de marché.

Pour sortir de Loches, à partir de l'office de tourisme suivez la direction de Tours. Au rond-point, roulez vers Chenonceaux par la D764. Franchissez le pont; immédiatement après, tournez à gauche en direction de Chédigny et de la vallée de l'Indre. Sortez de Loches par la D25 (de la même façon que vous y êtes arrivé). Roulez à travers l'agréable campagne vallonnée. À la jonction avec la D94, tournez à droite vers Chédigny. Traversez le bois. Entrez à **Chédigny** par la D10. Continuez par la D25 vers Sublaines. Le circuit franchit d'immenses champs céréaliers. Au carrefour, à l'entrée de **Sublaines**, prenez la

RENSEIGNEMENTS GÉNÉRAUX SUR LOCHES

**Population**
7 100 habitants, les Lochois

**Office de tourisme** : place de Wermelskirchen BP 112, 37601 Loches Cédex, ☎ 02 47 59 07 98, ⇄ 02 47 91 61 50

**Boutique de vélos**
Schmitt, 7 rue des Moulins, ☎ 02 47 59 02 15

**Marché**
Le mercredi et le samedi

**Principales manifestations** : Solstice d'été, semaine musicale (juin); Son et lumière (vendredis et samedis d'été); Festival de théâtre musical (fin juillet)

**Spécialités** : la charcuterie artisanale, le fromage de chèvre, le fromage de brebis, les champignons à la Lochoise, le miel

**Carte**
IGN n° 26

direction de Bléré et d'Amboise par la D31. Puis, surveillez sur la droite la C4 vers **Francueil**. Descendez dans le village jusqu'à la jonction avec la D81. Prenez la rue qui grimpe vers l'église. Suivez la direction de Chenonceaux par la D80. Traversez la route nationale, et continuez tout droit vers Chenonceaux.

Franchissez le pont sur le Cher. Entrez à **Chisseaux**. Roulez ensuite vers **Chenonceaux** par la D40. Suivez le fléchage pour le château. Laissez votre vélo dans le stationnement. Le château de Chenonceaux enjambe élégamment, avec ses six arches, le Cher. La visite se fait librement en suivant le fléchage et à l'aide d'un dépliant. Ne soyez pas étonné qu'on se bouscule aux portes; ce romantique château est très populaire chez les visiteurs du Val de Loire. En été, on présente un spectacle son et lumière à 22 h.

Sortez de Chenonceaux en suivant la signalisation pour Amboise. Roulez jusqu'à **Civray-de-Touraine** par la D40. Continuez par la D81 vers Amboise. Passez devant le parc «Châteaux de la Loire en Miniature». Suivez le fléchage pour Amboise-centre. L'office de tourisme se trouve sur le quai Général-de-Gaulle.

**Étape d'Amboise à Blois : 45 km**

**Amboise** s'étend le long de la rive gauche de la Loire. Au château (aujourd'hui démantelé), on admire le logis du Roi, la salle des États, la chapelle Saint-Hubert, de style gothique flamboyant, où repose Léonard de Vinci, et les jardins d'où se dévoile un magnifique panorama de la vallée.

Léonard de Vinci vécut ses dernières années au manoir du Clos-Lucé, logis Renaissance construit en brique rouge. On y découvre une collection de maquettes réalisées selon les plans de ce génial artiste et inventeur sous le thème «Quarante machines qui ont quatre siècles d'avance».

Sortez d'Amboise en direction de Pocé-sur-Cisse. Traversez immédiatement le pont. Roulez sur la N152, puis empruntez tout de suite la D431 vers **Pocé-sur-Cisse**. Devant l'église de Pocé, prenez la D1 vers **Limeray**. Continuez à suivre la D1 vers **Cangey** et Onzain. Tendez l'oreille, car vous allez peut-être rencontrer un élevage de canards et d'oies!

Entrez à **Monteaux** par la D58. La route serpente au milieu de champs de céréales. Entrez à **Onzain**. Suivez la direction de Chaumont et de Chouzy-sur-Cisse. Continuez tout droit vers **Chouzy-sur-Cisse** par la D58. Prenez la direction de Blois. Au cimetière, au bout du village, suivez le fléchage pour la Pinsonnière, la Gallardière et Belair. Ne traversez pas le passage à niveau. Le chemin grimpe légèrement à travers champs.

Continuez à suivre la direction de Belair. Filez tout droit dans la forêt de Blois. Vous allez croiser une route principale; c'est le carrefour de Gaston d'Orléans. Tournez à droite sur cette route vers Blois (pas de panneau). Entrez à **Blois**, et suivez «toutes directions». Au rond-point, roulez vers le centre-ville et le château (suivez le panneau blanc). L'office de tourisme se trouve sur l'avenue Docteur-Jean-Laigret, à proximité de la gare.

Dernière étape de ce circuit, l'ancienne cité royale, si animée, invite à la flânerie. Rangez votre vélo (ou expédiez-le à Paris?), car la cité riche d'histoire et de passion peut être visitée tout doucement à pied. Ainsi, vous aurez tout le temps d'arpenter les vieux quartiers, de dévaler les ruelles tortueuses et ses nombreux escaliers. Le château de Blois, profondément remanié, mérite une visite. La cathédrale Saint-Louis est entourée de tout un réseau de très belles rues médiévales.

RENSEIGNEMENTS GÉNÉRAUX SUR BLOIS

**Population**
50 000 habitants, les Blésois

**Office de tourisme** : Pavillon Anne-de-Bretagne, 3 av. Jean-Laigret, 41000 Blois, ☎ 02 54 74 06 49, ⇄ 02 54 56 04 59

**Boutiques de vélos**
Cycles Leblond, 44 levée des Tuileries, ☎ 02 54 74 30 13
Cycles Peugeot, 33 av. Wilson, ☎ 02 54 78 12 94

**Marché**
Le samedi

**Principales manifestations** : Foire de Blois (Ascension); Son et lumière au château (été)

**Spécialités** : le Malice du Loup, le Pavé du Roi et les Patelins (des confiseries)

**Carte**
IGN n° 26

**Excursion à l'orée de la Sologne : 65 km**

Du centre-ville de Blois, rendez-vous sur les quais. Traversez le pont sur la Loire en direction de Blois rive-gauche, Châteauroux et Chambord (tout droit). Redoublez de prudence, car la route est assez achalandée sur environ 7 km. Au rond-point, continuez vers **Saint-Gervais-la-Forêt**. Au feu de circulation, suivez la direction de Vineuil et de Chambord par la D33. Entrez à **le Chîteau**, et continuez jusqu'à Huisseau-sur-Cosson. Roulez ensuite à travers le parc de Chambord. Clos par un mur de 32 km, ce grand parc forestier est une réserve pour des centaines de cerfs, biches, buffles, renards et sangliers. Suivez la direction du château de **Chambord**. Laissez votre vélo à l'abri dans le stationnement.

L'un des éléments remarquables du château de Chambord est sa toiture; elle comporte de hautes cheminées richement sculptées de symboles royaux. À l'intérieur, tout aussi remarquable, l'escalier en double hélice de Léonard de Vinci permet à deux personnes de monter ou de descendre sans se rencontrer. La visite du château se fait librement. Prenez le temps de vous balader sur les terrasses et dans la

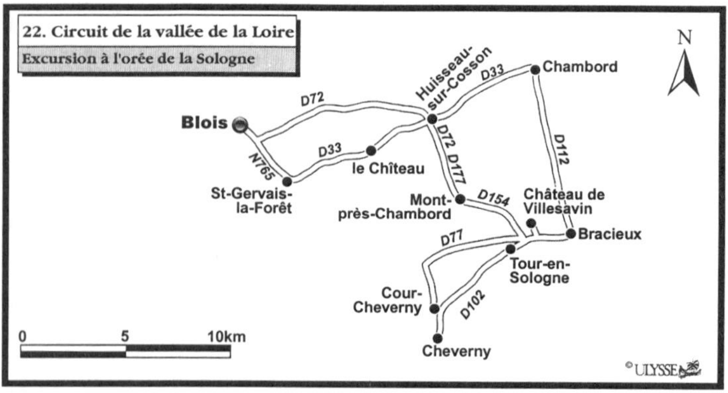


partie du parc ouverte au public. On a aménagé des miradors pour l'observation de la faune sauvage : emportez vos jumelles.

Continuez par la D112 à travers la forêt vers **Bracieux**. Continuez vers le centre du village. Ce charmant village dans la vallée du Beuvron est construit autour de sa halle du XVIII$^{e}$ siècle. Sortez de Bracieux vers Villesavin et Cheverny par la D102. Continuez à suivre la route de Cour-Cheverny. La visite de Villesavin se fera au retour. Roulez jusqu'à **Tour-en-Sologne**. Poursuivez vers **Cour-Cheverny**. La région se couvre de vert, et les maisons disparaissent derrière de magnifiques arbres. Traversez le village en direction de **Cheverny** par la D102. Longez les murs du château, et laissez votre vélo au stationnement près de l'église.

Le château de Cheverny représente un bel exemple de l'architecture classique des demeures Louis XIII. Habité par les descendants de la même famille depuis son origine, le château a conservé son ameublement et sa somptueuse décoration intérieure. On peut voir aussi le chenil occupé par une meute de 70 chiens de chasse franco-anglais. Le musée de la Vénerie présente dans la salle des trophées plus de 2 000 bois de cerfs.

Revenez vers Cour-Cheverny. Passez devant le parc. Suivez la D765 vers Blois. Surveillez bien sur la droite le chemin de la Chassière, vignoble de Huards. Continuez par la voie du Tertre. À la fourche, bifurquez à gauche vers la voie de Jouvençay. Puis, prenez la route de Tour-en-Sologne sur la droite. Passez devant le domaine de Huards. Entrez à Tour-en-Sologne par la D77. À la jonction avec la D102, continuez vers Bracieux et le château de **Villesavin**. Traversez la rivière, et continuez par la D154. Roulez jusqu'au château. De dimensions modestes, l'ancien château de Jean le Breton, seigneur de Villandry, est bien conservé. On peut visiter quelques appartements meublés où sont exposés des étains. À l'arrière du château, vous découvrirez un colombier du XVI$^{e}$ siècle et le musée de Calèche.

À la sortie du château, suivez la direction de Chambord par la D154. Roulez jusqu'au village de **Mont-près-Chambord**. Continuez par la D177 vers Huisseau-sur-Cosson. Traversez une partie de la forêt de Boulogne. Entrez à **Huisseau-sur-Cosson** par la D72. Remarquez l'église du XII$^{e}$ siècle, coiffée d'une toiture pyramidale.

Continuez par la D72 vers Saint-Claude-de-Diray. Tout de suite à la sortie du pont, gardez la droite pour Saint-Claude-de-Diray. Suivez ensuite la direction de Blois. Faites attention! Au rond-point, prenez Blois-sud. Retournez à Blois par le pont du centre-ville.

# LE PÉRIGORD ET LE QUERCY

Périgord, Quercy, voilà deux provinces du sud-ouest de la France qui ont tout pour plaire. Vous roulerez constamment sur de petites routes de campagne aux paysages somptueux. En ce lieu de prédilection du fin gourmet, pays du foie gras et de la truffe, vous aiguiserez vos sens dans les marchés gais et ensolleillés aux étals remplis de produits frais du terroir. L'historique de la région s'inscrit dans l'architecture, depuis la plus petite caverne préhistorique jusqu'au plus sophistiqué des châteaux. Nulle part ailleurs, l'histoire et la nature sont en si parfaite symbiose. Ce circuit au cœur du Périgord et du Quercy se révèle des plus fascinants. C'est un retour aux sources, et la bicyclette devient votre machine à voyager dans le temps.

Ce parcours en forme d'une grande boucle débute au cœur du Périgord pourpre. C'est la couleur de la végétation qui divise le Périgord en régions. La région de Bergerac doit son appellation pourpre à l'éclat de la lumière si particulière qui accentue la couleur du feuillage d'automne de son vignoble. Bergerac s'est développée sur les deux rives de la Dordogne, rivière qui fit sa fortune. En occitan, *Brageirac* signifie «banc de sable, bas fond». Notre randonnée cycliste dans la «vallée de l'homme» débute donc dans la ville adoptive du poète le plus célèbre : le Parisien Cyrano, désormais homme de Bergerac.

Le Périgord noir doit son appellation aux nombreuses chênaies et châtaigneraies qui forment un feuillage dense et sombre. C'est aussi une terre riche et féconde où le noyer s'épanouit. Vous apprécierez ses chemins vallonnés où alternent champs cultivés et petits bois odorants.

Royaume de la préhistoire au cœur du Périgord noir, la vallée de la Dordogne connut vraisemblablement les premiers balbutiements de l'homme sur le territoire de l'Hexagone. L'*Homo sapiens* a choisi cette terre pour ses falaises creusées de cavernes et d'abris, particulièrement nombreux, où il pouvait se protéger du froid et se fabriquer des armes de chasse. Les Eyzies, bâtie au confluent de la Vézère et de la Beune, accueille chaque année le championnat d'Europe de tir aux armes préhistoriques. Au Musée national de la Préhistoire, vous découvrirez le mode de vie des individus qui vivaient dans la région il y a 30 000 ans. Tout autour du village, l'histoire de ces hommes préhistoriques est racontée dans les différentes grottes et cavernes. Si vous êtes un adepte de la paléontologie, le site des Eyzies aura de quoi vous intéresser : première sépulture préhistorique, objets originaux des «hommes de Cro-Magnon», gravures d'animaux, peintures pariétales dont les fameux bisons de la grotte de Font-de-Gaume.

La boucle du circuit sillonne en outre la splendide vallée de la Vézère et vous entraîne au site rupestre de **la Roque-Saint-Christophe** *(tous les jours; ☎ 05 53 50 70 45)*, abri troglodytique long de 600 m surplombant la vallée sur ses cinq étages. Puis, à **Montignac-Lascau**, la préhistoire devient un symbole de modernité et d'exploit technologique, avec la reproduction des peintures pariétales vieilles de 17 000 ans, que vous pourrez admirer près de la grotte originale.

L'itinéraire quitte la Vézère et revient vers la Dordogne, qui coule paresseusement. Mais avant que vous n'atteigniez sa plaine fertile, une étape s'impose à **Sarlat-la-Canéda**. Dans cette ville délicieuse, voir la lumière blonde baignant les pierres dorées des vieux murs est un pur ravissement. Pour le promeneur gourmand et l'amateur d'art, Sarlat est une halte joyeuse. Symbole de la gastronomie salardaise, l'oie grasse, en son royaume, se retrouve sous toutes ses formes : foie gras, confit, magret, et j'en passe!

Au cours de votre balade sur les berges de la Dordogne, vous découvrirez des «bijoux» de l'époque médiévale accrochés aux falaises blanches et ocre : le village de **Beynac**, dominé par son château fort, et, tout près, **la Roque-Gageac**, une séduisante apparition.

Enfin, pour rejoindre la vallée du Lot, le parcours traverse les **Causses de Gramat**, des plateaux calcaires ondulés et secs où poussent le chêne et le genévrier. Ces causses sont percés de gouffres, de grottes et de rivières souterraines. Au **Gouffre de Padirac** *(visite guidée, 90 min; ☎ 05 65 33 64 56)*, vous aurez le plaisir de vous laisser glisser à bord d'une barque dans le ventre de la terre, sur une rivière de couleur émeraude.

RENSEIGNEMENTS GÉNÉRAUX SUR ROCAMADOUR

**Office de tourisme** : 46500 Rocamadour, ☎ 05 65 33 74 14, ⇄ 05 65 33 62 59

L'Alzou, modeste ruisseau, coule sous un site extraodinaire cramponné à la falaise : **Rocamadour**. Remontez le temps, à l'époque des grands pèlerinages, au cours d'une visite du lieu saint. Vous serez littéralement envoûté...

Revivez l'époque médiévale le temps d'une balade dans les rues sinueuses du vieux **Figeac**, qui présente un bel ensemble de demeures à colombages et de maisons de grès doré aux fenêtres sculptées.

Découvrir la vallée du Lot en vélo, quel bonheur! Dans chaque tournant, un point de vue grandiose vous attend. De chaque côté du Lot, de vieux villages trônent sur de hautes falaises. **Saint-Cirq-Lapopie**, lieu d'élection des peintres et écrivains, vous charmera. Ce pittoresque village, entièrement classé monument historique, vit toujours au rythme du passé.

**Cahors**, capitale du Quercy, est bâtie sur un isthme du Lot. Dans sa boucle, la rivière se glisse doucement sous le plus célèbre des ponts gothiques : le pont Valentré, emblème de Cahors. En descendant les méandres du Lot, l'itinéraire serpente au milieu du vignoble, fief des comtes-évêques de Cahors. Le vin de Cahors est issu d'un seul cépage, le côt noir, et ce depuis plus de 2 000 ans. Ne manquez pas de goûter ce vin légendaire.

Témoins d'une histoire mouvementée de la lutte franco-anglaise qui dura trois siècles, les bastides du bas Moyen Âge, en pleine période d'explosion démographique, furent créées pour répondre au désir des rois d'encadrer la nouvelle population. Ainsi se succèdent tout au long de l'étape ultime **Villefranche-du-Périgord** et **Monpazier**, magnifiquement préservées, et **Beaumont**, toutes d'anciennes bastides anglaises ou françaises.

## 23. GRAND TOUR DU PÉRIGORD ET DU QUERCY

**Distance totale** : 540 km
**Nombre d'étapes** : 10
**Niveau de difficulté** : 🚲 🚲

**Schémas** pp 227, 241, 245
**Cartes** A29 à A32

Avec leur extraordinaire densité d'attraits touristiques, le Périgord et le Quercy sont les régions parmi les plus visitées de France. Si vous désirez séjourner à le Bugue, Montignac, Saint-Cirq-Lapopie ou Villefranche-du-Périgord durant la haute saison (juillet et août), prenez la précaution de réserver car il y a très peu d'hôtels dans ces villages. Peut-être devrez-vous dormir dans un village voisin. Il est donc très important de bien planifier votre itinéraire. Pour obtenir la liste des hôtels, auberges et gîtes, renseignez-vous auprès de l'office de tourisme de ces villages, ou consultez les guides touristiques.

### Étape de Bergerac à le Bugue : 60 km

La meilleure façon de découvrir le vieux **Bergerac**, c'est encore de s'y balader à pied. Sachez que l'office de tourisme met à votre disposition le petit guide *Promenade dans le vieux Bergerac* pour une visite auto-guidée de ses vieux quartiers restaurés. Pour vous rendre à l'office de tourisme, en sortant de la gare tournez à gauche sur l'avenue du 108e Régiment d'infanterie. Prenez immédiatement à droite le boulevard Victor-Hugo, et roulez (si vous avez déjà récupéré votre vélo) jusqu'au feu de circulation. Face au parc de stationnement,tournez à gauche, et avancez jusqu'au prochain feu. Tournez à la rue Neuve d'Argenson. L'office de tourisme se trouve sur votre gauche, à environ 700 m.

Pour sortir de Bergerac, depuis l'office de tourisme, prenez la rue Neuve d'Argenson, et suivez la signalisation pour Agen. Face au pont sur la Dordogne, prenez à gauche la rue Albert-Carrigat. Traversez le pont Louis-Pimont (empruntez le trottoir du pont), et suivez l'avenue Paul-Painlevée en direction d'Agen par la N21. Surveillez sur la gauche la D19 dans environ 3 km. Tournez sur celle-ci, et roulez vers la Conne (eh oui!) et Cours-de-Pile. Prenez encore à gauche la D37 vers Cours-de-Pile. Vous roulerez alors sur un chemin bordé d'immenses pépinières et de serres.

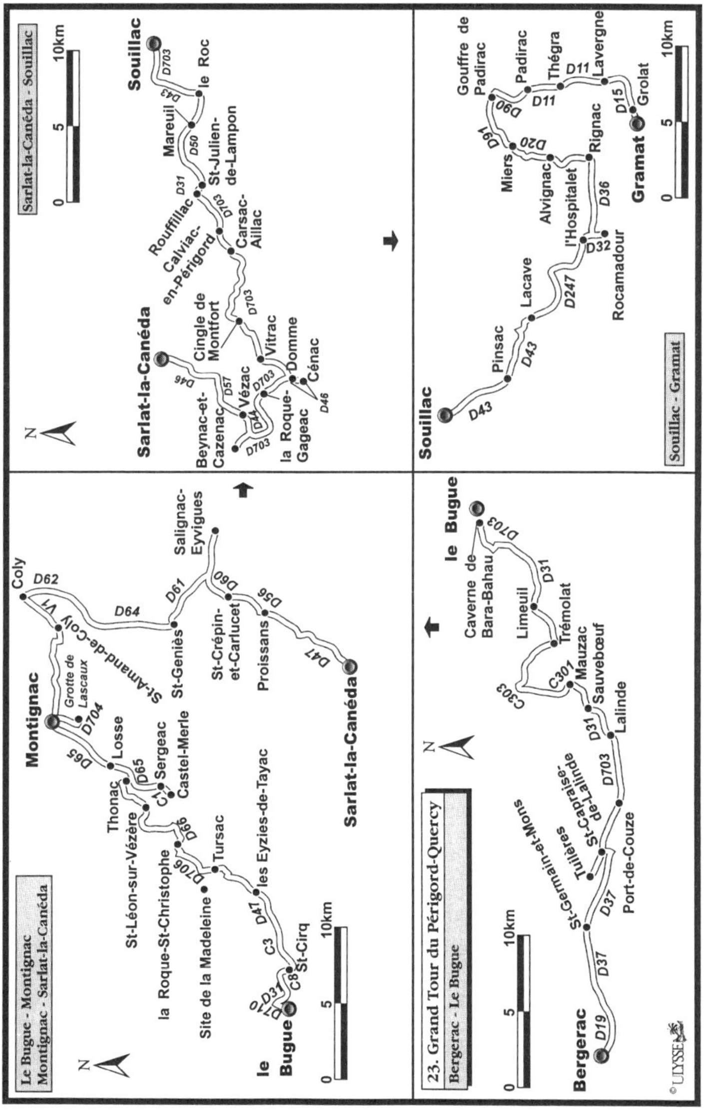
Le Bugue - Montignac
Montignac - Sarlat-la-Canéda
le Bugue
Site de la Madeleine
la Roque-St-Christophe
St-Léon-sur-Vézère
Thonac
Losse
Montignac
Grotte de Lascaux
Sergeac
Castel-Merle
Tursac
les Eyzies-de-Tayac
St-Cirq
Coly
St-Amand-de-Coly
St-Geniès
St-Crépin-et-Carlucet
Proissans
Salignac-Eyvigues
Sarlat-la-Canéda
D710
D31
C8
C3
D47
D706
D66
C1
D65
D704
V1
D62
D64
D61
D60
D56
D47
0
5
10km
Sarlat-la-Canéda - Souillac
Sarlat-la-Canéda
Beynac-et-Cazenac
Vézac
la Roque-Gageac
Cingle de Montfort
Vitrac
Domme
Cénac
Calviac-en-Périgord
Carsac-Aillac
Rouffillac
St-Julien-de-Lampon
Mareuil
le Roc
Souillac
D46
D57
D703
D44
D46
D703
D31
D50
D43
D703
23. Grand Tour du Périgord-Quercy
Bergerac - Le Bugue
Bergerac
St-Germain-et-Mons
Tuilères
St-Capraise-de-Lalinde
Port-de-Couze
Lalinde
Sauvebœuf
Mauzac
Trémolat
Limeuil
Caverne de Bara-Bahau
le Bugue
D19
D37
D703
D31
C301
C303
D31
D703
© ULYSSE
Souillac - Gramat
Souillac
Pinsac
Lacave
Rocamadour
l'Hospitalet
Alvignac
Miers
Gouffre de Padirac
Padirac
Thégra
Lavergne
Rignac
Grolat
Gramat
D43
D247
D32
D36
D20
D91
D90
D11
D15

RENSEIGNEMENTS GÉNÉRAUX SUR BERGERAC

**Population**
28 500 habitants, les Bergeracois

**Office de tourisme** : 97, rue Neuve d'Argenson, 24100 Bergerac, ☎ 05 53 57 03 11, ⇄ 05 53 61 11 04

**Boutiques de vélos**
Guy Barbier, 31 rue Candillac, ☎ 05 53 27 29 40
Périgord Cycle, 11 place Gambetta, ☎ 05 53 57 07 19
Cycle 2000, 111 boul. de l'Entrepôt, ☎ 05 53 57 71 99

**Marché**
Le mercredi et le samedi

**Principales manifestations** : l'Omelette à l'aïlé, casse de 2 000 œufs (1er mai); Fête nationale,14 juillet (feu d'artifices, spectacle son et lumière); Les Tables de Cyrano, fête de la Gastronomie (autour du 14 juillet); Mercredi du jazz (tout l'été); Festival Cyrano (juillet et août)

**Spécialité** : le cassoulet de Bergerac (avec canard)

**Accès** : par route depuis Paris : A10, A71, A20, N21; par train depuis Paris : TGV, gare de Montparnasse-Libourne avec correspondance pour Bergerac

**Carte**
IGN n° 48

Entrez à **Saint-Germain-et-Mons**, et suivez la D21 en direction de Mouleydier. À l'intersection avec la D37, tournez à droite en direction de Saint-Agne. À la fourche, gardez la gauche vers Lanquais. Au croisement, suivez la direction de Saint-Capraise.

Traversez la Dordogne vers **Saint-Capraise-de-Lalinde**. À la D660, roulez plutôt sur la piste cyclable le long du canal. Un petit détour s'impose afin de découvrir un des plus anciens barrages hydroélectriques de France. Donc, suivez la piste cyclable sur votre gauche, et roulez jusqu'à **Tuilières.**

Suivez le fléchage pour la visite de la centrale, des écluses classées et de l'ascenseur à poissons. Après votre visite, retrouvez la piste le long du canal pour revenir vers Saint-Capraise, et roulez jusqu'à **Port-de-Couze.** Quittez la piste, prenez à gauche le pont sur le canal, et continuez par la D703 jusqu'à **Lalinde**. Du plan original de cette bastide anglaise, il ne reste aujourd'hui que la place centrale et la porte romane.

Traversez le village de Lalinde, et suivez toujours la D703 vers **Sauvebœuf**. À la sortie, prenez la D31 jusqu'à **Mauzac**. Tout de suite après le village, prenez la C301 sur la gauche vers Trémolat et Limeuil. Cette magnifique route étroite qui s'élève progressivement dans la forêt devient la C303. Elle vous entraîne ensuite dans une belle descente avec quelques virages; voici les «montagnes russes»... Un stationnement annonce la proximité d'un magnifique point de vue sur le «cingle» de Trémolat (la rivière noue de grands méandres appelés ici «cingles»). Cet endroit est tout désigné pour contempler, du haut d'une falaise, un superbe panorama d'une boucle de la Dordogne enserrant joliment ses terres fertiles.

Laissez-vous glisser dans la descente tout aussi panoramique vers **Trémolat**. Ce charmant village possède un hôtel, Le Vieux Logis (Relais & Châteaux), qui mérite qu'on y jette un coup d'œil. À l'origine, cette petite chartreuse du XVII^e^ siècle était une propriété agricole. L'hôtel aux toits moussus et débordant de charme est habité par les descendants de la même famille depuis 400 ans. Idéalement située, la lourde église, forteresse du XII^e^ siècle et abri des bénédictins, servait de relais aux pèlerins. C'est sur la place du village qu'en 1970 Claude Chabrol a tourné *Le Boucher*.

Sortez de Trémolat par la D30. Suivez la direction de Limeuil et de Le Bugue. La route ondule doucement, pour finir par une bonne grimpette jusqu'à l'observatoire du «cingle» de Limeuil, où commence la vallée de la Vézère. Du haut de la falaise, la route offre encore une fois un superbe spectacle de la vallée et une agréable descente zigzaguant jusqu'à l'ancien bourg fortifié de Limeuil. Cette petite cité médiévale est classée parmi «les plus beaux villages de France».

Sortez de Limeuil-Bas en direction de Le Bugue par la D31. Puis, passez au petit plateau pour monter la C101 jusqu'à Limeuil-Haut. Faites une pause à la chapelle romane Saint-Martin. Celle-ci fut fondée par Richard Cœur de Lion en mémoire de l'archevêque Thomas Becket, assassiné par son père, le roi Henri II Plantagenêt.

Continuez par la D703 en direction de la **caverne de Bara-Bahau** *(visite guidée, 40 min, tous les jours; ☎ 05 53 07 27 47)*, sanctuaire de la caverne de l'ours. À une centaine de mètres de l'entrée, vous pourrez admirer une magnifique œuvre du répertoire de l'art aurignacien :

animaux quasi-grandeur nature gravés au doigt et à la pointe de silex sur les parois de la caverne. Prévoyez 40 min pour la visite guidée.

Retrouvez votre bicyclette, et roulez jusqu'à **le Bugue**. Suivez les indications pour l'office de tourisme, situé sur la rue du Jardin public. Si ce pays de rivières vous donne envie d'en savoir plus sur la vie aquatique, vous pouvez vous rendre à l'Aquarium du Périgord noir (on est passé du pourpre au Périgord noir!), où les poissons ne manqueront pas de venir vous saluer. Un fait à relever dans l'histoire du Bugue est la fixation du marché hebdomaire au mardi par le roi de France, Philipe Le Long, en 1319. C'est ainsi que le marché du mardi anime le Bugue depuis plus de six siècles!

RENSEIGNEMENTS GÉNÉRAUX SUR LE BUGUE

**Population**
2 800 habitants, les Buguois

**Office de tourisme** : Porte de la Vézère, 24260 le Bugue,
☎ 05 53 07 20 48, ⇨ 05 53 54 92 30

**Boutique de vélos**
Jean Marc Giat, av. de la Libération, ☎ 05 53 07 13 23

**Marché**
Le mardi et le samedi

**Principales manifestations** : Fête de la Saint-Louis (25 août); foire de la Saint-Michel, marché aux noix et aux châtaigniers (dernière semaine de septembre)

**Carte**
IGN n° 48

**Étape de le Bugue à Montignac : 50 km**

Cette étape est ponctuée de nombreux attraits touristiques d'un grand intérêt. Il vous faudra peut-être compter plus d'une journée si vous désirez voir tous les sites décrits dans cette portion d'itinéraire.

Faites des étirements avant de partir du Bugue, car une montée de 3 km vous attend de bon matin! Pour quitter la ville, de l'office de tourisme continuez tout droit en direction de Sarlat et des Eyzies. Au grand carrefour, prenez le chemin sur la gauche en direction de

Rouffignac par la D710. Traversez le centre-ville, et surveillez sur la droite, juste avant l'église, la rue Bastière vers Rouffignac et Manaurie par la D31. Vous voilà bien réchauffé! Suivez le fléchage pour le camping. Continuez tout droit sur la D31 jusqu'à la fourche. Gardez la droite pour continuer par la C8 vers la grotte Saint-Cirq. Une bonne descente vous mène à **Saint-Cirq**. Pour visiter la grotte, à la fourche en entrant au bourg, bifurquez vers la droite, et suivez le fléchage sur 1 km. La petite grotte préhistorique est ornée de magnifiques gravures de bisons, de rennes et de chevaux, ainsi que du «Sorcier de Saint-Cirq», l'une des rares représentations humaines de cette époque.

Après la visite, retrouvez la C1, et descendez vers Saint-Cirq. Contrôlez votre vitesse! Gare aux petits poussins, aux oies, aux poules et aux canards qui picorent tranquillement en pleine rue. À l'intersection, prenez la C3 vers les Eyzies-de-Tayac. La route longe la Vézère et la voie ferrée que vous traverserez pour entrer aux Eyzies.

RENSEIGNEMENTS GÉNÉRAUX SUR LES EYZIES-DE-TAYAC

? **Office de tourisme** : 24620 Les Eyzies, ☎ 05 53 06 97 05, ⇄ 05 53 06 90 79

Gagnez le bourg par la D47. **Les Eyzies-de-Tayac** est blotti au pied de hautes falaises grises et ocre. On lui a conféré le titre de «capitale mondiale de la préhistoire» en raison de ses nombreux abris et grottes célèbres. Son Musée national de la Préhistoire est en plein centre du bourg. En été, des milliers de vacanciers se bousculent pour la visite des **grottes de Font-de-Gaume** *(fermé le mardi, visite guidée 45 min sur réservation; ☎ 05 53 06 90 80)*. Si vous avez choisi de voir la région en juillet ou en août, préparez-vous à faire la queue aux guichets des grottes. Sachez qu'à Font-de-Gaume on limite le nombre de visiteurs à 20 à la fois et à 250 pour la journée. Plusieurs groupes organisés ont déjà réservé leurs billets longtemps à l'avance. Une bonne planification de votre séjour et quelques réservations vous éviteront de passer des heures à attendre. Renseignez-vous auprès des offices de tourisme concernés pour connaître les conditions de visite des grottes qui vous intéressent.

Traversez le village, et sortez des Eyzies par la D706 en direction de La Roque-Saint-Christophe et de Montignac. À la sortie du bourg, une montée s'impose à travers la forêt. Continuez jusqu'à **Tursac**. Un élevage d'oies vous rappelle que vous êtes toujours au pays du foie gras. Continuez à suivre la D706 vers le **Site de la Madeleine**. Ce site préhistorique a donné son nom à une culture : le «magdalénien», dernière période du paléolithique. Au-dessus se trouve un village troglodytique fréquenté par l'homme depuis la préhistoire *(tous les jours; ☎ 05 53 50 70 45)*. À voir : les ruines d'un château et d'une chapelle du XV$^{e}$ siècle.

L'itinéraire longe une impressionnante falaise et vous invite à faire une halte au Préhisto-Parc pour comprendre le «quotidien» des premiers chasseurs, hommes de Neandertal et de Cro-Magnon. Scènes de chasse et de dépeçage, premières sépultures, habitat d'une famille magdalénienne, pêcheurs, graveurs et peintres, le tout sur un site protégé.

Poursuivez par la D66 vers la Roque-Saint-Christophe. La route devient très étroite en certains endroits, et vous avez la falaise à «ras le casque»! Un stationnement ainsi qu'une aire de pique-nique sont aménagés au pied du site. Un escalier vous conduit au fort de **la Roque-Saint-Christophe**, berceau de nombreuses civilisations. C'est une des plus anciennes et des plus grandes cités troglodytiques. Creusée dans la falaise, elle domine la vallée avec ses cinq étages, où pouvaient habiter jusqu'à 3 000 hommes.

Continuez à suivre la D66 vers Saint-Léon-sur-Vézère et Montignac. Traversez l'étroit pont. Prenez le temps de visiter le charmant village de **Saint-Léon-sur-Vézère**. Son église romane aux toits de lauzes (pierres plates) figure parmi les plus belles du Périgord noir. La chapelle du cimetière ainsi que le château de La Salle, au centre du bourg, datent du XIV$^{e}$ siècle. Continuez par la D66 puis par la D706 vers Montignac. Une grande descente à travers les bois vous conduit à **Thonac** (le «clocher-mur» de l'église est remarquable). Au carrefour, suivez la direction du site de Castel-Merle par la D65E. Traversez l'autre petit pont.

Pour visiter le site préhistorique de **Castel-Merle** *(fermé le mercredi, sauf en juillet et en août; ☎ 05 53 50 79 70)*, prenez la D65 à droite. Roulez jusqu'à **Sergeac** à travers la belle campagne, et continuez par la C1 pour Castel-Merle. Le long de ces falaises, on peut visiter des abris et des gisements datant de la période qui s'étend du paléolithique à l'âge de fer, et où l'on retrouve silex, os, ivoire, etc. Sur le même site, on visite aussi le fort des Anglais, qui servit de poste de surveillance sur la Vézère pendant la guerre de Cent Ans. Durée de la visite : environ 45 min.

Regagnez le carrefour, et poursuivez par la D65 vers Montignac. Le parcours offre ici une vue imprenable sur la Vézère, où apparaît, au-dessus de ses eaux, le château de **Losse**. Joyau de la Renaissance, il appartenait à Jean de Losse, gouverneur de Guyenne sous les derniers Valois et les premiers Bourbons. La visite guidée des appartements meublés du Grand Logis dure environ 40 min. Le parc et les jardins sont accessibles librement. Pour parvenir à l'entrée du château, vous devez retraverser le pont de Thonac et suivre la D706.

Continuez toujours par la D65 vers **Montignac**. Au village, tournez à droite. Suivez la rue du 4 Septembre pour le centre-ville. L'office de tourisme, situé sur la place Bertran-de-Born, abrite un musée consacré à Eugène Le Roy, écrivain périgourdin. Les ruines du château féodal dominent le bourg. Les maisons à colombages du XIIe siècle et les demeures anciennes complètent la visite de l'ancien refuge des comtes du Périgord. Prenez le temps d'en faire le tour.

RENSEIGNEMENTS GÉNÉRAUX SUR MONTIGNAC

**Population**
3 000 habitants, les Montignacois

**Office de tourisme** : Place Bertran-de-Born, 24290 Montignac,
☎ 05 53 51 82 60, ℻ 05 53 50 49 72

**Boutiques de vélos**
MBK Didier Faure, rue Joubert, ☎ 05 53 51 90 78
Jean Louis Ricros, 27 rue du 4 Septembre, ☎ 05 53 51 87 02

**Marché**
Le mercredi et le samedi

**Principales manifestations** : Festival de musique en Périgord noir (juillet et août); Festival de folklore du monde (3e semaine de juillet)

**Spécialités** : le Lascaux (gâteau meringué aux noix); pierre gravée de Lascaux (reproduction du taureau); broches (reproduction de bijoux préhistoriques)

**Carte**
IGN n° 48

Faites attention! Vous devez vous procurer les billets pour visiter Lascaux II, à Montignac, à l'office de tourisme. Encore une fois, ne soyez pas surpris d'avoir à attendre, car les visites sont programmées et le nombre d'entrées est limité à 2 000 par jour.

Sortez de Montignac par la D704E. La route grimpe doucement derrière le village et offre une très belle vue sur Montignac, niché au creux de la vallée. Continuez à monter jusqu'au stationnement (2 km). Cadenassez le vélo bien en vue. Suivez le fléchage pour l'accueil. **Lascaux II**, réplique de la grotte originale fermée au public depuis 1963, se situe à 200 m de celle-ci *(fermé le lundi, sauf en juillet et en août; vente exclusive à Montignac, ☎ 05 53 35 50 40, ⇄ 05 53 06 30 94; au site, ☎ 05 53 51 95 03)*. Depuis 1983, on visite son double, c'est-à-dire la partie supérieure de la caverne, dont la salle des Taureaux et le diverticule axial. L'atmosphère y est recréée grâce à une rigueur scientifique dans la reproduction des peintures de Lascaux. Redescendez par la même route vers Montignac. En passant, allez jeter un coup d'œil au château de Puy-Robert (Relais & Châteaux). Cette élégante demeure du XIXe siècle est entourée d'un magnifique parc.

## Étape de Montignac à Sarlat-la-Canéda : 40 km

Sortez de Montignac par la D704 en direction de Sarlat et de Saint-Amand-de-Coly. À environ 4 km de la ville, prenez un petit chemin sur la gauche qui s'élève en direction de **Saint-Amand-de-Coly**. Le petit village est construit autour de son église abbatiale fortifiée du XIIe siècle. Des artisans s'installent autour de l'église, et des concerts de musique y sont donnés pendant la saison estivale. Traversez le village, et suivez la direction de **Coly** par la V1.

De Coly (église à «clocher-mur»), suivez la D62 vers Sarlat. À la fourche, poursuivez par la D64 en longeant le Chironde sur votre gauche. Roulez à travers les champs de maïs et les petits bois jusqu'à **Saint-Geniès**, un charmant village aux maisons à toits de lauzes. Tournez à gauche en direction de **Salignac** par la D61. Roulez jusqu'à l'intersection avec la D60. À ce croisement, vous pouvez prendre à gauche vers le château de Salignac (forteresse médiévale bâtie sur le roc), pour ensuite retrouver votre chemin vers Proissans et Sarlat par la D60.

À **Saint-Crépin** (Manoir de Cipières), suivez la D56 vers **Proissans**. La route comporte de bonnes montées ainsi que de bonnes descentes : des montagnes russes à travers d'immenses champs cultivés et des forêts de chênes verts. Puis, du haut de ces collines, on aperçoit **Sarlat-la-Canéda**. Laissez-vous glisser à son pied. Entrez dans la ville par la D47. Suivez la signalisation pour le quartier historique et l'office de tourisme.

Sarlat tient une place importante dans le cinéma. Cinéastes italiens, américains ou français y ont tourné des scènes de leurs films : *Les Misérables*, *La Fille de d'Artagnan*, *La Promise* (Sarlat devient Budapest) et bien d'autres. Différents styles et différentes époques s'enchevêtrent au cœur de la ville : maisons à pans de bois, toits de lauzes, d'ardoises ou de tuiles, lucarnes sculptées, doubles tourelles, fenêtres de style gothique ou Renaissance.

RENSEIGNEMENTS GÉNÉRAUX SUR SARLAT-LA-CANÉDA

**Population**
10 500 habitants, les Sarladais

**Office de tourisme** : place de la Liberté, 24203 Bergerac,
☎ 05 53 59 27 67, ⇄ 05 53 59 19 44

**Boutiques de vélos**
Cycles Cum's, 8 av. Gambetta, ☎ 05 53 31 28 40
Peugeot Cycles, 36 av. Thiers, ☎ 05 53 28 51 87

**Marché**
Le mercredi et le samedi

**Principale manifestation** : La Ringueta, fête des jeux traditionnels (Pentecôte)

**Spécialités** : pommes de terre salardaises, confit d'oie et de canard, bonbons aux noix

**Carte**
IGN n° 48

### Étape de Sarlat-la-Canéda à Souillac : 60 km

Soyez vigilant à la sortie de la ville; pour une première fois depuis le début de l'itinéraire, vous allez rencontrer un peu plus de circulation automobile. Donc, pour sortir de Sarlat, suivez le fléchage pour Bergerac et Cahors. Continuez à suivre la direction de Beynac et de Domme. Au rond-point, suivez la D46 toujours pour Vézac et Beynac, pour ensuite prendre la fourche vers Vézac et Beynac-et-Cazenac par la D57. Une bonne montée et une bonne descente avec un peu de circulation vous attendent. Sortez de **Vézac**, et suivez la D49; puis, au carrefour, prenez la D703 vers **Beynac-et-Cazenac** et son majestueux château.

RENSEIGNEMENTS GÉNÉRAUX SUR BEYNAC

**Office de tourisme** : 24220 Beynac, ☎ 05 53 29 43 08

De la route, le château fort surgit comme une saisissante apparition. Une fois au village, prenez la route qui s'élève sur une distance de 3 km vers le château. Elle vous conduit à l'arrière du bourg médiéval. Beynac est classé parmi les plus beaux villages de France. Vous pouvez choisir d'y faire une étape. En fin de journée, lorsque le soleil colore les pierres de ses vieilles demeures, le village devient d'une beauté époustouflante!

Après votre visite du château (visite accompagnée d'un guide), suivez le fléchage et la petite route qui redescend vers le village et la D703. Revenez en direction de Sarlat. Au carrefour, à la sortie de la ville, suivez toujours la D703, et roulez vers la Roque-Gageac. Longez la Dordogne jusqu'au village de **la Roque-Gageac**. Le site est impressionnant et des plus harmonieux : les pierres ocre et les tuiles brunes des maisons se reflètent dans la rivière qui coule paisiblement au milieu des prés. Tout près de l'église, hautement perchée, un petit jardin exotique mérite d'être visité.

RENSEIGNEMENTS GÉNÉRAUX SUR DOMME

**Office de tourisme** : 24250 Domme, ☎ 05 53 28 37 09, ⇄ 05 53 29 34 62

Continuez par la D703 à travers les champs de maïs. Pour visiter la bastide de **Domme**, à l'intersection avec la D46, traversez la Dordogne, et entrez à Cénac. Prenez la D49 sur la gauche. La route grimpe fort et vous mène jusqu'à la Porte des Tours. Suivez la signalisation pour le centre-ville et les grottes situées sur la place de la Halle. Un jardin public, un belvédère et une promenade sont aménagés au bord de la falaise. Cette bastide, fondée par Philippe le Hardi en 1283, vaut le détour (6 km aller-retour) malgré la difficile montée!

Vérifiez vos freins! Descendez jusqu'au pont par la même route. Franchissez la Dordogne, puis roulez vers **Vitrac** et Groléjac. De Vitrac-port, prenez la D703 en direction du **Cingle de Montfort** et de Carsac. La route longe la rivière. Des montées et des descentes se succèdent dans un beau slalom jusqu'à **Carsac-Aillac**. Prenez la D704 puis immédiatement la D703 en direction de **Calviac-en-Périgord**, **Rouffillac** et Carlux. À l'entrée de Rouffillac, on aperçoit son château perché.

Retraversez la Dordogne vers **Saint-Julien-de-Lampon** par la D31. Poursuivez vers **Mareuil** et le Roc par la D50. Cette petite route tranquille jusqu'à Souillac traverse une petite forêt sur une dizaine de kilomètres. Entrez à **le Roc** par la D43. Au carrefour, tournez à gauche (pas de panneau indicateur).

Puis, l'itinéraire traverse d'immenses champs de maïs. Traversez le pont, et gardez la gauche pour entrer à **Souillac** par la D703. Suivez le fléchage pour le centre-ville. L'office de tourisme se trouve tout de suite sur la gauche au feu de circulation. Souillac est une petite ville à la limite du Périgord et du Quercy. Un monastère bénédictin y a été fondé en 665. La belle église à coupoles de Sainte-Marie y fut élevée au XII$^{e}$ siècle, puis restaurée au XVII$^{e}$ siècle. Il faut laisser l'artère commerçante pour flâner du côté du vieux quartier.

### RENSEIGNEMENTS GÉNÉRAUX SUR SOUILLAC

**Population**
3 800 habitants, les Souillagais

**Office de tourisme** : boul. L.-J.-Malyx, 46200 Souillac,
☎ 05 65 37 81 56

**Boutique de vélos**
Sport Évasion, 23 boul. L.-J.-Malyx , ☎ 05 65 37 03 64

**Marché**
Le vendredi

**Principale manifestation** : Fête de Souillac (2$^{e}$ semaine de juillet)

**Spécialité** : la vieille Prune de Souillac Louis-Roque (eau-de-vie)

**Carte**
IGN n° 48

**Étape de Souillac à Gramat : 55 km**

De l'office de tourisme, suivez la N20 ou l'avenue de Toulouse vers Rocamadour et les grottes de Lacave pour sortir de Souillac. Ne traversez pas le pont. Prenez à gauche la D43 vers Pinsac et les Grottes de Lacave. Entrez à **Pinsac**. Traversez le pont sur la Dordogne. De la route, vous avez un beau point de vue sur le château de Freyne. Continuez par la D23 en direction de Lacave. Traversez le petit pont. Entrez à **Lacave**. Pour visiter les grottes *(visite accompagnée, 60 min; ☎ 05 65 37 87 03)*, au carrefour suivez le fléchage. On gagne les magnifiques grottes à concrétions par un train puis par un ascenceur. On traverse 12 salles aux formes excentriques, entre autres la «salle des merveilles», éclairée à la lumière noire. Comptez une bonne heure pour la visite de cette «ville engloutie».

Pour continuer vers Rocamadour, revenez au carrefour, et roulez tout droit par la D247. La route comporte une montée de 2 km et une superbe descente. Entrez à **l'Hospitalet**. Prenez la D673 à gauche. Passez la grotte des Merveilles. Juste avant l'esplanade, prenez à droite la «voie sainte», la petite rue des riverains qui descend vers Rocamadour (très à pic!). Pour une descente plus douce, empruntez la D32, qui serpente jusqu'au bas de la splendide vallée (le tunnel est court).

Laissez votre vélo bien à la vue à la Porte du figuier. **Rocamadour**, accroché à la falaise du canyon de l'Alzou, est un des sites les plus visités en France. Prévoyez quelques heures pour monter sur les traces des pèlerins du Moyen Âge. Vous pouvez prendre son unique rue avec ses centaines de marches ou monter par un des deux ascenseurs qui mènent au lieu saint, où la visite des sept chapelles s'impose. Le pèlerinage annuel a lieu durant la semaine du 8 septembre.

Sortez de Rocamadour, et remontez à l'Hospitalet par la D32. Continuez par la D36 vers Gramat. Passez la Forêt des singes à la sortie. Traversez la route nationale, et continuez jusqu'à **Rignac** par la D36. Prenez ensuite la D20 jusqu'à **Alvignac.** Laissez-vous glisser dans une belle grande descente. Au carrefour, continuez vers Miers. À la croix, prenez à droite pour entrer à **Miers** par la V1. Au village, tournez à gauche vers le centre. Devant le monument aux morts, prenez la D91 vers le Gouffre de Padirac. Ensuite, tournez à gauche à la D60 en direction de Gintrac. À la fourche, gardez la droite. À l'intersection avec la D90, suivez la direction du **Gouffre de Padirac.**

Cet impressionnant site naturel compte parmi les merveilles souterraines d'Europe. Ne le ratez pas! Stalagmites, stalactites, rivière souterraine, promenade en barque à 110 m sous terre, lacs vert émeraude. Quel spectaculaire et unique voyage au centre de la terre! Durée de la visite guidée : 90 min. Portez un vêtement chaud (13 °C) et un imperméable pour la visite de la salle du «Lac de la pluie».

Poursuivez par la D90 en direction de Gramat. Sortez de **Padirac** par la D673, et traversez seulement une partie du village. Soyez attentif! Devant la place de l'église, sur la droite prenez le premier petit chemin (pas de panneau indicateur). Roulez jusqu'au vieux bourg de **Thégra**. Sur la D14, tournez à droite. La route descend. Au croisement, continuez vers **Lavergne** par la D11. À l'intersection, poursuivez par la D677 vers Gramat. Au monument aux morts de Lavergne, enfilez-vous dans la petite rue sans nom sur la gauche. Suivez toujours ce petit chemin jusqu'à la route principale. Vous faites face à un champ de course. Tournez à droite (aucun panneau indicateur).

Traversez Grolat, puis entrez à Gramat par la N140. Suivez la signalisation pour le centre-ville. Sur la grande place, à droite, se trouve l'office de tourisme.

### RENSEIGNEMENTS GÉNÉRAUX SUR GRAMAT

**Population**
3 640 habitants, les Gramatois

**Office de tourisme** : place de la République, 46500 Gramat,
☎ 05 65 38 73 60

**Boutique de vélos**
Lagrange, av. de Belgique, ☎ 05 65 38 71 38

**Marché**
Le mardi, le vendredi et le dimanche

**Principale manifestation** : Fête votive (1re fin de semaine d'août)

**Spécialités** : gibiers, prunes et châtaignes; poteries d'étain, meubles

**Carte**
IGN n° 48

**Étape de Gramat à Figeac : 50 km**

Capitale du Causse, la petite ville de **Gramat** présente un important marché ovin (moutons) et, en automne, un marché aux noix et aux truffes.

Rendez-vous à l'office de tourisme pour sortir de Gramat par la N140. Suivez la direction de Figeac et de Cahors. Prenez tout de suite la D677, toujours en direction de Cahors. Après l'église et immédiatement après le pont au-dessus de la voie ferrée, bifurquez à gauche vers la D14, et roulez vers le parc animalier de Gramat.

L'itinéraire entre Gramat et Figeac traverse le Causse de Gramat, constitué d'un ensemble de plateaux et de collines sauvages. Voyez à ne pas manquer d'eau et de provisions. Les champs entourés de murets de pierres sont un trait caractéristique de la région. Dans ces clos fermés, la végétation rabougrie fait le régal des nombreux troupeaux de moutons qui y broutent.

Traversez le village de **Reilhac**. Poursuivez par la D14. Avant l'entrée du village de **le Cornouiller**, prenez à votre gauche la D25 vers Flaujac-Gare. Vous allez voir le panneau indicateur une fois que vous aurez tourné. Continuez toujours par la D25 sans prendre aucune autre petite route.

Roulez toujours sur la D25 vers **Lalinié** et **Saint-Simon**. Au croisement avec la D11, continuez vers **Assier**. Traversez le village, et, face à l'église, prenez la D653 vers le château d'Assier, joyau de l'architecture de la Renaissance du Sud-Ouest. Galiot de Genouillac, né à Assier, servit quatre rois de France. Il fit édifier la magnifique église et fit construire le château (entre 1525 et 1535) à sa propre gloire! Il est ouvert aux visiteurs. Vous remarquerez que certaines vieilles maisons du village sont bâties directement sur le sol.

Poursuivez par la D11 jusqu'à **Reyrevignes**. Au carrefour, suivez la D2 en direction de Figeac. La route est assez vallonnée et comporte deux bonnes descentes, l'une à l'entrée de **Lissac** et l'autre en arrivant à Figeac. Prudence! Contrôlez votre vitesse. Entrez à **Figeac**. Au rond-point, suivez le fléchage pour l'office de tourisme, situé sur la place Vival.

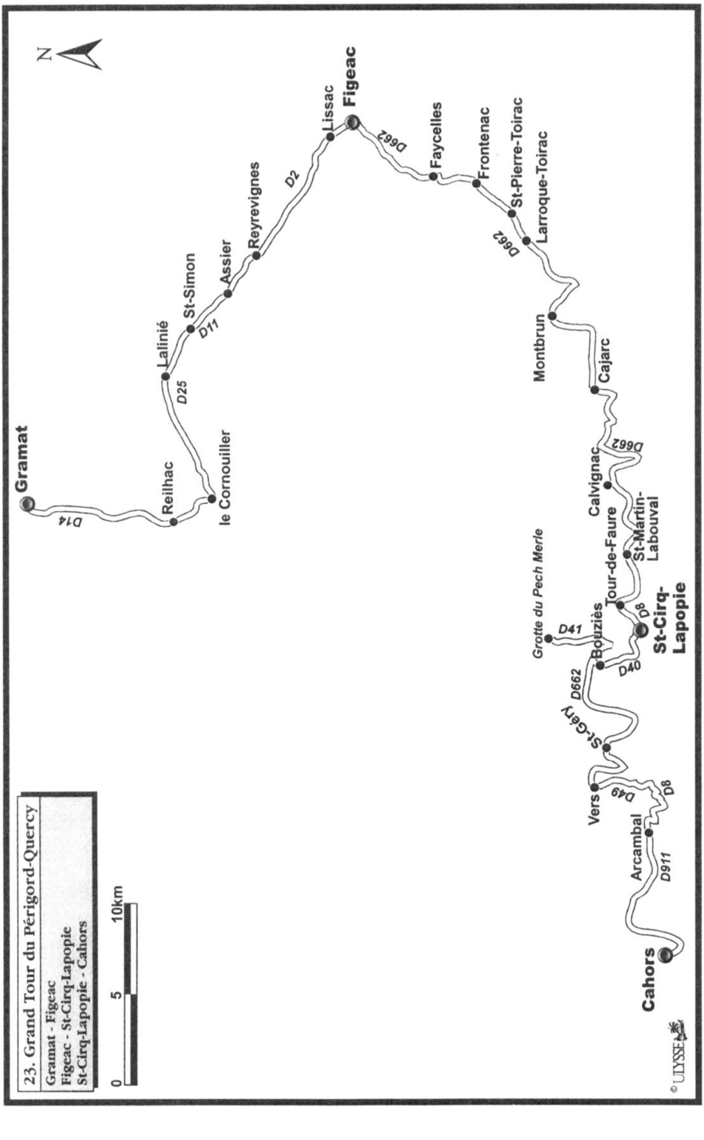
23. Grand Tour du Périgord-Quercy
Gramat - Figeac
Figeac - St-Cirq-Lapopie
St-Cirq-Lapopie - Cahors
0
5
10km
N
Gramat
D14
Reilhac
le Cornouiller
D25
Lalinié
St-Simon
D11
Assier
Reyrevignes
D2
Lissac
Figeac
D662
Faycelles
Frontenac
St-Pierre-Toirac
Larroque-Toirac
D662
Montbrun
Cajarc
D662
Calvignac
St-Martin-Labouval
Tour-de-Faure
D8
St-Cirq-Lapopie
Grotte du Pech Merle
D41
Bouziès
D40
D662
St-Géry
Vers
D49
D8
Arcambal
D911
Cahors
© ULYSSE

RENSEIGNEMENTS GÉNÉRAUX SUR FIGEAC

**Population**
10 000 habitants, les Figeacois

**Office de tourisme** : place Vival, 46100 Figeac, ☎ 05 65 34 06 25

**Boutique de vélos**
Lacoste cycle, 4 rue Sainte-Marthe, ☎ 05 65 34 60 92

**Marché**
Le samedi

**Principale manifestation** : Fête de Figeac (1er dimanche de mai)

**Spécialités** : bonbons à l'élixir des Cordeliers de Figeac, cabécou (fromage de chèvre), estofinado (recette à base de poissons séchés)

**Carte**
IGN n° 48

## Étape de Figeac à Saint-Cirq-Lapopie : 50 km

Bâtie sur la rive du Célé, cette ville au caractère médiéval a vu naître l'égyptologue Jean-François Champollion. Un musée est aménagé dans sa maison natale. L'hôtel de la Monnaie abrite l'office de tourisme ainsi que le Musée du Vieux Figeac.

Du centre-ville de Figeac, suivez la signalisation pour Cahors et Carjac, et sortez par la D662. Traversez le pont. Suivez toujours la direction de Carjac et de Saint-Cirq-Lapopie (prononcez «Saint-Cyr»). À l'intersection, suivez le fléchage pour la vallée du Lot par la D662. La route grimpe longtemps mais doucement, pour finalement redescendre à travers le magnifique village de **Faycelles**, où elle devient très étroite. Contrôlez votre vitesse. Après ces 4 km de descente, vous atteindrez la vallée du Lot. Le chemin est étroitement encaissé entre la falaise, la rivière et la voie ferrée. Continuez vers **Frontenac** et Saint-Pierre-Toirac.

Pour les amateurs de vieilles églises, une bonne côte vous mène au village de **Saint-Pierre-Toirac**, bâti autour de son église romane fortifiée. Pendant la guerre de Cent Ans, elle servait de donjon. La fortification a été restaurée au moment des guerres de religion. Un escalier extérieur conduit au chemin de ronde. La maison juste devant l'église est décorée de jolies fleurs de la passion. Redescendez vers la D662. Continuez jusqu'à **Laroque-Toirac**. Son château fort est ouvert aux visiteurs.

Vous arrivez à un passage à niveau. Remarquez la maison du gardien décorée de fleurs; il pratique un métier de plus en plus rare en France. Traversez le passage à niveau, puis entrez à **Montbrun**, un petit village bâti dans la falaise abrupte. La vallée devient un peu plus large et s'ouvre sur des champs de maïs, de tabac et d'asperges. Traversez de nouveau le passage à niveau, et entrez à **Cajarc**. Traversez le village.

Poursuivez par la D662, toujours dans la vallée. Puis, la route de corniche grimpe sur le flanc de la falaise. Le roc est de couleur ocre et noire. Cette étape diffère de la précédente en offrant beaucoup de points de vue sur la vallée. On aperçoit le village de Calvignac, accroché à la falaise sur l'autre rive.

Poursuivez toujours le long du Lot par la D662 vers **Saint-Martin-Labouval** et **Tour-de-Faure**. Traversez le passage à niveau. Prenez la D181. Franchissez le petit pont sur le Lot. Suivez la D8 jusqu'à Saint-Cirq-Lapopie. La route s'élève tout en offrant une superbe vue sur le vieux village perché sur la falaise. Prenez alors votre vélo en main, et suivez le fléchage pour l'office de tourisme, situé au château de la Gardette, en plein cœur du bourg médiéval.

### Étape de Saint-Cirq-Lapopie à Cahors : 35 km

Coup de foudre pour **Saint-Cirq-Lapopie**, «le plus beau village de France», avec ses maisons à pans de bois, à balcons en encorbellement et à arcs en ogive datant du XIII$^{e}$ siècle au XVI$^{e}$ siècle. Pour ne rien manquer, procurez-vous le guide de visite offert par l'office de tourisme. Le village regorge de trésors d'architecture; attardez-vous sur les traces de son riche passé féodal.

Sortez de Saint-Cirq-Lapopie par la D8, qui grimpe derrière le village. En face du grand stationnement, prenez la D40 vers Cahors. Vous amorcerez alors une descente plutôt vertigineuse sur une route étroite, taillée dans la falaise et sans garde-fou. Contrôlez votre vitesse! De cette route de corniche, vous avez une belle vue sur le Lot et sur les falaises ocre pendant environ 5 km.

RENSEIGNEMENTS GÉNÉRAUX SUR SAINT-CIRQ-LAPOPIE

**Population**
187 habitants, les Saint-Cirquois

**Office de tourisme** : 46330 Saint-Cirq-Lapopie, ☎ 05 65 31 29 06

**Marché**
Le mercredi

**Principale manifestation** : Fête votive (autour du 14 juillet)

**Spécialité** : tournage sur bois (dernier artisan : François Vinel)

**Carte**
IGN n° 57

Continuez jusqu'à **Bouziès**. Traversez le pont sur le Lot. Si vous avez planifié de visiter la grotte du Pech Merle, tournez à droite. Roulez jusqu'à la D41, et suivez le fléchage pour Cabrerets et Pech Merle (20 km aller-retour). À la **Grotte du Pech Merle** *(visite guidée, 60 min; ☎ 05 65 31 27 05)*, vous découvrirez une «galerie d'art» composée de nombreux signes calligraphiques, une soixantaine de représentations animales et 13 configurations humaines datant du solutréen et du magdalénien. Pech Merle est au Quercy ce que les Eyzies est au Périgord. Avez-vous fait une réservation?

Pour continuer le parcours, revenez à la D662, et roulez vers **Saint-Géry**. La route sous la falaise traverse un tunnel dans la vallée devenue très étroite. Franchissez le passage à niveau, et entrez à **Vers**. Traversez le village, et continuez par la D653 en direction de Cahors. Bifurquez immédiatement à gauche pour prendre la D49 vers Arcambal. Traversez le Lot. La route très étroite grimpe sur le flanc de la falaise jusqu'au village, puis au milieu d'un bois. Ici pas question d'avoir le vertige!

L'itinéraire laisse la rive du Lot pour s'élever dans la campagne où broutent des chevaux. Continuez jusqu'à **Arcambal** par la D8. À la fourche, bifurquez vers la gauche. La route descend jusqu'au centre du village. À l'intersection, tournez à droite pour suivre la D911, et sortez d'Arcambal par l'allée de platanes.

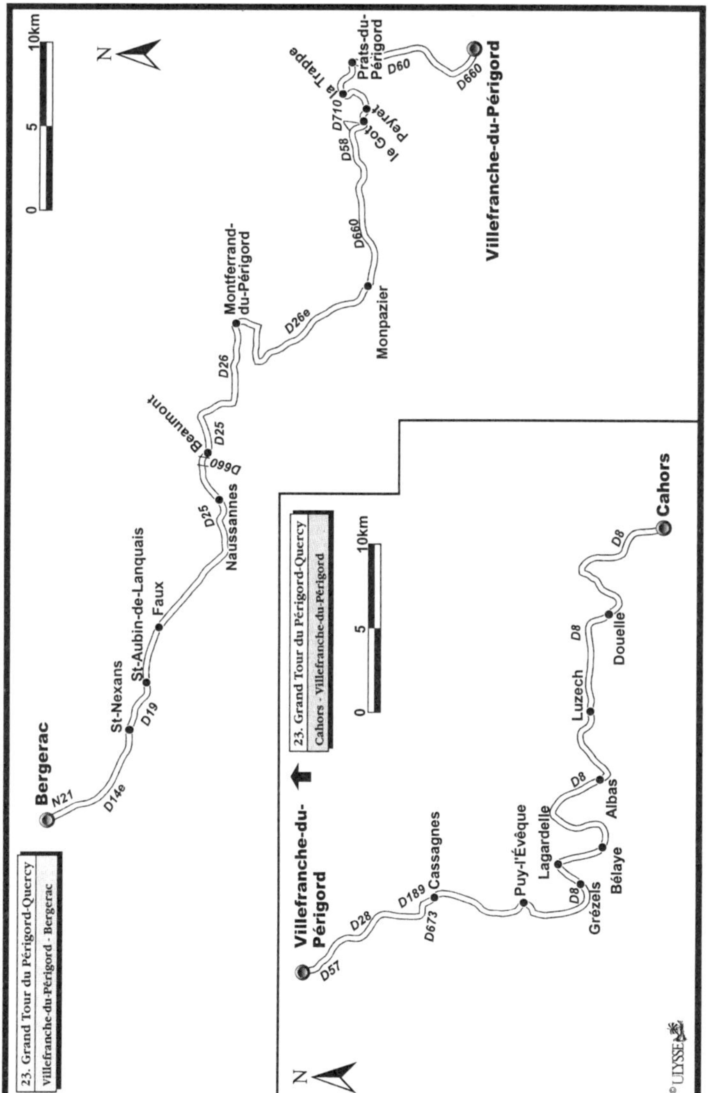
23. Grand Tour du Périgord-Quercy
Villefranche-du-Périgord - Bergerac
0 5 10km
N
Bergerac
N21
D14e
St-Nexans
D19
St-Aubin-de-Lanquais
Faux
Naussannes
D25
D660
Beaumont
D25
D26
Montferrand-du-Périgord
D26e
Monpazier
D660
D58
le Got
D710
Peyret
la Trappe
Prats-du-Périgord
D60
D660
Villefranche-du-Périgord
23. Grand Tour du Périgord-Quercy
Cahors - Villefranche-du-Périgord
0 5 10km
N
Villefranche-du-Périgord
D57
D28
D189
Cassagnes
D673
Puy-l'Évêque
D8
Grézels
Lagardelle
Bélaye
Albas
D8
Luzech
D8
Douelle
D8
Cahors
© ULYSSE

RENSEIGNEMENTS GÉNÉRAUX SUR CAHORS

**Population**
20 000 habitants, les Cadurciens

**Office de tourisme** : place François-Mitterrand -B P 207, 46000 Cahors, ☎ 05 65 35 09 56, ⇒ 05 65 23 98 66

**Boutique de vélos**
Cycle 7, 417 quai de Regourd, ☎ 05 65 22 66 60

**Marché**
Le mercredi et le samedi

**Principales manifestations** : Printemps de Cahors (fête photographique), Cahors Bleues Festival (mi-juillet)

**Spécialités** : vin de Cahors, truffes et noix

**Accès** : par route retour sur Paris : N20, E09, A20, A71, A10; par train retour sur Paris : ligne Toulouse-Paris Montparnasse

**Carte**
IGN n° 57

Roulez prudemment! Vous allez rencontrer une forte circulation automobile jusqu'à Cahors. Suivez la D167 pour entrer à Cahors. Traversez le pont sur le Lot (empruntez le trottoir). À la sortie, tournez à gauche en direction du centre-ville par la D663. Au rond-point de la fontaine, prenez à droite le boulevard Gambetta, qui conduit à l'office de tourisme.

## Étape de Cahors à Villefranche-du-Périgord : 65 km

**Cahors**, ancienne ville gallo-romaine, devenue une grande ville prospère au Moyen Âge, possède aujourd'hui un riche patrimoine. La cathédrale Saint-Étienne et son cloître, chef-d'œuvre d'art gothique flamboyant, les remparts et la Tour des Pendus, la maison Henri IV sont ses curiosités majeures. Mais, pour découvrir ses vieux quartiers, Cahors ne manque pas de moyens : soit par petit train (circuit commenté), soit par une croisière d'environ une heure et demie sur le Lot, ou encore, pour les plus indépendants, tout simplement à pied, le plan de la ville en main. Plus modernes, les cafés du boulevard Gambetta sont autant de sites privilégiés pour observer la vie cadurcienne tout en vous délectant de la légendaire gastronomie quercinoise.

Pour sortir de Cahors, suivez le fléchage pour le pont Valentré. Mettez pied à terre, et traversez-le. Sortez de Cahors par la D8 en suivant la rive sud du Lot en direction de Luzech. À la fourche, gardez la gauche. Soyez vigilant, car la circulation est dense à la sortie de la ville, et ce, pendant 8 km. Suivez toujours la D8, la route du vignoble de Cahors. C'est à la sortie de **Douelle** que vous pédalerez au milieu du vignoble. Durant ce parcours, quelques possibilités de dégustation s'offrent à vous. La route est valonnée et tortueuse à travers les vignes jusqu'à **Luzech**, lové dans un méandre du Lot. Cette partie de la vallée, entre Cahors et Puy-l'Évêque, était le fief des comtes-évêques de Cahors.

Continuez par la D8 vers **Albas**, **Anglars**, **Bélaye** et **Lagardelle.** La route grimpe et offre une vue sur le vignoble et sur le Lot relativement large à cet endroit. Poursuivez par la D8 vers **Grézels**. Le château féodal de La Coste, édifié au XIII^e^ siècle, domine le vignoble. Il abrite aujourd'hui le musée Terroir et Vin.

Roulez jusqu'à **Puy-l'Évêque**, et continuez vers le centre. Franchissez le pont sur le Lot. Montez jusqu'au village, et continuez tout droit. Puis, une très belle descente vous entraîne à travers prés sur une jolie petite route tranquille. À la croisée des chemins, suivez la direction de **Cassagnes** sur la droite. Le chemin «houle» à travers un sous-bois sur environ 7 km. Sortez de Casasagnes par la D189. Descendez sur 1 km environ jusqu'à la D673 (pas de panneau indicateur). Tournez à gauche. Roulez jusqu'à la jonction avec la D28 vers **Villefranche-du-Périgord**. La route s'élève dans le bois, pour finalement s'ouvrir sur de très belles fermes laitières. Roulez toujours sur la D28 jusqu'à l'intersection avec la D57 pour Villefranche. La route descend doucement à travers les champs de maïs. Entrez au village, et prenez la rue piétonne qui mène à l'office de tourisme.

**Étape de Villefranche-du-Périgord à Bergerac : 75 km**

La bastide de **Villefranche-du-Périgord**, fondée en 1261, est un village très calme, entouré de forêts de chênes, de pins et de châtaigniers, qui s'anime en automne. Un important marché aux cèpes et aux châtaignes se tient sur la place de la Liberté. La Maison du Châtaignier, Marrons

RENSEIGNEMENTS GÉNÉRAUX SUR VILLEFRANCHE-DU-PÉRIGORD

**Population**
850 habitants, les Villefrançois

**Office de tourisme** : 24550 Villefranche-du-Périgord, ☎ 05 53 29 98 37

**Marché**
Le samedi

**Principale manifestation** : Fête de la Châtaigne et du Cèpe (3e samedi d'octobre)

**Spécialités** : châtaignes, marrons, cèpes, girolles

**Carte**
IGN n° 48

et Champignons fait la promotion des produits de cette belle forêt, richesses qui sont à la base de l'économie locale.

Rendez-vous au grand carrefour pour sortir de Villefranche-du-Périgord, en direction de Bergerac par la D660. À l'intersection, prenez la D60 sur la droite. Roulez en direction de **Prats-du-Périgord**. Ce vieux village possède une église romane à «façade-clocher» et un château du XVe siècle. Entrez au village, contournez l'église, et prenez une toute petite route à droite, indiquée par des panneaux verts pour la Trappe et Mondoux. Le chemin grimpe en quittant le bourg.

Roulez jusqu'à la Trappe. À l'intersection, tournez à gauche pour continuer par la route principale vers **Meyne**. Passez une petite chapelle et un cimetière sur votre gauche. Prenez la fourche de gauche. À l'intersection avec la D58, prenez la direction de **le Got**. Continuez vers **Peyret**. Traversez le passage à niveau, puis roulez jusqu'à la D710. Tournez à droite sur la D710. Surveillez bien, dans quelque 500 m, la D58 sur la gauche vers Monpazier. À la jonction, poursuivez par la D660 jusqu'à **Monpazier**.

La route s'élève sur environ 1 km. La bastide domine le Dropt, une petite rivière qui prend sa source tout près. Suivez les panneaux pour le centre. La bastide de Monpazier, fondée par le roi Édouard 1er en 1283, est la plus vieille mais la mieux conservée de toutes les bastides du Périgord. Coup de cœur pour cette bastide, que j'ai découverte au petit jour dans un calme des plus sereins.

Pour sortir de Monpazier, suivez la D660 vers Beaumont. Surveillez à droite la D26E en direction de Saint-Avit-Rivière. La route descend bien. On quitte la D26E pour **Montferrand-du-Périgord**, un vieux village à flanc de côteau qui vaut le détour. Ce bourg médiéval de couleur ocre orangé possède de belles maisons et une halle du XVI<sup>e</sup> siècle que l'on peut voir de la route principale qui descend jusqu'à la D26. Tournez à gauche. Roulez le long du Couze jusqu'à la jonction avec la D25. La route grimpe sur 2 km, puis descend doucement. On aperçoit l'imposante église fortifiée de **Beaumont**. Prenez la D660 pour entrer au centre-ville. Cette bastide a moins bien traversé les siècles. L'imposante église du XIII<sup>e</sup> siècle, flanquée de deux tours à créneaux, servait en dernier recours de défense aux Anglais.

Traversez la ville, et suivez la direction de Bergerac. Tout de suite à la sortie, surveillez sur la gauche la D25 vers **Naussannes** et Issigeac. Attention à la forte descente dans la courbe! À l'intersection, gardez la droite pour continuer par la D19 vers **Faux**, **Saint-Aubin-de-Lanquais**, **Saint-Nexans** et Bergerac. La route file tout droit et comporte de bonnes côtes. Vous passerez au milieu des plantations de magnolias, des serres et des pépinières. Entrez à **Bergerac** par la N21, et continuez sur 2 km. Traversez le pont qui franchit la Dordogne. Entrez dans le centre-ville par l'avenue de Verdun, qui mène à la gare.

INDEX

Le plaisir...

## ■ GUIDES DE VOYAGE ULYSSE

☐ Arizona et Grand Canyon 24,95 $
☐ Boston 17,95 $
☐ Côte d'Azur - Alpes-Maritimes - Var 24,95 $
☐ Californie 29,95 $
☐ Chicago 19,95 $
☐ Costa Rica 24,95 $
☐ Cuba 24,95 $
☐ Disney World 22,95 $
☐ Équateur 24,95 $
☐ Floride 29,95 $
☐ Gaspésie Bas-Saint-Laurent Îles-de-la-Madeleine 22,95 $
☐ Gîtes du Passant au Québec 12,95 $
☐ Guadeloupe 24,95 $
☐ Honduras 24,95 $
☐ Jamaïque 22,95 $
☐ Le Québec 29,95 $
☐ Louisiane 24,95 $
☐ Martinique 24,95 $
☐ Mexique Côte Pacifique 24,95 $
☐ Montréal en métro 14,95 $
☐ Montréal 19,95 $
☐ Nicaragua 24,95 $
☐ Nouvelle-Angleterre 29,95 $
☐ Ontario 24,95 $
☐ Ouest canadien 24,95 $
☐ Panamá 24,95 $
☐ Plages de Nouvelle-Angleterre et Boston 19,95 $
☐ Portugal 24,95 $
☐ Provence 24,95 $
☐ Provinces maritimes 24,95 $
☐ République Dominicaine 24,95 $
☐ Saguenay - Lac St-Jean - Charlevoix 22,95 $
☐ El Salvador 22,95 $
☐ San Francisco 17,95 $
☐ Toronto 18,95 $
☐ Vancouver 14,95 $
☐ Venezuela 29,95 $
☐ Ville de Québec et environs 22,95 $

## ■ ULYSSE PLEIN SUD

☐ Cape Cod - Nantucket 16,95 $
☐ Carthagène 9,95 $
☐ Isla Margarita 9,95 $
☐ Puerto Vallarta 14,95 $
☐ Les plages du Maine 12,95 $
☐ Puerto Plata-Sosua-Cabarete 9,95 $
☐ Varadero 9,95 $
☐ Saint-Barthélemy 9,95 $
☐ Saint-Martin 9,95 $

## ■ ESPACES VERTS ULYSSE

☐ Cyclotourisme en France 22,95 $
☐ Motoneige au Québec 19,95 $
☐ Nouvelle-Angleterre à vélo 19,95 $
☐ Randonnée pédestre dans le Nord-Est des États-Unis 19,95 $
☐ Randonnée pédestre Montréal et environs 19,95 $
☐ Randonnée pédestre au Québec 19,95 $
☐ Ski de fond au Québec 19,95 $

## ■ JOURNAUX DE VOYAGE ULYSSE

☐ Journal de voyage Ulysse 12,95 $
☐ Journal de voyage Ulysse 80 jours (couvert rigide) 14,95 $
☐ Journal de voyage Ulysse (spirale) bleu - vert - rouge ou jaune 11,95 $
☐ Journal de voyage Ulysse (format poche) bleu - vert - rouge ou jaune 8,95 $

| QUANTITÉ | TITRE | PRIX | TOTAL |
|---|---|---|---|
| | | | |
| | | | |
| | | | |
| | | Total partiel | |
| | | Poste-Canada* | 4,00 $ |
| | | Total partiel | |
| | | T.P.S. 7% | |
| | | Total | |

**Nom :** ..........................................................
**Adresse :** ..........................................................
..........................................................
..........................................................
**Paiement :** ☐ **Visa** ☐ **Master Card**
**Numéro de carte :** ..........................................................
**Expiration :** ..................

**ULYSSE L'ÉDITEUR DU VOYAGE**
4176, rue Saint-Denis, Montréal, Québec
☎ (514) 843-9447 fax (514) 843-9448
Pour l'Europe, s'adresser aux distributeurs, voir liste p. 2
* Pour l'étranger, compter 15 $ de frais d'envoi

# ATLAS

*Les cartes réunies dans cet atlas sont des extraits de la série TOP-250 de l'Institut Géographique National de France (IGN). Pour les besoins de ce guide, l'échelle des cartes a été ajustée à 1:350 000.*

*The maps contained in this atlas are excerpts from the TOP 250 series of the Institut Géographique National (IGN) of France. For the purposes of this guide, the scale has been adjusted to 1:350,000.*

## LÉGENDE / LEGEND:

0 5 10km
1cm = 3,5km

Autoroute (1) - Voie à caractère autoroutier (2)
*Motorway (1) - Road with motorway characteristics (2)*

Aire de service (1) - Aire de repos (2) - Péage (3)
*Service area (1) - resting area (2) - toll-gate (3)*

Numéro de sortie d'échangeur
*Exit number of an interchange*

Route principale à chaussées séparées (1) - Routes principales (2) (3)
*Main road with separate roadways (1) - Main roads (2) (3)*

Routes secondaires
*Secondary roads*

Les routes nationales (1) et départementales (2) sont numérotées — N 13, D 72
*National roads (1) and department roads (2) have an official number*

Distances kilométriques (totalisées entre ○ ou villes silhouettées) — 2,5 · 3,5 · 6
*Distances in kilometers (between ○ or two outlined cities)*

Autres routes : régulièrement entretenue (1), irrégulièrement entretenue (2) - Sentier (3)
*Other roads : regularly maintained (1), not regularly maintained (2) - Footpath*

Chemins de fer : à 2 voies (1), à 1 voie (2), à voie métrique (3)
*Railways : double track (1), single track (2), meter gauge track (3)*

Triage (1) - Tunnel (2) - Gare ou arrêt (3), ouverts au trafic voyageur (4)
*Marshalling yard (1) - Tunnel (2) - Station or stopping place (3), open to passenger traffic (4)*

Passages : à niveau (1), inférieur (2), supérieur (3)
*Level crossing (1), underpass (2), overpass (3)*

Limite de camp militaire (1), de zone réglementée de champ de tir (2)
*Military camp boundary (1), boundary of firing range restricted zone (2)*

Ligne à haute tension (225 kV et plus) (1) - Limite d'État (2)
*Hight-tension line (225 kV and over) (1) - State Boundary (2)*

Limite de région (1), de département (2), d'arrondissement (3) — PF, SP
*Boundary of region (1), of département (2), of arrondissement (3)*

Lieux habités
*Populated places*

- plus de 3 000 habitants (1), moins de 3 000 habitants (2)
  *over 3 000 inhabitants (1), under 3 000 inhabitants (2)*
- plus de 100 000 habitants — GRENOBLE
  *over 100 000 inhabitants*
- de 25 000 à 100 000 habitants — LORIENT
  *25 000 to 100 000 inhabitants*
- de 5 000 à 25 000 habitants (1), de 3 000 à 5 000 habitants (2) — Voiron, Rillieux
  *5 000 to 25 000 inhabitants (1), 3 000 to 5 000 inhabitants (2)*
- moins de 3 000 habitants : commune (1), hameau important (2) — Gonfaron, Saretto
  *under 3 000 inhabitants : commune (1), important hamlet (2)*

Château (1) - Édifice religieux (2) - Refuge (3) - Repère isolé (4) - Ruines (5)
*Castle (1) - Religious building (2) - Shelter (3) - Isolated Landmark (4) - Ruins (5)*

Concentration industrielle (1) - Fort (2) - Grotte (3) - Phare (4)
*Industrial complex (1) - Fort (2) - Cave (3) - Lighthouse (4)*

Canaux : navigable (1), non navigable (2) - Marais salants (3) - Marais (4)
*Navigable canal (1), non navigable canal (2) - Salt pans (3) - Marsh or swamp (4)*

Aérodromes : internationaux (1), avec piste en dur (2), sans piste en dur (3)
*Aerodromes : international (1), hard surfaced runway (2), soft surfaced runway (3)*

Zone découverte à marée basse : Plage (1) - Rochers (2)
*Area exposed at low tide : Beach (1) - Rocks (2)*

Bois
*Wood*

***Les noms de localités imprimés en caractères gras n'ont qu'une valeur touristique indépendante de tout chiffre de population.***

***Place names in bold characters are of touristic importance irrespective of population figures.***

1. La Camargue
A2
ARLES
St-Gilles
Aigues-Mortes
Saintes-Maries-
Lunel
Vauvert
Marsillargues
Bellegarde
Fontvieille
Les Baux-de-Provence
Sommières
Albaron
Gallician
Fourques
Le Grau-du-Roi
La Grande-Motte
Port-Camargue
PARC NATUREL RÉGIONAL DE CAMARGUE
ETANG DE VACCARÈS
RÉSERVE NATURELLE ZOOLOGIQUE ET BOTANIQUE
GRAND RHÔNE
Pt Rhône
GOLFE D'AIGUES-MORTES
MAUGUIO DE L'OR
Etg de Scamandre
Etg du Charnier
Domaine de Méjanes
Salin-de-Badon
N 113
N 572
N 570
N 568
A54-E 80
TOP 250-114, ©IGN 1996, Autorisation : 90-7009

1. La Camargue
2. Le Gard
3. Les Garrigues
TOP 250-114, ©IGN 1996, Autorisation : 90-7009
A3
NÎMES
Uzès
Pont du Gard
Marguerittes
Aramon
Remoulins
Anduze
St-Christol-lès-Alès
Vézénobres
Sauve
Sommières
Villevieille
Montfrin
Caissargues
Bouillargues
Manduel
Redessan
Jonquières-St-Vincent
Caveirac
Montpezat
Arpaillargues-et-Aureillac
Valliguières
St-Siffret
Collias
Poulx
St-Gervasy
Bezouce
Cabrières
Ledenon
Lédignan
Cassagnoles
Ribaute-les-Tavernes
Quissac
Gorges du Gardon
CAMP DES GARRIGUES
Aquarium Tropical
Tour Magne
Arènes
Planétarium
Nîmes-Garons
Milhaud
30

2. Le Gard
7. Le Vaucluse
A4
B
ORANGE
CARPENTRAS
Bollène
Pont-St-Esprit
Bagnols-s-Cèze
Vaison-la-Romaine
Mornas
Piolenc
Sérignan-du-Comtat
Courthézon
Sarrians
Monteux
Châteauneuf-du-Pape
Roquemaure
Malaucène
Bédoin
Carpentras
Mazan
Aubignan
Caromb
Le Barroux
Beaumes-de-Venise
Vacqueyras
Gigondas
Séguret
Rasteau
Cairanne
Visan
Suze-la-Rousse
St-Restitut
La Baume-de-Transit
Barjac
Aiguèze
St-Martin-d'Ardèche
La Roque-s-Cèze
Goudargues
Sabran
Laudun
Caderousse
Jonquières
Dentelles de Montmirail
Forêt Dom. de Valbonne
Rhône
Autoroute du Soleil
TOP 250-115, ©IGN 1995, Autorisation : 90-7009

4. Le Gard – Le Vaucluse
5. Le Gard – Les Alpilles
6. Les Alpilles
7. Le Vaucluse
TOP 250-115, ©IGN 1995, Autorisation : 90-7009
A5
AVIGNON
Villeneuve-lès-Avignon
les Angles
Le Pontet
Vedène
Morières-lès-A.
Caumont
le Thor
l'Isle-s-la-Sorgue
Cavaillon
Châteaurenard
Barbentane
Rognonas
Noves
St-Andiol
Orgon
Sénas
Eyguières
Eygalières
Mollégès
St-Rémy-de-Provence
Graveson
Maillane
Eyragues
Tarascon
Beaucaire
Aramon
Montfrin
Remoulins
Pont du Gard
Marguerittes
Manduel
Bellegarde
St-Gilles
Fourques
ARLES
Fontvieille
les Baux-de-Provence
Maussane-les-Alpilles
Paradou
Mouriès
St-Martin-de-Crau
Chaîne des Alpilles
RHÔNE
Durance
Gardon
Nîmes-Garons
Caissargues
Bouillargues
Jonquières-St-Vincent
Vallabrègues
Boulbon
St-Michel-de-Frigolet
St-Gabriel
Ste-Croix
A9-E15
A54-E80
A7-E714
N 113
N 570
N 572

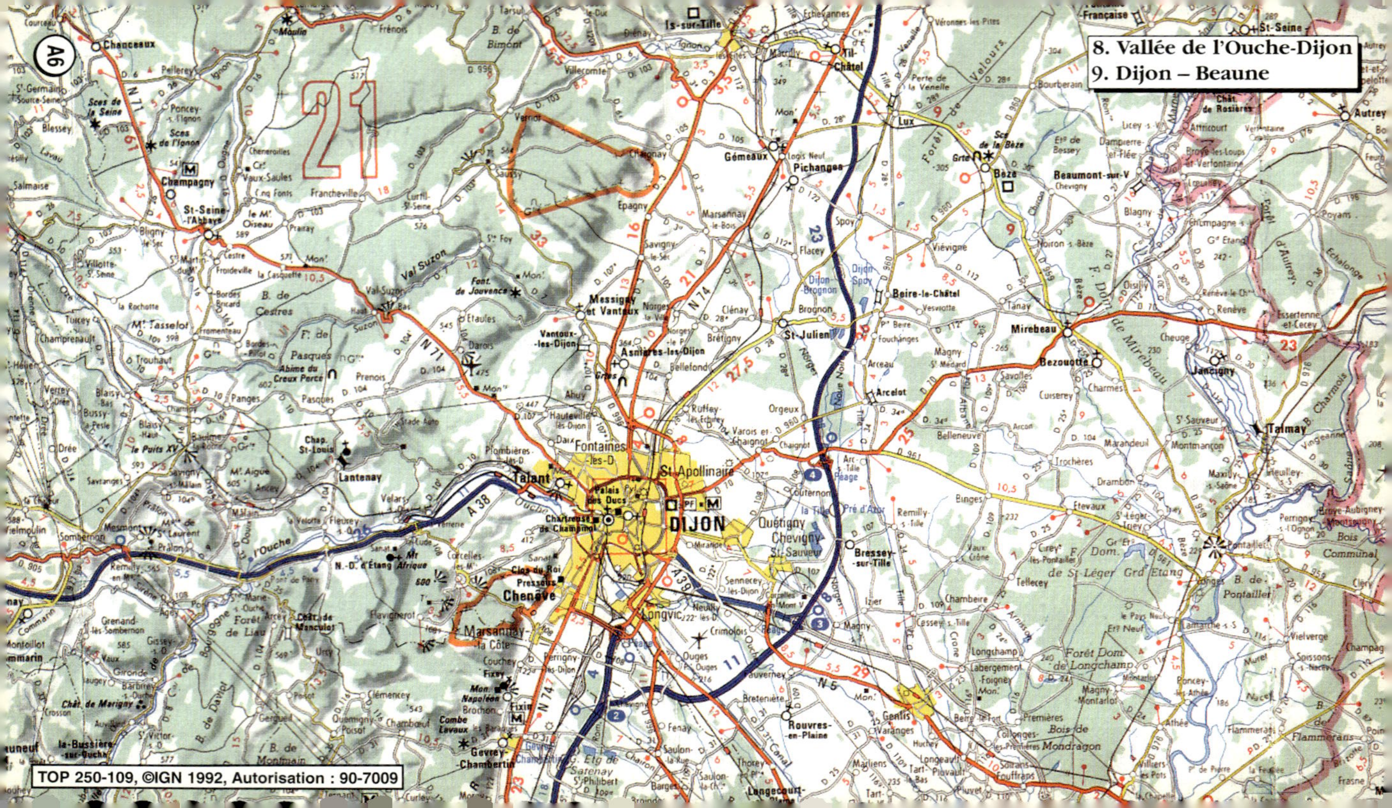

8. Vallée de l'Ouche-Dijon
9. Dijon – Beaune
A6
TOP 250-109, ©IGN 1992, Autorisation : 90-7009
21
DIJON
Talant
Fontaines-les-D
St-Apollinaire
Quetigny
Chevigny-St-Sauveur
Longvic
Chenôve
Marsannay-la-Côte
Gevrey-Chambertin
Fixin
Genlis
Mirebeau
Bèze
Beaumont-sur-V
Is-sur-Tille
Til-Châtel
Lux
Gémeaux
Pichanges
Messigny et Vantoux
Asnières-les-Dijon
Vantoux-les-Dijon
St-Julien
Beire-le-Châtel
Arcelot
Bezouotte
Jancigny
Talmay
Pontailler
Autrey
St-Seine
Chanceaux
Champagny
St-Seine-l'Abbaye
Val Suzon
Lantenay
Sombernon
Bressey-sur-Tille
Rouvres-en-Plaine
Plombières
Val Suzon
Font. de Jouvence
Forêt Dom. de Longchamp
F. Dom. de Mirebeau
Bois de Mondragon

9. Dijon – Beaune
10. Beaune – la Rochepot – Beaune
11. Beaune – Bouilland – Beaune
12. La plaine de Saône
A7
TOP 250-109, ©IGN 1992, Autorisation : 90-7009
Beaune
Nuits-St-Georges
St-Jean-de-Losne
Seurre
Chagny
Chaussin
Verdun-s.-le-Doubs
Ciel
Allerey-sur-Saône
Combertault
Meursault
Pommard
Auxey-Duresses
la Rochepot
Nolay
Santenay
Puligny-M.
Rully
Aloxe-Corton
Savigny-lès-Beaune
Bligny-sur-Ouche
Bagnot
Pagny-le-Chât.
Quincey
Corgoloin
Pierre-de-Bresse
Neublans-Abergement
Forêt de Gergy
F. Dom. de Cîteaux
F. Dom. de Pourlans
Mgne des Trois-Croix
Abb. de Cîteaux
Saône
Doubs
A 36-E 60
A 6-E 15-E 21
A 31
N 74
N 73

A8
12. La plaine de Saône
13. Le Jura
14. Le Doubs
DOLE
FORÊT DOM. DE CHAUX
Saline Royale d'Arc-et-Senans
Salins-les-Bains
Arbois
Ornans
Quingey
Levier
Sce du Lison
TOP 250-109, ©IGN 1992, Autorisation : 90-7009

14. Le Doubs
15. Hte - Saône
Vesoul
Villersexel
Rougemont
Filain
Baume-les-Dames
Marchaux
Roulans
Vercel-Villedieu-le-Camp
Valdahon
Nancray
CAMP DU VALDAHON
25
A 36 - E 60
N 57 - E 23
N 83
Doubs
A9
TOP 250-109, ©IGN 1995, Autorisation : 90-7009

15. Les Vosges
16. L'Alsace
Epinal
Golbey
Bruyères
Champ-le-Duc
Deyvillers
Fontenay
Aydoilles
F. du Ménil
Forêt d'Epinal
Charmois-devant-Bruyères
Deycimont
Lépanges-sur-Vologne
Beaumenil
Aumontzey
Docelles
Cheniménil
Xamontarupt
Faucompierre
Tendon
Archettes
Arches
Jarménil
Pouxeux
Eloyes
Tête des Cuveaux
Pte Cascade
Grde Cascade de Tendon
Col de Bonne Fontaine
Le Tholy
La Forge
Xertigny
B. du Humont
St-Nabord
B. des Hts de Raon
St-Etienne-lès-Remiremont
St-Amé
Le Syndicat
Vagney
Sapois
Rochesson
Remiremont
Dommartin-lès-Remiremont
Vecoux
B. des Meules
F. Dom. de Humont
F. Dom. de Thiébémont
F. de Rechentreux
Plombières-les-Bains
Casc. du Géhard
Girmont-Val-d'Ajol
Saulxures-s-Moselotte
Rupt-s-Moselle
Ferdrupt
Ramonchamp
Le Val-d'Ajol
Le Thillot
Fresse-s-Moselle
Fougerolles
Ermitage
Raddon-et-Chapendu
Faucogney-et-la-Mer
Haut-du-Them-Chât.-Lambert
Servance
Miellin
Luxeuil-les-Bains
St-Valbert
St-Sauveur
Esboz-Brest
Belfahy
Ternuay-Melay-et-St-Hilaire
Mélisey
St-Barthélemy
Plancher-les-Mines
Giromagny
Ronchamp
Champagney
Lure
St-Germain
Roye
PARC NAT. RÉG.
A10
TOP 250-104, ©IGN 1995, Autorisation : 90-7009

16. L'Alsace

16. L'Alsace
Ribeauvillé
Riquewihr
Kaysersberg
Ammerschwihr
Orbey
le Brézouard
VOSGES
Roch.-Obs. Belmont
Les Trois Épis
Turckheim
Wintzenheim
Eguisheim
Hohrodberg
Munster
LE HOHNECK
Gérardmer
BALLONS
DES
le Petit Ballon
Gueberschwihr
Pfaffenheim
Rouffach
Soultzmatt
Westhalten
Guebwiller
Murbach
LE GRAND BALLON
Soultz Haut-Rhin
St-Amarin
Thann
Cernay
Wittelsheim
Kingersheim
Pfastatt
Lutterbach
Masevaux
Oderen
Ventron
Gd-Ventron
Pit-Drumont
Bussang
Fraize
Plainfaing
Gerbépal
Sengern
Lautenbach
Rimbach
Buhl
Issenheim
Ungersheim
Staffelfelden
Wattwiller
Uffholtz
Burnhaupt-le-Haut
Heimsbrunn
Brunstatt
Flaxlanden
A11
TOP 250-104, ©IGN 1995, Autorisation : 90-7009

16. L'Alsace

TOP 250-104, ©IGN 1995, Autorisation : 90-7009

17. Le Calvados
TOP 250-102, ©IGN 1996, Autorisation : 90-7009
CAEN
Bayeux
Ouistreham
Hérouville
Colombelles
Mondeville
Dives-sur-Mer
Tilly-s.-S.
Aunay-s.-O.
Thury-Harcourt
Balleroy
Villers-Bocage
Cintheaux
Vendeuvre
St-Pierre-sur-Dives
Argences
A13

18. La Manche
A14
GES DU DÉBA
Pte du Hoc
Pte et Raz de la Percée
Omaha Beach
Grandcamp-Maisy
St-Pierre-du-Mont
Englesqueville-la-Percée
Vierville-s.-Mer
St-Laurent
Colleville-sur-Mer
Port-en-Bessin-Huppain
Longues
Ste-Mère-Église
Chef-du-Pont
Ste-Marie-du-Mont
Brucheville
Carentan
St-Hilaire-Petitville
Isigny-sur-Mer
Trévières
Formigny
Colombières
Le Molay-Littry
Balleroy
Cerisy-la-Forêt
Bayeux
PARC NAT. RÉG.
DES MARAIS DU COTENTIN ET DU BESSIN
St-Jores
Périers
Lessay
Lande de Lessay
Marchésieux
Rémilly-sur-Lozon
St-Lô
Pont-Hébert
Agneaux
Vire
N 13-E 46
N 174-E 3
TOP 250-102, ©IGN 1996, Autorisation : 90-7009

18. La Manche
Coutances
Coutainville
Agon-Coutainville
Roches d'Agon
Pointe d'Agon
Regnéville-s-Mer
Montchaton
Orval
Hyenville
Gratot
Tourville-s-Sienne
Heugueville
Savigny
Courcy
Nicorps
Saussey
Ouville
Montpinchon
Cerisy-la-Salle
Contrières
Roncey
Notre-Dame-de-Cenilly
St-Martin-de-Cenilly
Montmartin-s-M.
Hérenguerville
Hauteville-sur-M.
Hauteville Plage
Annoville
Quettreville-sur-Sienne
St-Denis-le-Vêtu
Guéhébert
Trelly
Grimesnil
Lingreville
le Mesnil-Aubert
St-Denis-le-Gast
Hambye
Anc. Abb. d'Hamby
Muneville-s-Mer
Lengronne
Bricqueville-s-M.
la Baleine
Gavray
Vallée de la Sienne
Roches de Bréhal
Bréhal
Chanteloup
St-Martin-de-Bréhal
Bourey
Ver
Hudimesnil
Granville
Donville-les-Bains
Pte du Roc
le Videcoq
Coudeville
Longueville
Yquelon
Anctoville
St-Sauveur-la-Pommeraye
la Meurdraquière
Villedieu-les-Poêles
Champrepus
Fleury
Folligny
Hocquigny
Beauchamps
la Haye-Pesnel
Bourguenolles
St-Pair-sur-Mer
Kairon Plage
St-Planchers
St-Aubin-des-Préaux
Anc. Abb. de la Lucerne
la Lucerne-d'Outremer
Banc Rondehaie
Jullouville
Carolles
Champeaux
Pte de Champeaux
Falaises de Champeaux
St-Jean-le-Thomas
Sartilly
Angey
la Rochelle-Normande
Montviron
Subligny
Chavoy
le Luot
Braffais
la Chaise-Baudouin
BAIE
MONT-ST-MICHEL
Dragey-Ronthon
Manoir de Brion
Bec d'Andaine
Genêts
Bacilly
Marcey-les-Grèves
Avranches
Vains
St-Jean-de-la-Haye
Ponts
St-Senier-s-A.
la Godefroy
Vernix
Tombelaine
Pte du Grouin du Sud
St-Léonard
Anc. Prieuré
Banc des Hermelles
le Mont-St-Michel
Herbus
Polders
Ste Anne
Courtils
Céaux
Pontaubault
Ducey
N 176
Poilley
St-Quentin-s-le-Homme
Marcilly
Ossuaire All. du Mt d'Huisnes
Huisnes-s-Mer
Servon
Précey
Beauvoir
Tanis
Crollon
St-Broladre
St-Marcan
Roz-s-Couesnon
St-Georges-de-Gréhaigne
Couesnon
Pontorson
Macey
Vergoncey
Juilley
St-Senier-de-Beuvron
St-Aubin-de-Terregatte
St-Laurent-de-Terregatte
la Croix-Avranchin
Montjoie-St-Martin
St-James
Cim. U.S.A.
Carnet
Villiers-le-Pré
Aucey-la-Plaine
Boucey
Pleine-Fougères
N 176-E 401
N 175-E 3-E 401
A15
TOP 250-102, ©IGN 1996, Autorisation : 90-7009

# 19. La Haute-Bretagne

TOP 250-105, ©IGN 1996, Autorisation : 90-7009

19. La Haute-Bretagne

19. La Haute-Bretagne
A18
22
Quintin
Plaintel
Moncontour
Plœuc-sur-Lié
Corlay
Rostrenen
Loudéac
Plémet
La Trinité-Porhoët
Mûr-de-Bretagne
Lac de Guerlédan
Forêt de Quénécan
St-Nicolas-du-Pélem
St-Gilles-Pligeaux
Laniscat
St-Gelven
Uzel
Plouguenast
F. Dom. de Loudéac
Landes du Mené
La Chèze
N 164
TOP 250-105, ©IGN 1996, Autorisation : 90-7009

Pontivy
Noyal-Pontivy
Ste-Noyale
Stival
Guémené
Locmalo
N.-D. de Crénénan
Ploërdut
Le Croisty
St-Caradec-Trégomel
Lignol
Kernascléden
Pontcallec
Le Faouët
Ste-Barbe
St-Nicolas
Chap. St-Sébastien
St-Fiacre
Lanvénégen
Meslan
Berné
Inguiniel
Persquen
Quelven
Guern
Bieuzy
Melrand
Bubry
St-Nicodème
Site du Castennec
Pluméliau
Chât. de la Villeneuve-Jacquelot
Quistinic
St-Adrien
N.-D. du Manéguen
Remungol
Moréac
Naizin
Locminé
Moustoir-Ac
Plumelin
Baud
Vénus de Quinipily
Languidic
Inzinzac-Lochrist
Hennebont
Haras Nat.
Caudan
Lanester
Quéven
Parc Zoologique
Pont-Scorff
Cléguer
Plouay
Lanvaudan
Calan
Kervignac
Arzano
Guilligomarc'h
Locunolé
Querrien
la Roche du Diable
Quimperlé
Rédené
Roche Royal
Dom. de Carnoët
le Pouldu
Manoir de Kernault
Mellac
Baye
Tréméven
Pluvigner
Landes de Lanvaux
Chap. Ste Brigitte
Lanvaux
Camors
la Chapelle-Neuve
Bignan
Vallée du Blavet


A19

A20
20. Pontivy-Quimper
21. La Côte-sud (Bretagne)
QUIMPER
Ergué-Gabaric
Pluguffan
Plomelin
Rosporden
Scaër
Bannalec
Quimperlé
Fouesnant
Bénodet
Pont-l'Abbé
Ile-Tudy
Loctudy
Concarneau
Baie de Concarneau
La Forêt-Fouesnant
Beg-Meil
Trégunc
Nizon
Pont-Aven
Riec-s.-Bélon
Moëlan-sur-M.
Clohars-Carnoët
Guidel
Le Pouldu
Anse du Pouldu
Anse de Bénodet
Ile aux Moutons
ILES DE GLÉNAN
Plonéour-Lanvern
Plogastel-St-Germain
N 165-E 60
TOP 250-105, ©IGN 1996, Autorisation : 90-7009

21. La Côte-sud (Bretagne)

21. La Côte-sud (Bretagne)
A22
Muzillac
Ambon
Damgan
Billiers
Pénestin
Nivillac
la Roche-Bernard
Herbignac
la Chapelle-des-Marais
Missillac
Pontchâteau
St-Gildas-des-Bois
Savenay
Donges
Montoir-de-Bretagne
St-Nazaire
ST-NAZAIRE
Trignac
St-Joachim
St-Lyphard
St-Malo-de-Guersac
Guérande
la Turballe
Piriac-s.-M.
le Croisic
la Baule
Paimbœuf
Campbon
Herbignac
Asserac
PARC NATUREL RÉGIONAL DE BRIÈRE
LOIRE
Pont de St-Nazaire
N 165-E 60
N 171

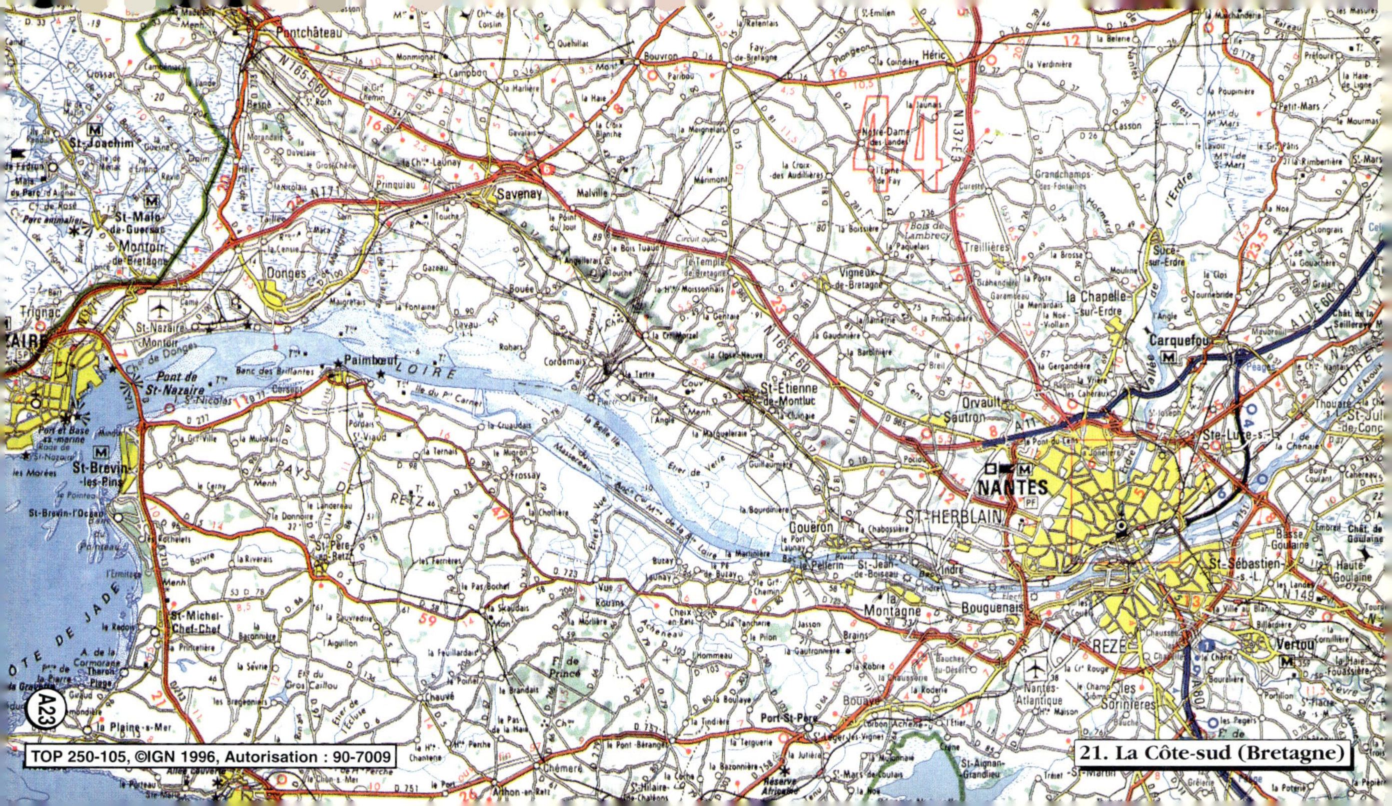

TOP 250-105, ©IGN 1996, Autorisation : 90-7009

21. La Côte-sud (Bretagne)

A24
22. La vallée de la Loire
Nort-s.-Erdre
Carquefou
la Chapelle-sur-Erdre
Sucé-sur-Erdre
Petit-Mars
Ligné
Couffé
Mésanger
Pannecé
Maumusson
Belligné
Varades
Ancenis
Anetz
Oudon
Champtoceaux
la Varenne
Liré
St-Florent-le-Vieil
Ingrandes
Montjean
Champtocé
la Pommeraye
Chalonnes
St-Laurent-du-Mottay
St-Laurent-de-la-Plaine
Bourgneuf-en-Mauges
le Fuilet
St-Pierre-Montlimart
Montrevault
Beaupréau
Jallais
le Pin-en-Mauges
le Loroux-Bottereau
Thouaré
Ste-Luce
Basse-Goulaine
Haute-Goulaine
St-Sébastien
Nantes
LES MAUGES
LOIRE
A11-E60
N 23
TOP 250-106, ©IGN 1996, Autorisation : 90-7009

22. La vallée de la Loire

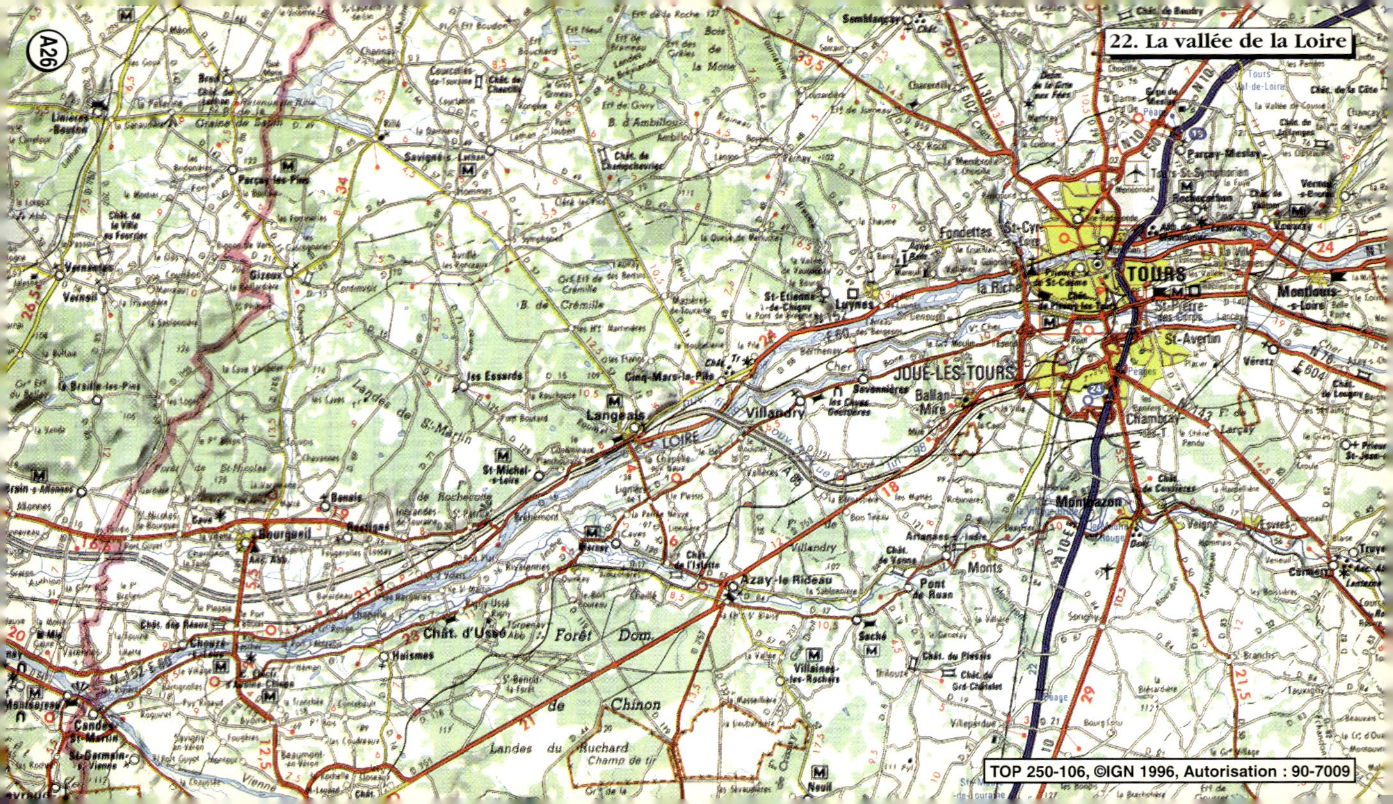
A26
22. La vallée de la Loire
TOURS
JOUE-LES-TOURS
St-Cyr
Fondettes
la Riche
St-Pierre-des-Corps
St-Avertin
Montlouis-s-Loire
Vouvray
Parçay-Meslay
Chambray
Montbazon
Ballan-Miré
Savonnières
Villandry
Luynes
St-Étienne-de-Chigny
Cinq-Mars-la-Pile
Langeais
LOIRE
Cher
St-Michel-s-Loire
Azay-le-Rideau
Saché
Pont de Ruan
Monts
Artannes-s-Indre
Veigné
Esvres
Véretz
Cormery
Châť. d'Ussé
Forêt Dom. de Chinon
Landes du Ruchard
Huismes
Chouzé-s-Loire
Bourgueil
Restigné
Benais
Candes-St-Martin
Gizeux
Parçay-les-Pins
Savigné-s-Lathan
Semblançay
Landes de St-Martin
B. de Crémille
Vernantes
Vernoil
Villaines-les-Rochers
Les Essards
Montsoreau
Tours-St-Symphorien
La Braille-les-Pins
Linières-Bouton
Brain-s-Allonnes
Ambillou
Rochecorbon

22. La vallée de la Loire
TOP 250-106, ©IGN 1996, Autorisation : 90-7009
Blois
Château-Renault
Amboise
Chambord
Parc de Chambord
Forêt de Boulogne
Mer
Suèvres
Ménars
La Chaussée-St-Victor
Vineuil
Chaumont-s.-Loire
Onzain
Mesland
Cheverny
Cour-Cheverny
Les Montils
Fougères-s.-Bièvre
Pontlevoy
Bracieux
Neuvy
Tour-en-Sologne
Fontaines-en-Sologne
Mulsans
Averdon
St-Bohaire
Lancôme
St-Cyr-du-Gault
St-Nicolas-des-Motets
St-Ouen-les-Vignes
Limeray
Nazelles-Négron
Vernou-s.-Brenne
Noizay
Monthodon
Loire
Aquitaine
N 152
N 10
A 10-E 5-E 60
TGV Atlantique
Pagode de Chanteloup

22. La vallée de la Loire
A28
Amboise
Montlouis-s-Loire
Forêt d'Amboise
Bléré
Chenonceaux
Civray
Montrichard
Thésée
Pontlevoy
St-Aignan
Noyers-s-Cher
Selles-s-Cher
Châtillon-s-Cher
Meusnes
Couffi
Seigy
Chémery
Billy
Oisly
Contres
Mur-de-Sologne
Lassay-s-Croisne
Gy-en-Sologne
Valençay
Villentrois
Faverolles
Montrésor
Nouans-les-Fontaines
Lucay-le-Mâle
Loches
Beaulieu-lès-Loches
Genillé
Céré-la-Ronde
Orbigny
Azay-s-Indre
Cormery
Truyes
Dierre
St-Martin-le-Beau
Forêt de Brouard
Forêt de Gâtine
Forêt de Loches
TOP 250-106, ©IGN 1996, Autorisation : 90-7009

23. Le Périgord – le Quercy
TOP 250-110, ©IGN 1995, Autorisation : 90-7009
A29
BERGERAC
Les Eyzies-de-Tayac-Sireuil
Beynac-et-Cazenac
La Roque-Gageac
Domme
Sarlat-la-Canéda
St-Cyprien
Le Buisson-de-Cadouin
Lalinde
Trémolat
Limeuil
Cadouin
Beaumont
Belvès
Monpazier
Dordogne
Vézère

# 23. Le Périgord – le Quercy

23. Le Périgord – le Quercy

## 23. Le Périgord – le Quercy